W0172048

Knaur
MensSana

Über die Autorin:

Dr. C. Diane Ealy ist Verhaltenswissenschaftlerin. Seit 15 Jahren ist sie als Autorin und Beraterin tätig. Sie hat mehr als 200 Workshops, Seminare und Vorträge über Kreativität gehalten, außerdem berät sie Privatkliniken und Unternehmen.

C. Diane Ealy

Lebe kreativer!

Ein Handlungsbuch
für Frauen

Aus dem Amerikanischen von
Annemarie Pumpernig

Knaur
MensSana

Die amerikanische Originalausgabe erschien 1995 unter dem Titel:
»The Woman's Book of Creativity«
bei Beyond Words Publishing, Inc., Hillsboro, Oregon

Besuchen Sie uns im Internet:
www.droemer-weltbild.de

Vollständige Taschenbuchausgabe 2001
Droemersche Verlagsanstalt Th. Knaur Nachf., München
Copyright © 1995 C. Diane Ealy
Copyright © 1998 der deutschsprachigen Ausgabe
Droemersche Verlagsanstalt Th. Knaur Nachf., München
Alle Rechte vorbehalten. Das Werk darf – auch teilweise – nur mit
Genehmigung des Verlages wiedergegeben werden.
Umschlaggestaltung: ZERO Werbeagentur, München
Satz: Ventura Publisher im Verlag
Druck und Bindung: Nørhaven A/S
Printed in Denmark
ISBN 3-426-87063-0

2 4 5 3 1

Für meine Mutter
Margaret Helen Steele Ealy,
die eine geniale Begabung hat,
kreative Menschen heranzuziehen.

Für meinen Vater
Robert Glenn Ealy,
der mich gelehrt hat, daß es Fehler nicht gibt.

Für Gray,
weil Du ein Teil meines Lebens bist.

Inhaltsverzeichnis

1
Weibliche Kreativität verstehen

2
Entwickeln Sie Ihre ganz
persönliche Kreativität

3
Kreativität – ein Bestandteil
des täglichen Lebens

4
Blockaden durchbrechen

Danksagung

Ich kann von Glück sagen, daß ich in den langen Jahren, in denen ich an diesem Buch arbeitete, die Unterstützung meiner Familie und vieler Freunde genoß. Und als es schließlich herausgebracht wurde, meinte es das Schicksal wieder gut mit mir, indem es mich mit Cindy Black, Kate McKern, Lisa Schneiderman, Steve Gardner, Richard Cohn und den anderen Leuten von Beyond Words – einem wahrhaft bemerkenswerten Verlagshaus – zusammenbrachte. Mein besonderer Dank gilt Julie Livingston, die von Anfang an an dieses Buch geglaubt hat.

Liz McDonell, eine außergewöhnliche Lektorin, hatte immer wieder Ideen, wie ich meine Ausdrucksweise verbessern konnte. Jean Houston, meiner Mentorin, schulde ich innigen Dank für ihre nie versiegende Geduld. Ohne sie wäre dieses Buch nicht entstanden; sie hat mein Leben sehr bereichert. Judith Allen stand mir immer mit Feedback zur Seite und hinderte mich daran abzuschweifen, wenn die Mühsal der Arbeit die Freude überwog.

Lynn Taber-Borcherdt, Byrd Baylor und Barbara Mettler sind drei besonders kreative Frauen, deren Offenheit und Unterstützung dieses Projekt auf den richtigen Weg gebracht haben.

Ich danke Elizabeth Knappman dafür, daß sie an dieses Buch geglaubt hat, Nancy Solomon für die Kraft ihrer Vision, Bernadette Steele dafür, daß sie mir half, meine Stärken zu sehen, Jacqueline Sharkey dafür, daß sie die richtigen Dinge zur richtigen Zeit sagte, Alison

Hughes für ihren Scharfblick sowie Sereta Robinson und Kay Lesh für ihre Freundschaft, auf die ich immer bauen konnte.

Mein herzlicher Dank gilt auch den Frauen, die sich an diesem Buch beteiligten, indem sie die Fragebögen ausfüllten: Mary Ann Brehm, Linda Ehmann, Julie Goebel, Andrea Gold, Lillian Hodkins, Ginia Long, Marjory Vals Maud, Portia Nelson, Ellen Nordberg, Ursula Williams und all den anderen Frauen, die lieber anonym bleiben wollten. Ihre Offenheit und ihre Ehrlichkeit waren von unschätzbarem Wert für meine Arbeit.

Ich danke meiner Familie – Gary, Betty, Damon und David Ealy – dafür, daß sie mich immer ermutigten, der Mensch zu sein, der ich bin, und dafür, daß sie stets über meine Scherze lachten.

Durch all diese lieben Menschen, die Teil meines Lebens sind, bin ich ein besserer Mensch geworden.

Einführung

Der Einfluß, den wir Menschen auf unsere eigene Entwicklung haben, fasziniert mich schon seit vielen Jahren. Unser Wachstumsprozeß scheint sich immer in zwei Richtungen gleichzeitig zu bewegen: zurück zu unseren Ursprüngen – zu unserem wahren Selbst – und nach vorn zu dem, was wir werden können – zur Verwirklichung dieses wahren Selbst. Meine Neugier führte mich in das Gebiet der Kreativität. Ich erkannte, daß wir durch die Beschäftigung mit unserer persönlichen Entwicklung unser kreatives Selbst kultivieren. Das ist sogar unvermeidlich.

Ich habe im Lauf der Jahre viele Frauen über ihre Kreativität reden hören, und ich bin immer wieder erstaunt, wie viele von ihnen mir von ihren wundervollen, reichen Erlebnissen mit ihrer Kreativität erzählen und dann sagen, sie betrachteten sich eigentlich nicht als besonders kreative Menschen! Diese Frauen mißachten und verleugnen gerade das, was ihre größte Kraft ist, jene Eigenschaft, die ihr einzigartiges Wesen definiert – ihre Kreativität. Wenn dieses Buch nichts anderes bewirkt, als daß Sie die in Ihnen steckende Kreativität würdigen, hat es schon viel erreicht.

Manche Frauen sagen, daß sie ihrer eigenen kreativen Entwicklung im Weg stehen, indem sie sich zuviel aufladen, sich von zu starren Strukturen beengen lassen oder sich in etwas verfangen, was eine Unternehmerin als »geschäftig sein« bezeichnete. Andere Frauen lassen es zu, daß ihre Kreativität durch negative Einflüsse beeinträchtigt wird. Sie hören auf die Stimmen von Menschen, die ihnen sagen, daß sie etwas nicht können, nicht tun sollten oder niemals erreichen werden. Dieselben Frauen erzählen mir auch, daß sie dagegen ankämpfen, indem sie sich täglich Zeit für Gebet und Meditation nehmen. Sie verschaffen sich selbst die Zeit und den Raum, die sie brauchen, um wieder mit ihrem wahren Selbst in Verbindung zu treten, und zwar auf einer ganz intensiven Ebene.

Wenn ich mit Frauengruppen über Kreativität spreche und den speziellen weiblichen Schaffensprozeß beschreibe und gutheiße, beginnen manche Teilnehmerinnen zu weinen. Sie bekommen zum ersten Mal zu hören, daß ihre Art des Denkens und Kreativseins in Ordnung ist, selbst wenn sie anders denken und anders kreativ sind, als sie es gelernt haben. Diese Tränen bewirken große Dinge.

Von Zeit zu Zeit nehmen auch Männer an meinen Veranstaltungen teil, und ich kenne mehrere Männer, die dieses Buch gelesen haben. Von ihnen bekomme ich positives Feedback. Sie sagen mir, daß auch sie etwas mit dem anzufangen wissen, was ich zu sagen habe. Ich hoffe, daß Sie dieses Buch zusammen mit dem Mann in Ihrem Leben lesen und daß es das Verständnis und die Kommunikation zwischen Ihnen fördert. Ich konzentriere mich hier deshalb auf die weibliche Kreativität, weil ich mich schon lange mit diesem Thema beschäftige. Es ist aber um nichts weniger wichtig, die Kreativität der Männer in ihrer Gesamtheit zu sehen.

Das Wichtige an unserer Kreativität ist, daß wir lernen, sie zu benutzen, zu kultivieren und in unser tägliches Leben einzubauen. Ich bin davon überzeugt, daß ein wichtiges Element der weiblichen Natur darin besteht, daß wir unsere Kreativität leben. Das bedeutet, daß wir mit unserem Leben unsere ureigene Persönlichkeit zum Ausdruck bringen, jene Persönlichkeit, als die wir uns definieren. Ich hoffe, daß Ihnen dieses Buch zu einem Reiseführer für ein kreatives Leben wird.

Dr. C. Diane Ealy

Für Mavee

Ich sehe meiner Katze zu
draußen
wie sie die Klauen ihres Instinkts
an der Natur schärft
sie ist der Erde entwachsen
wach
die Ohren gespitzt – ihr entgeht kein Geräusch
der Blick gespannt – ihr entgeht keine Bewegung.

Sie kaut Gras
»Gras tut Katzen wohl ...« etwas tun
sie erhebt sich, ein fließender grauer Nebel
gespannt wie eine Feder
gelassen, beobachtend
Äonen von Leben durchfluten sie
Präzision des zeitlichen Ablaufs
Präzision der Bewegung.

Springt sie
oder wird sie von der Erde emporgeschleudert
die Eidechse wehrt sich nur kurz
Ich zucke zusammen und murmle gepreßt:
»Das ist eben die Natur.«
Wahrscheinlich hat die Katze gesiegt
ich habe nicht mehr hingesehen
ich bin in mein Zimmer zurückgekehrt
um über die Natur zu schreiben
die Natur der Frauen.

1
Weibliche Kreativität
verstehen

Am Anfang war ... ein Kindermythos

Ich lernte schon früh in meinem Leben, wer die Helden waren: die Männer, die hinausgingen in die Welt, voller Mut das Schlechte überwanden und die Bösewichter besiegten. Sie hatten Spaß dabei und bestanden manch spannendes Abenteuer. Gelegentlich wurde ihnen etwas Hilfe zuteil, aber wenn es hart auf hart ging – in jenen entscheidenden Augenblicken höchster Dramatik, im Kampf auf Leben und Tod, im Ringen des Guten gegen das Böse –, waren sie auf sich allein gestellt.

Auch ich war ein Held. In meiner Phantasie war ich der einsame Ranger, der durch flirrend heiße Wüsten streifte und über endlose Ebenen ritt, dem die silbernen Kugeln um den Kopf pfiffen, ein Held, der sich seines Auftrags bewußt war: Unrecht auszumerzen und dem Recht zum Durchbruch zu verhelfen. Daß mein Pferd ein Stuhl war und daß meine silbernen Kugeln aus Plastik waren, spielte dabei keine Rolle. Auch nicht, daß draußen Schnee fiel.

Auf meinem Heimweg von der Schule war ich Superman. Mit ausgebreiteten Armen und wehendem Cape fegte ich durch die Seitenstraßen meiner kleinen Heimatstadt. Unverwundbar, wie ich war, gewährte ich allen Bedürftigen meine großzügige Hilfe. Manchmal wurde der oberste Knopf meines hellgelben Pullovers locker, und ich verlor mein »Cape«. Dann schüttelte und bürstete ich den daran haftenden Schmutz und die Blätter ab, knöpfte es wieder um meinen Hals und nahm meine Heldenarbeit wieder auf. Keine große Sache für eine Neunjährige.

Wie viele andere junge Frauen ahmte ich männliche Helden nach. Ich eroberte außerhalb meiner Person liegende Dinge, ganz allein und voller Stolz auf meine externalisierten Kräfte. Ich war stark und entschlossen. Aber gegen Ende Zwanzig wurde in mir eine immer stärker werdende, innere Stimme laut, die mir sagte, daß etwas nicht in Ordnung war. Da begann ich mir die Lebensreisen der populären Helden genauer anzusehen.

Inzwischen beschränkten sich diese fiktiven Helden nicht länger auf einsame Wüsten, sondern sie waren in den Weltraum vorgedrungen. Das Szenario jedoch war dasselbe. Dem Helden – immer noch männlichen Geschlechts – war es bestimmt, die weißen Flecken der Landkarten zu erobern, in mysteriöse Welten vorzudringen, beseelt von seinem Auftrag, die menschliche Rasse, die Freiheit, die Erde oder ein anderes wichtiges Gut zu retten. Er war mit einem ganzen Arsenal von Waffen ausgerüstet, und an seiner Seite standen einige getreue Freunde. Und natürlich war er immer erfolgreich. Wenn er von seinen Streifzügen zurückkehrte, waren ihm jubelnde Mengen und dankbares Lob gewiß.

Dieses ewig gleiche Drehbuch störte mich. Obwohl der Held unzählige Abenteuer erlebt und seiner eigenen Sterblichkeit ins Auge geblickt hatte, kehrte er anscheinend unverändert zurück. Vielleicht waren sein Stolz und sein Selbstbewußtsein gewachsen, weil er einige unbekannte Gefilde erobert hatte, aber im wesentlichen schien er derselbe geblieben zu sein.

Der Held, der mir in meiner Kinderzeit als Rollenmodell gedient hatte, erwies sich als bar jeder Gefühlstiefe und natürlichen Weisheit. Ich gelangte immer mehr zu der

Erkenntnis, daß ich ebensowenig wie meine Helden über diese oberflächliche Art von Eroberung hinausgelangen würde, wenn ich weiterhin an dem von mir angenommenen Rollenmodell festhielt. Auch ich lief Gefahr, zu jemandem zu werden, der zwar selbstbewußt war, aber gefühllos.

Viele Frauen glauben an dieselbe Geschichte: Wenn wir die männliche Art des Denkens übernehmen, die männliche Kreativität nachahmen, uns in der Welt nach Art der Männer benehmen, dann werden wir auch dieselbe Art von Erfolg haben wie die Männer. Viele Frauen haben ihre berufliche Karriere auf dieser Grundlage aufgebaut. Aber heute gibt es eine immer größer werdende Zahl erfolgreicher Frauen, die dieser Definition von Erfolg kritisch gegenüberstehen – Frauen, die sich Fragen über ihre Identität stellen und dabei die althergebrachten Rollen außer acht lassen. Diese Frauen haben gelernt, daß »männlicher« Erfolg nicht unbedingt erfüllend ist und daß ihm etwas Wichtiges fehlen kann.

Wir wissen heute, daß der Mann als Held für uns Frauen ein ungeeignetes Vorbild ist. Diesem Vorbild nachzueifern kann ungesund sein und uns davon abhalten, das zu werden, was wir sein können. Eine überaus erfolgreiche Frau, die sich nach dem männlichen Erfolgsmodell definiert, sagte kürzlich zu mir: »Mir macht meine Karriere großen Spaß, aber ich bin nicht mehr so liebenswert wie früher. Und das gefällt mir nicht.« Sie hat entdeckt, daß ihr ein Stil, der unnatürlich für sie ist, zwar äußeren Erfolg bringt, aber keine innere Zufriedenheit.

Die weibliche Realität

Es gibt aber noch eine andere Perspektive, eine andere Art von Heldenreise. In diesem Szenario ist der Held eine Frau. Anders als ihr männliches Gegenstück ist sie nicht daran interessiert, außenliegende Welten zu erobern. Ihre Reise führt sie in ihr Inneres. Spiralenförmig dringt sie immer tiefer in ihr eigenes Unterbewußtsein vor; sie entdeckt dabei ständig Neues und verändert sich kontinuierlich. Ihr Ziel ist es, ein eigenständiger Mensch zu werden.

Die weibliche Heldin schöpft das volle Potential ihrer Persönlichkeit aus. Dabei nimmt sie enorme Risiken auf sich; sie nimmt ein ums andere Mal den Tod ihres früheren Ich in Kauf und arbeitet auf die Entstehung eines neuen, ganzheitlicheren Ich hin. Die weibliche Heldin ist eine Frau, die ein kreatives Leben führt. Sie erlebt die Entfaltung jener selbstbestimmten, kreativen Frau, die in uns allen existiert.

Die Kreativität ist eine bemerkenswerte Gabe. Kein anderer naturgegebener Teil der menschlichen Psyche ist so stark wie sie. Sie kann viele Jahre lang unbeachtet in uns schlummern, um dann, wenn uns die richtige Ermutigung zuteil wird, mit einem Schlag zum Leben zu erwachen. Dann kann sie unser Leben und das Leben der Menschen, die uns umgeben, sehr verbessern.

Die Kreativität jeder Frau ist einzigartig. Wir müssen unsere Art der Kreativität kennen, um sie richtig kultivieren und weise einsetzen zu können. Wir brauchen auch Instrumente, um die Probleme überwinden zu können, die sich aus unserer ganz speziellen Art der Kreativität ergeben können.

Der lineare Ansatz

Als ich begann, mich mit der Kreativität auseinanderzusetzen, glaubte ich das, was die anderen Kreativitätsforscher glauben: daß uns die Beschäftigung mit Kreativität kreativer macht! Ich dachte, daß sich das Arbeitsgebiet bereits für sich allein als kreativ erweisen würde. Aber ich erkannte rasch, daß praktisch die gesamte Kreativitätsforschung auf einem vierstufigen linearen Modell beruht, das durch die Erforschung der Denkprozesse bekannter Wissenschaftler, Mathematiker und ähnlicher verdienter Menschen entstand. Der Psychologe Graham Wallas veröffentlichte dieses Paradigma als erster im Jahr 1926 in seinem Buch *The Art of Thought.*[1] Und die Kreativitätsforscher, die verzweifelt auf der Suche nach einem Modell waren, stürzten sich darauf und stellten es danach offensichtlich nie mehr in Frage. Mich störte diese blinde Modellgläubigkeit.

Die vier Schritte sind: Vorbereitung, Latenz, Erleuchtung und Umsetzung. Im *Vorbereitungsstadium* werden alle wichtigen Informationen gesammelt. Als nächstes folgt das *Latenzstadium*, in dem diese Informationen auf eine »Warmhalteplatte« geschoben werden, wo das Unterbewußtsein an ihnen arbeiten kann. Die *Erleuchtungsphase* ist durch das *Aha*-Erlebnis gekennzeichnet, bei dem sich die Lösung plötzlich wie von allein präsentiert. Und im letzten Stadium, der *Umsetzung,* wird der kreativen Idee eine äußere Form gegeben.

Das Kreativitätsmodell von Wallas war ausschließlich auf Männer ausgerichtet. Frauen waren aus seiner Studie vollkommen ausgeklammert. Aus meiner eigenen Erfahrung konnte ich diese Stadien zwar durchaus bestimmten Teilen meines Denkens zuordnen, doch für meinen kreativen Schaffensprozeß hielt ich sie nicht für repräsentativ. Kreativität findet auf einer ganz anderen Ebene statt als auf den Ebenen des beschriebenen linearen Modells. Ich fragte mich, ob andere Frauen meine Erfahrungen möglicherweise teilten.

Die Studien über Hirnfunktionen, auf die ich in der letzten Phase meines Universitätsstudiums gestoßen war, zeigten, daß sich die Gehirne von Männern und Frauen möglicherweise verschieden entwickeln.[2, 3, 4] Folglich, so schlossen die Studien, neigen Frauen zu einer ganzheitlicheren Betrachtungsweise, während Männer zu linearem Denken tendieren. Auch in den Sagen der griechischen und römischen Mythologie bevorzugen Frauen umfassendere Ansätze, während Männern ein Schritt-für-Schritt-Vorgehen angenehmer zu sein scheint. Wieder wurde ich neugierig: Wenn Frauen ganzheitlich denken, neigen wir dann auch in unserer Kreativität zu Ganzheitlichkeit?

Mir war bewußt, daß diese ganzheitliche Kreativität wahrscheinlich weder verstanden noch geschätzt wird, wenn man sie durch einen linearen Filter betrachtet. Die Kreativität ist ein persönlicher und komplizierter Vorgang. Die Vorstellung, sie auf nur vier Stadien zu reduzieren, erschien mir etwas zweifelhaft.

Als ich die Teile zusammenfügte – das lineare Erklärungsmodell, die ausschließliche Heranziehung von Männern für seine Entwicklung, die offensichtliche Präferenz der Frauen für eine ganzheitliche Art zu denken –, war ich nicht überrascht festzustellen, daß führende Forscher die Kreativität für eine Eigenschaft halten, die Frauen fehlt.

Einer der meistzitierten Forscher ist Frank Barron, der es

1968 als »historische Tatsache« bezeichnete, daß »Kreativität etwas ist, was Frauen in auffallender Weise fehlt, denn die Produkte der Frauen sind ihre Kinder.«[5] Er schrieb auch, es entspreche der von der Natur vorgesehenen Arbeitsteilung, daß Frauen Kinder bekommen und Männer Ideen haben, malen können und anderer kreativer Ausdrucksformen fähig sind. Er meinte auch, daß bei Frauen, die jene Art von kreativer Arbeit verrichten, die im Normalfall den Männern vorbehalten ist, »eine gewisse Umkehrung der sexuellen Identifikation« festzustellen sei. Der Verfasser dieser Zitate, die aus einem Buch mit dem ironischen Titel *Creativity and Personal Freedom* stammen, ist in den letzten dreißig Jahren immer wieder zitiert worden.

Ein anderes, häufig zitiertes Werk ist *Development of the Creative Individual* von John Gowan, der zugibt, daß sein Buch ausschließlich auf der Entwicklung der Kreativität von Männern basiert. Er sagte: »Der Grund, warum wir die weibliche Entwicklung außer acht gelassen haben, liegt nicht darin, daß wir Vorurteile haben, sondern darin, daß wir zuwenig über sie wissen.«[6] Er wies jedoch auf eine Studie hin, die nachwies, daß Kinder im Alter zwischen vier und sieben Jahren, die sich mit ihrem gegengeschlechtlichen Elternteil identifizieren, als Erwachsene eher kreativ sind. Er sagte: »Die Tatsache, daß in diesem Alter mehr Jungen ihren Müttern nahestehen als Mädchen ihren Vätern, könnte eine Erklärung sein, warum es später, in der Welt der Erwachsenen, mehr kreative Männer gibt als kreative Frauen.«[7]

Aber er bot keine Beweise für seine These an. Orientierte er sich an der allgemein verbreiteten Annahme, daß eine kreative Anstrengung ein greifbares Produkt zur Folge haben muß? Die Lösung von Konflikten, persönliches Wachstum, die Fähigkeit, andere zu motivieren, und andere nicht greifbare Dinge sind das Produkt der Kreativität vieler Frauen. Wenn schon diese Produkte nicht als kreativ erkannt werden, dann werden es die Menschen, die sie geschaffen haben, noch weniger.

Die neue Perspektive

Wenn die oben genannten Beispiele endgültig der Vergangenheit angehörten, könnten wir sie als Reliquien einer überholten Zeit zu den Akten legen. In Wahrheit sind diese Überzeugungen aber immer noch verbreitet, auch wenn die Zitate fünfundzwanzig Jahre alt sind. Die Kreativitätsforschung war in den letzten Jahren nicht besonders kreativ. Das Vier-Stufen-Modell ist immer noch anerkannt, und die Tatsache, daß es noch eine andere Art des kreativen Prozesses gibt, wird unter den Teppich gekehrt.

Die Kreativität der Frauen ist noch nie wirklich erforscht worden. Sie wird weder für ihre Besonderheiten geschätzt, noch wird sie verstanden. Als ich meine ersten Studien über weibliche Kreativität durchführte, war mir bewußt, daß ich mich mit einer anderen Kultur beschäftigte. Deshalb unterließ ich es, meiner Arbeit bestimmte Annahmen darüber zugrunde zu legen, wie Frauen ihre Kreativität erleben, denn ich wollte die Kreativität aus dem Blickwinkel der Frauen verstehen.

Da ich mich mit den Frauen beschäftigt habe, spreche ich ausschließlich von der Kreativität der Frauen. Will ich damit sagen, daß Männern die weibliche Art der Kreativität fremd ist? Nein. Ich meine nur, daß es mehr als eine Möglichkeit gibt, kreativ zu sein. In der Vergangenheit wurden Studien, die ausschließlich auf Befragungen von Männern und männlichen Kreativitätsabläufen basierten, auf die gesamte Bevölkerung übertragen. Die Folge war, daß die Frauen an einem männlichen Verhaltensstandard gemessen wurden. Ich sehe keinen Grund, warum dieser Fehler perpetuiert werden sollte oder warum wir eine *neue* Fehlannahme schaffen sollten, indem wir sagen: Da Frauen anders kreativ sind, als es dem allgemein akzeptierten, linearen Modell entspricht, müssen Männer ebenfalls auf diese Art kreativ sein.

Ich habe sogar meine Zweifel, daß die traditionellen vier Stufen tatsächlich den kreativen Prozeß im Mann beschreiben. Sicher ist jedenfalls, daß dieser Prozeß den Erfahrungen der Frauen in keiner Weise gerecht wird.

Der Status quo hat dazu geführt, daß wir Frauen oft eine negative Einstellung zu unserer eigenen Kreativität haben. Wir wissen unsere eigene, ganz besondere Art des Schaffens nicht zu schätzen. Dadurch leidet unser Selbstwertgefühl, und unsere Beiträge zur Gesellschaft sind nicht das, was sie sein könnten. Das entmutigt uns, unsere Kreativität zu entwickeln, und hält uns davon ab, entsprechende finanzielle Belohnungen zu fordern, wenn wir kreativ sind.

Aber diese Situation brauchen wir nicht länger hinzunehmen. Es ist eines der charakteristischsten Wesensmerkmale unserer Zeit, daß das Verhalten und die Handlungen des einzelnen einen spürbaren Einfluß auf das Ganze haben. Wenn wir der Kreativität in einem unserer Lebensbereiche freie Bahn lassen, beginnt sie auch in anderen Bereichen Fuß zu fassen.

Daß wir Frauen unsere Kreativität ausdrücken können, ist entscheidend für unsere Entwicklung als selbstbestimmte Erwachsene, die wissen, was wirkliche Macht bedeutet: Macht über sich selbst zu haben. Dieses Bewußtsein steht im Gegensatz zu der früheren Machtauffassung, wo unter Macht etwas verstanden wurde, was man über andere ausübt. Kreative Frauen sind starke Frauen, die andere durch ihre Kreativität emporheben und zu Eigenständigkeit ermutigen.

Wenn Sie kreativ sein wollen, dann trainieren Sie Ihre Kreativität, so wie Sie Ihren Körper trainieren. Sie können Ihre kreative Energie in jede beliebige Richtung kanalisieren – in Ihre Arbeit oder in Ihr Privatleben. Vielleicht wollen Sie Ihre künstlerischen Talente intensiver zum Ausdruck bringen, oder Sie möchten einfach ein kreatives Leben führen, indem Sie ständig neue Erfahrungen und Informationen in sich aufnehmen und diese zu einem Teil Ihres Lebens machen.

In diesem Buch sind Inhalte und Abläufe genau so verwoben, wie sie es in unserem Leben sind. Ich spreche dabei gern von »Spirallogik« – einer Logik, die Ideen und Gefühle miteinander verbindet, voneinander löst und sie als Bausteine verwendet. Oft stelle ich fest – wie auch Sie das vielleicht von Zeit zu Zeit tun –, daß ich diese Gedanken und Gefühle plötzlich von einer anderen, neuen Perspektive aus betrachte. Dann weiß ich, daß ich auf einer neuen Ebene meiner Spirale angelangt bin, einer Ebene, auf der ich mehr Informationen, neue Gefühle über alte Gedanken und neue Einsichten und Erkenntnisse gewonnen habe. Es kann aber auch sein, daß ich meine bisherigen Gedanken und Ideen bestätigt sehe.

Ist es Ihnen je passiert, daß Sie über eine Frage Klarheit zu haben glaubten, sich diese Frage dann aber von neuem stellte? Das ist die Spirale, von der ich spreche. Sie gibt uns Gelegenheit, das Alte aus einer neuen Perspektive zu betrachten, von einem neuen Punkt der Spirale aus. Dabei ist es unerheblich, auf welchem Punkt der Spirale wir uns befinden und in welche Richtung wir uns im Augenblick bewegen. Wir schulden dieser spiralförmigen Entwicklung tiefen Respekt. Auf unserer kreativen Reise nach innen führt sie unausweichlich dazu, daß wir uns selbst besser kennenlernen.

Benutzen Sie dieses Buch, wie es Ihnen angenehm ist. Lesen Sie es von vorn nach hinten, und machen Sie von den Übungen in den einzelnen Kapiteln Gebrauch. Wenn Sie die in einem bestimmten Kapitel beschriebenen Fähigkeiten entwickeln wollen, können Sie auch von einem Thema zum anderen springen. Der ganzheitliche und spiralförmige Prozeß hat den Vorteil, daß Sie in der Mitte oder am Ende oder an einer beliebigen Stelle beginnen können. Denken Sie daran: Kreativität beginnt nicht unbedingt bei Punkt A und geht dann zu Punkt B und C über, und dasselbe gilt für dieses Buch.

Wenn Sie sich auf die Entdeckungsreise begeben haben und Ihre Kreativität erforschen, kann es Zeiten geben, in denen Sie sich isoliert fühlen. Kreative Menschen sind mit ihren Visionen und Ideen oft allein. Wenn Sie sich auf Ihrem Weg einsam fühlen, denken Sie daran, daß Sie Reisegefährten haben. Alles, was Sie in diesem Buch finden, habe ich entweder an meiner eigenen Person erfahren, oder es stammt aus dem Erfahrungsschatz meiner Seminarteilnehmerinnen und Privatklientinnen.

Am besten ist es, wenn Sie dieses Buch über längere Zeit genießen, anstatt es in einem Zug durchzulesen. Lassen Sie sich Zeit, um die darin enthaltenen Informationen und Übungen für sich zu entdecken. Vielleicht werfen bestimmte Übungen unerwartete Fragen und Probleme für Sie auf. Wenn das der Fall ist, empfehle ich Ihnen, sich einer Therapeutin/einem Therapeuten anzuvertrauen, die/der Sie bei Ihrem Wachstum unterstützt.

Wie auch immer – ich möchte Sie dazu bringen, Ihre ganz persönliche Art der Kreativität zu finden. Ich wünsche mir, daß Sie sich jeden Tag bei irgendeinem kreativen Tun ertappen und daß Sie dieses Tun anerkennen und feiern. Ich wünsche mir, daß Ihre neue kreative Energie Sie jeden Morgen gleich nach dem Erwachen durchflutet und daß diese Energie Sie durch den ganzen Tag trägt. Ihre Kreativität gehört Ihnen ganz allein. Nur Sie können sie nützen und lenken. Dieses Buch wird Ihnen helfen, beides zu tun.

Zurück zu den Wurzeln:
Was ist Kreativität?

Wie definieren Sie Kreativität?

Was kreatives Schaffen ist, darüber gehen die Meinungen auseinander. Manche Definitionen gehen davon aus, daß kreatives Tun ein greifbares Produkt zur Folge haben muß, wie etwa ein Buch, ein Gemälde oder eine Skulptur. Andere sprechen davon, daß jeder neue Gedanke – vorausgesetzt, daß er für den Schaffenden neu ist – das Ergebnis eines kreativen Vorgangs ist. Wieder andere Definitionen konzentrieren sich auf den Vorgang selbst und beschreiben, was der einzelne während des kreativen Akts empfindet. Am wichtigsten aber ist Ihre eigene, persönliche Definition von Kreativität, denn sie ist ausschlaggebend dafür, ob Sie sich als kreativen Menschen betrachten, und wenn ja, in welchem Maß. Probieren Sie einmal die folgende kurze Übung aus:

Nehmen Sie ein Blatt Papier zur Hand (Sie können auch gleich die Innenklappe des Buchumschlags verwenden), und beenden Sie den folgenden Satz: »Kreativität bedeutet für mich ...«

Gestatten Sie es sich nicht, zu sagen: »Ich bin nicht kreativ.« Frauen fügen dieser Aussage oft hinzu: »Ich male ja keine Bilder und schreibe keine Bücher« – als ob Kreativität ein Produkt zur Folge haben müßte. Eine solche Einstellung lähmt die Kreativität. Wenn Ihre Definition von Kreativität besagt, daß alle kreativen Produkte konkret greifbar sein müssen, dann haben Sie jetzt die erste Gelegenheit, Ihren Denkhorizont zu erweitern!

Die Ergebnisse weiblicher Kreativität sind nicht immer greifbar, aber das bedeutet nicht, daß sie unwesentlich sind. Haben Sie je einem Menschen geholfen, etwas zu lernen oder einen Konflikt zu lösen, haben Sie neue Erkenntnisse in Ihr Verhalten einfließen lassen oder ein schwieriges Problem gelöst? Dann waren Sie kreativ, und das Ergebnis dieser Kreativität ist um nichts weniger wert als ein Buch oder ein Bild. Was zählt, ist die Neuheit und das Zusammenfügen von zuvor unzusammenhängenden Ideen und Gefühlen.

Nun sehen Sie sich Ihre Definition von Kreativität noch einmal an. Wenn sie keine nicht greifbaren Produkte mit einschließt, ändern Sie sie. Erinnern Sie sich an Situationen, in denen Sie eine neue Art des Umgangs mit einem schwierigen Menschen fanden oder jemanden dazu ermutigten, aktiv zu werden. Können Sie sich in Ihrer erweiterten Definition nun wiederfinden? Gut. Der erste Schritt in der Entwicklung der Kreativität besteht darin, daß Sie sich selbst als kreativen Menschen würdigen. Kreativität ist ein Wesenszug jedes gesunden Menschen. Lernen Sie, Ihre Kreativität anzuerkennen und zu schätzen.

Häufige Fehlannahmen

Im Jahr 1980 führte das *Wall Street Journal* eine USAweite Studie durch, in der 782 Leiter von Unternehmen aller Größen befragt wurden, nach welchen Qualitäten sie bei Neubesetzungen Ausschau hielten.[1] Integrität stand an der ersten Stelle der Liste. Andere, häufig genannte Charakterzüge waren: die Fähigkeit, mit anderen auszukommen, Planungsvermögen, die Fähigkeit, Probleme zu erkennen und zu lösen, Eigenständigkeit, Unabhängigkeit und die Fähigkeit, den Gesamtzusammenhang zu sehen. Alle diese Qualitäten beschreiben einen kreativen Menschen, und trotzdem kommt Kreativität in dieser Liste nicht vor! Warum? Weil eine Charakterisierung als »kreativ« fälschlicherweise ein negatives Licht auf den Betreffenden werfen und ihn als jemanden hinstellen könnte, der in einer Organisation eine ständige Quelle von Störungen ist.

Interessanterweise wurden in den achtziger und neunziger Jahren zahlreiche Wirtschaftsbücher geschrieben, in denen auf allen Ebenen mehr Kreativität verlangt wurde. Die Unternehmen werden aufgefordert, innovative Verhaltensweisen ihrer Beschäftigten zu fördern, während die Manager dazu angehalten werden, ihre Intuition zu entwickeln. Trotzdem wird in manchen Betrieben das Wort *innovativ* häufiger verwendet als das Wort *kreativ*. Man könnte meinen, daß diese besondere Eigenschaft vielen immer noch ein wenig suspekt ist.

Es wurden auch viele Bücher über den Zusammenhang zwischen geistiger Labilität und Kreativität geschrieben, was zur Verbreitung der Fehlannahme führte, daß die erstere eine Funktion der letzteren sei. Dieser Schluß ist unglücklich und vollkommen irreführend. Ich möchte diese Vorstellung aus dem Weg räumen.

Es stimmt, daß einige hochkreative Menschen auch psychotische Züge aufweisen. Aber daraus folgt nicht, daß

Kreativität aus Psychosen entsteht oder umgekehrt. Allzu-oft assoziieren wir Kreativität mit Geisteskrankheit wie bei van Gogh oder auch mit Genie wie bei Einstein. Diese Vor-stellungen bewirken nur, daß ein Keil zwischen uns und unsere Kreativität getrieben wird, denn niemand, der sich mit der geistigen Labilität eines selbstmordgefährdeten Künstlers oder dem extremen Intellekt eines Erfinders identifiziert, kann auf ein Leben voll gesunden, kreativen Ausdrucks hoffen. Kreativ zu sein bedeutet, einen voll-kommen normalen, ganz natürlichen Teil unseres Selbst nach außen zu bringen. Verknüpfen Sie Ihre Definition von Kreativität mit Ihren allerpositivsten Eigenschaften!

Sie sollten aber wissen, daß kreative Menschen vielen Leu-ten verdächtig sind. Seien Sie froh darüber! Wir kreativen Menschen stellen nicht nur den Status quo in Frage, son-dern wir sind auch die Agenten der Veränderung und der Verbesserung unseres Lebens im allgemeinen.

Erforschen Sie Ihre Gefühle zu diesen Gedanken. Wenn Sie mit Kreativsein irgendwelche negativen Dinge assoziieren, müssen Sie davon ausgehen, daß Sie damit Ihre eigene Ent-wicklung behindern.

Eine exzellente Möglichkeit, sich von negativen Ge-danken und Gefühlen freizumachen, besteht darin, sie zu externalisieren, sie nach außen zu bringen. Versuchen Sie noch einmal die obengenannte Satz-ergänzungsübung, nur sollten Sie diesmal, anstatt eine Definition hinzuschreiben, alle negativen Ge-danken entladen, die Sie möglicherweise mit Kreati-vität verbinden. Vollenden Sie die folgenden Sätze: »Kreativität ...« oder »Kreative Menschen ...«

Sie können die Worte nach Ihren Bedürfnissen vari-
ieren. Zum Beispiel: »Wenn ich bei der Arbeit kreativ
bin, glauben die anderen, daß ich nicht ganz richtig
ticke ...« oder »Arbeit und Kreativität sind nicht mit-
einander vereinbar« oder »Kreative Menschen sind
Störenfriede«.
Ich empfehle Ihnen, Ihre Gedanken auf separaten
Blättern aufzuschreiben. Wenn Sie damit fertig sind,
vernichten Sie diese destruktiven Ideen in drei
Schritten: Schreiben Sie ANNULLIERT darüber, zer-
reißen Sie sie in kleine Stücke, und dann vernichten
Sie sie vollends. Sie könnten sie verbrennen und die
Asche in der Toilette hinunterspülen oder sie unter
einer schönen Pflanze beerdigen. Wofür Sie sich auch
immer entscheiden, wichtig ist, daß Sie sich von den
negativen Gedanken befreien. Wenn Ihnen das ge-
lungen ist, haben Sie Platz für eine positive, produk-
tive Einstellung zu Ihrer Kreativität geschaffen.

Es gibt noch eine andere Vorstellung, die sich hemmend
auf die Kreativität auswirken kann: die Überzeugung,
Kreativität sei etwas Mysteriöses, das einigen wenigen
Auserwählten vorbehalten und in einer entlegenen, abge-
hobenen Sphäre angesiedelt sei, die jenseits der Reichweite
der gewöhnlichen Sterblichen liege. Das Gegenteil ist der
Fall: Die Fähigkeit zur Kreativität wohnt jedem gesunden
Geist inne. Indem Sie Ihre Kreativität benutzen, entmystifi-
zieren Sie sie und machen sie zu einem Bestandteil Ihres
täglichen Lebens. Die folgende Übung wird Ihnen sicher
von Nutzen sein:

Ernennen Sie sich anhand Ihrer eigenen, ganz persönlichen Definition von Kreativität zu einem kreativen Menschen.

Stellen Sie sich vor einen Spiegel. Blicken Sie sich fest in die Augen, und sagen Sie laut: »Ich bin ein kreativer Mensch. Ich genieße meine Kreativität auf viele verschiedene Arten.« Sagen Sie das einige Male, und achten Sie darauf, wie Sie sich bei dieser Bekräftigung fühlen. Manchmal üben die Worte eine unmittelbar beruhigende Wirkung aus. Manchmal fühlen sie sich an wie ein Paar neue Schuhe, die zwar passen, aber erst eingelaufen werden müssen. Und manchmal rufen sie ein Gefühl der Fremdartigkeit und der Bezugslosigkeit hervor.

Achten Sie auf Ihre Stimme, wenn Sie die beiden Sätze vor dem Spiegel sagen. Klingt sie höher als gewöhnlich? Wenn ja, fällt es Ihnen vielleicht schwer, zu glauben, was Sie sich da sagen hören. Wiederholen Sie die beiden Sätze mit normaler oder vielleicht sogar etwas tieferer Stimme als gewöhnlich. Welches Gefühl haben Sie jetzt?

Wenn solche Bekräftigungen wirkungsvoll sein sollen, müssen sie an starke, positive Gefühle gebunden sein. Atmen Sie tief, und spüren Sie die Kraft und Stärke, während Sie sagen: »Ich bin ein kreativer Mensch.« Spüren Sie die Freude und die Spannung bei den Worten: »Ich genieße meine Kreativität auf viele verschiedene Arten.« Denken Sie an einen Augenblick Ihres Lebens, in dem Sie kreativ waren, und durchleben Sie nochmals die erhebenden Gefühle, die Ihnen dieses Bewußtsein Ihrer Kreativität damals

vermittelte. Lassen Sie Ihren Körper von diesen Ge-
fühlen durchfluten. Verbinden Sie möglichst viele
positive Emotionen mit diesen Bekräftigungen.
Nun blicken Sie sich noch einmal vor dem Spiegel ins
Auge. Atmen Sie tief durch, und achten Sie darauf,
daß Ihre Stimme fest und bekräftigend klingt: »Ich
bin ein kreativer Mensch. Ich genieße meine Kreati-
vität auf viele verschiedene Arten.« Lassen Sie es zu,
daß Sie von Gefühlen wie Freude, Kraft und Begeiste-
rung durchflutet werden. Hören und spüren Sie die
Wahrheit dieser Worte.

Bei dem Versuch, sich daran zu gewöhnen, ein kreativer
Mensch zu sein, helfen Ihnen vielleicht die Aussagen anderer Frauen, die ihr Gefühl des Kreativseins beschreiben.
Eine Hausfrau sagt: »Ich fühle mich *soooo* gut. Es ist, als
würde man auf natürliche Art high.« Eine Journalistin
schreibt: »Es ist ein unglaubliches, fast körperliches Gefühl
der Befriedigung. Ein Glühen.« Eine andere Autorin berichtet von ähnlichen Körpergefühlen. »Oft jagen mir Schauer
über den Rücken. Meine Wangen werden heiß. Die Schmet-
terlinge in meinem Bauch schlagen mit ihren Flügeln.«
Eine Software- und Lehrmittelentwicklerin sagt: »Es ist ein
Gefühl der sauberen, kristallklaren Befriedigung.« Welche
persönlichen Gefühle verbinden Sie mit Ihrer Kreativität?

Der kreative Lebensstil

Ich sage oft, daß ein kreativer Lebensstil der ultimative
Zweck der Kreativität ist. Ein kreativer Lebensstil bedeutet,

daß wir ständig neu Gelerntes in unser Verhalten einfließen lassen und daß wir auf diese Weise reifen und uns verändern. Ein Problem wird so zu einer Herausforderung für
unsere Kreativität. Ein Dilemma ist nichts weiter als der
Ausgangspunkt eines spannenden Abenteuers. Wer kreativ
ist, lebt wirklich. Jedesmal, wenn Sie eine Kreativitäts-
übung aus diesem Buch machen, stärken Sie Ihren kreativen Lebensstil. Sie stärken damit in sich die Wesenszüge
eines kreativen Menschen.

Kreative Menschen haben meist viele positive Eigenschaften. Einige davon sind:

- die Fähigkeit, mit anderen auszukommen
- die Fähigkeit zu planen
- die Fähigkeit, Probleme zu erkennen und zu lösen
- Eigenständigkeit
- die Fähigkeit, das »große Ganze« zu sehen
- Sinn für Humor
- ein hohes Maß an Ehrlichkeit
- das Gefühl der sozialen Verantwortung
- den Wunsch, positive Beiträge zu einer besseren Welt zu
  leisten

Die folgende Übung soll Ihnen helfen zu erkennen, wie viele dieser Qualitäten bereits in Ihre Persönlichkeit eingeflossen sind.

*Denken Sie an die kreativen Menschen, die Sie ken-
nen. Schreiben Sie ihre Namen auf ein Blatt Papier,
und lassen Sie zwischen den einzelnen Namen viel
Platz. Nun listen Sie die kreativen Verhaltensweisen
oder die Qualitäten auf, die Sie an diesen Menschen*

*beobachtet haben. Welche ihrer Charakterzüge haben
auch Sie? Machen Sie sich eine Liste. Oder lassen Sie
jemanden, der Sie gut kennt, diese Liste für sich erstellen. Welche Eigenschaften würden Sie an sich
gern entdecken oder verstärken? Machen Sie auch
von diesen eine Liste.*

*Nun wählen Sie aus Ihrer letzten Liste eine Qualität
oder eine Verhaltensweise. Sie können aber auch einfach das Wort kreativ verwenden. Schreiben Sie es
auf etwa zehn kleine Kärtchen von derselben Farbe.
Hängen oder kleben Sie diese Kärtchen an Stellen, an
denen Sie sie ständig sehen – an den Badezimmer-
spiegel, den Kühlschrank, das Armaturenbrett, eine
Schreibtischlade, die Sie oft öffnen, das Nachtkästchen. Sehen Sie sich diese Kärtchen tagsüber oft an,
vor allem aber vor dem Schlafengehen und gleich
nach dem Aufstehen. Wenn Sie das Wort sehen, machen Sie es sich einfach bewußt, und beginnen Sie
mit Ihren üblichen Aktivitäten. Sie brauchen nichts
zu tun, um die gewünschte Eigenschaft zu erreichen.
Umgeben Sie sich einfach mit Erinnerungskärtchen
an die Qualität, die Sie an sich stärken möchten.*

*Gratulieren Sie sich jedesmal, wenn Sie feststellen,
daß Sie die erwünschte Eigenschaft an den Tag legen.
Schreiben Sie sich dazu ein oder zwei Stichworte auf
eine der Karten, damit Sie mit der Zeit greifbare Beweise Ihrer Fortschritte sammeln. Sobald Ihnen das
zu einem vertrauten Ritual geworden ist, können Sie
die Kärtchen durch andere in einer neuen Farbe er-
setzen, auf die Sie eine andere Eigenschaft schreiben.
Nehmen Sie sich immer nur einen Charakterzug vor,*

und geben Sie sich für jeden ein paar Wochen lang Zeit. Wenn Sie für jede Eigenschaft eine andere Farbe verwenden, werden Sie die Farbe mit der jeweiligen Eigenschaft assoziieren, ganz gleich, wo Sie sie sehen.

Feiern Sie, wenn Sie die Karten austauschen. Gehen Sie in Ihr Lieblingsrestaurant zum Abendessen, leisten Sie sich etwas Besonderes, oder machen Sie einen Tagesausflug zu Ihrem liebsten Freizeitziel.

Sie haben einen wichtigen Schritt getan, und indem Sie sich für Ihre Fortschritte belohnen, ehren Sie sich und damit auch Ihre Kreativität.

Die ganzheitliche Denkweise:
ihre Vorteile und Fallen

Ich schreibe ein Buch. Reihe ich dabei eine Idee an die andere oder auch nur einen Abschnitt an den anderen? Eigentlich nicht. Ich habe das »große Ganze« vor Augen – nicht die Einzelheiten, sondern alle Abschnitte und Ideen gemeinsam. Gerade jetzt, in diesem Augenblick, sehe ich dieses Buch ganzheitlich. Aber wenn ich diese ganzheitliche Betrachtungsweise während des Schreibens immer beibehalten würde, könnte ich Ihnen wahrscheinlich nicht vermitteln, was ich zu sagen habe. Sie hätten wahrscheinlich den Eindruck, meine Ideen und Vorstellungen seien unzusammenhängend und wirr. Deshalb nehme ich mir beim Schreiben eine Idee nach der anderen vor und achte darauf, daß ich während des Schreibens einen Zusammenhang zwischen meinen Gedanken herstelle.

Diese Vorgehensweise ist typisch für die weibliche Art des ganzheitlichen Denkens und Kreativseins. Wir sehen zuerst das Ganze, um es in einem zweiten Schritt in seine Einzelheiten zu zerlegen. Männer gehen genau umgekehrt vor. Sie denken linear und sehen zuerst die Details. Dann fügen sie diese Details zu einem Ganzen zusammen. Lineares Denken ist das, was wir in der Schule unter dem Begriff »logisches Denken« gelernt haben. Man sagte uns, jede andere Art zu denken sei unlogisch und damit wertlos. Ganzheitliches Denken ist für viele Frauen das natürliche, während lineares Denken für die meisten Männer natürlich ist. Allerdings können beide Geschlechter auch auf die andere

Art denken. Da die Natur niemals etwas Überflüssiges tut, sind ganzheitliches und lineares Denken dazu gedacht, einander auszugleichen und zu ergänzen. Keine Art zu denken ist besser als die andere. Sehen wir uns die beiden Denkweisen einmal genauer an:

Lineares Denken

Im wesentlichen verläuft der Vorgang des linearen Denkens so: Um zu Punkt D zu gelangen, muß man bei Punkt A beginnen. Selbstverständlich muß A wahr sein. Von Punkt A kann man zu Punkt B übergehen, der ebenfalls wahr sein muß. Der nächste Schritt ist der Übergang zu C, der auf A und B basiert und ebenfalls wahr sein muß. Von C kann man zu D gelangen, wobei man davon ausgehen kann, daß es wahr ist, weil ja auch die vorhergehenden Schritte wahr waren. Zumindest hoffen wir das. In dieser Struktur sind Widersprüche ausgeschlossen. Wenn eine Aussage wahr ist und eine andere falsch, müßte man diese falsche Aussage eliminieren. Das bedeutet, daß lineares Denken die Information auf akzeptierte Wahrheiten reduziert und alles andere ausschaltet.

$$A \longrightarrow B \longrightarrow C \longrightarrow D$$

Lineares Denken spielt bei vielen Dingen eine wichtige Rolle: beim Führen genauer buchhalterischer Aufzeichnungen, beim Geben und Verstehen von Anweisungen, beim Aufsetzen von Verträgen oder beim Schreiben von Büchern. Eine lineare Tagesordnung sorgt dafür, daß die Anwesenden nicht von den vorgegebenen Themen abschweifen. Das Bedauerliche daran ist, daß das lineare Denken oft als die *einzig richtige* Art zu denken hingestellt wird. Lineares Denken in Reinkultur führt zu einer Tunnelsicht und zur Ausschaltung von Kreativität. Wenn lineares Denken zum Beispiel zur Lösung von Problemen angewendet wird, kann es sein, daß die gefundenen Lösungen nur zusätzliche Probleme aufwerfen, weil die weiteren Auswirkungen der Antworten außer acht gelassen wurden. So war zum Beispiel lineares Denken dafür verantwortlich, daß der Verkehrsinfarkt in vielen Städten durch den Bau zusätzlicher Autobahnen »gelöst« wurde, was dazu führte, daß auch diese Autobahnen bald überlastet waren. Das Problem wurde dadurch nicht kleiner, sondern größer. So kann diese Art von Lösungen ihrerseits zum Problem werden.

Ganzheitliches Denken

Ganzheitliches Denken regt uns dazu an, das ganze Bild auf einmal zu überblicken und uns erst in einem zweiten Schritt den Details zuzuwenden. Wenn wir mit Hilfe der ganzheitlichen Denkweise zu Punkt *D* gelangen wollen, können wir auch bei *X* beginnen. Von *X* können wir zu *M* springen, von *M* zu *G*, um dann zu unserem Ziel *D* zu gelangen. Wir können beginnen, wo wir wollen – selbst bei *D* –, und uns in jede beliebige Richtung bewegen. Alle Informationen können berücksichtigt werden, sogar scheinbare Gegensätze. Bei ganzheitlicher Betrachtungsweise präsentieren sich solche scheinbaren Gegensätze oft als verschiedene Aspekte ein und desselben Phänomens.

Schwarz und Weiß sind nichts weiter als verschiedene Grauschattierungen. Der »Wahrheitsgehalt« eines bestimmten Informationsbruchstücks wird anhand dessen bestimmt, wie gut es sich in das Gesamtbild einfügt. Die ganzheitliche Denkweise ist ihrem Wesen nach kreativ.

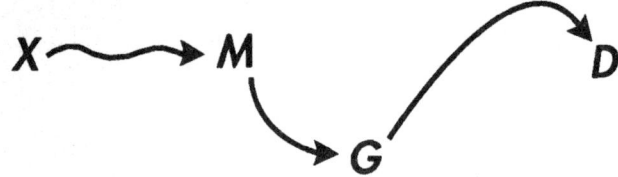

Da das ganzheitliche Denken eine umfassende Betrachtungsweise ist, ermutigt sie zum Verbinden von zuvor unzusammenhängenden Informationselementen, denn sie läßt es zu, daß alle Möglichkeiten nebeneinander bestehen. Das ist ein wichtiger Bestandteil des kreativen Prozesses. Wenn Sie Material zu einem Thema sammeln und dabei nach einem ganzheitlichen Gesichtspunkt vorgehen, können Sie zuerst eine große Menge an Daten sammeln und zu einem späteren Zeitpunkt entscheiden, welche die wichtigsten sind. Auf diese Weise vermeiden Sie es, voreilig vielleicht wichtige Informationen zu eliminieren. Durch die ganzheitliche Betrachtungsweise können Sie sich die Auswirkungen möglicher Lösungen vor Augen führen. So wird es wahrscheinlicher, daß Sie Lösungen finden, die echte Antworten auf das jeweilige Problem sind.

Jemand, der in erster Linie linear denkt, empfindet das ganzheitliche Denken möglicherweise als verwirrend, weil es zu viele Alternativen zuläßt. Bei Leuten, die ausschließlich linear zu denken gewöhnt sind, löst die ganzheitliche Betrachtungsweise oft Ungeduld aus, weil sie meinen, daß

sie zeitaufwendig sei und unzusammenhängende Ergebnisse bringe. Tatsache ist jedoch, daß das ganzheitliche
Denken sehr effizient ist, weil es zu Lösungen führen kann,
die das betreffende Problem tatsächlich lösen, anstatt nur
weitere Probleme zu produzieren.

Ganzheitliches Denken in einer linearen Welt

Frauen, die in unserer Welt des linearen Denkens auf einer
ganzheitlichen Betrachtungsweise beharren, stoßen oft auf
Probleme. Eine Teilnehmerin eines meiner Seminare beschrieb einmal eine typische Situation: Gemeinsam mit einem Kollegen wurde ihr aufgetragen, Informationen zu
einem Problem zu sammeln, eine Lösung zu finden und
diese Lösung den anderen Kollegen und dem Chef zu präsentieren. Sie beschrieb diese Erfahrung so:

> »Bei unserem ersten Meeting war ich voll Begeiste-
> rung. Ich hatte alle möglichen Ideen zu dem Pro-
> blem, und ich wußte, woher wir viele Informationen
> bekommen konnten. Ich brannte darauf, alles mögli-
> che zu unternehmen. Aber kurz nachdem ich begon-
> nen hatte, meine Pläne zu beschreiben, wußte ich
> bereits, daß mein Kollege mich nicht verstand. Er
> starrte mich nur befremdet an. Dann schnitt er mir
> das Wort ab und sagte, daß wir uns dies und jenes
> ansehen sollten. Offensichtlich wußte er genau, was
> er tun wollte und wie er es anstellen würde. Meinen
> Ansatz und meine Ideen tat er kommentarlos ab. Er
> sagte, man müsse sich auf das Wesentliche konzen-

trieren. Es schien mir, daß wir vollkommen an der Sache vorbeiarbeiten würden, wenn wir nach seiner Methode vorgingen. Aber seine Einstellung zu meiner Methode war so offen negativ, daß ich unsicher wurde und nicht weiter versuchte, ihn zu überzeugen. Schließlich vereinbarten wir, getrennt zu arbeiten.

Nach etwa einer Woche hatten wir unser zweites Meeting. Nun war die Atmosphäre ganz anders. Er hatte seine Informationen, ich die meinen, und so hatten wir einen Ausgangspunkt für unsere Arbeit. Aber wenn ich an das erste Meeting dachte, bekam ich ein eigenartiges Gefühl in der Magengrube. Ich konnte nicht genau sagen, was passiert war. Und ich weiß, daß es in meinem bisherigen Leben, als ich noch nicht meine heutige Selbstsicherheit hatte, viele Situationen gab, in denen ich aufgegeben und mich seiner Methode angepaßt hätte. Jetzt weiß ich, daß wir einfach unserem jeweiligen Stil folgten. Letzten Endes fanden wir eine gemeinsame Lösung, aber jeder mußte auf seine eigene Art vorgehen.«

Wir Frauen lernen von unserem ersten Schultag an, daß das lineare Denken die einzig richtige Denkweise ist. Unsere natürliche Gabe der ganzheitlichen Betrachtung wird abgewertet, und das hat viele negative Folgen:

- ein negatives Selbstbild,
- das vage, unangenehme Gefühl, unsere Fähigkeiten nicht zu verdienen,
- mangelndes Vertrauen in unsere naturgegebenen Fähigkeiten,

- eine unflexible Einstellung zu Problemen und sogar zum Leben im allgemeinen.

Wenn wir davon überzeugt sind, daß die uns angeborene Art zu denken wertlos ist, leidet unser Selbstwertgefühl. Die Folge ist, daß viele an ihrer Intelligenz zweifeln. Ich kenne zum Beispiel eine erfolgreiche Autorin, die von sich behauptet, sie sei nicht besonders klug. Sie ist eine typische Vertreterin der ganzheitlichen Betrachtungsweise, die mit dem linearen Denken nie viel anfangen konnte. Obwohl sonnenklar ist, daß ihre ganz besondere Intelligenz sie in die Lage versetzt, universelle Themen zu interessanten, preisgekrönten Büchern zu verarbeiten, behauptet sie trotzdem, sie sei nicht intelligent. Glücklicherweise wurden ihr Talent und ihre Kreativität von dieser negativen Einstellung nicht in Mitleidenschaft gezogen. Es kommt nur allzuoft vor, daß ein negatives Selbstbild der ganzen Persönlichkeit Schaden zufügt.

Viele von uns treffen schon während der Ausbildung die Entscheidung, unsere naturgegebene ganzheitliche Denkweise hinter dem vorherrschenden linearen Stil zu verstecken. Anders ausgedrückt: Wir halten unseren ganzheitlichen Ansatz am Leben, indem wir ihn insgeheim anwenden, die Ergebnisse dann aber in ein lineares Format »übersetzen«. Obwohl dieser Überlebensmechanismus im Grunde gesund ist, weil wir damit unsere naturgegebenen Fähigkeiten aufrechterhalten und uns gleichzeitig eine andere Art des Denkens aneignen, kann er dennoch zu psychologischen Schäden führen.

Während meiner ganzen Schulzeit arbeitete ich zum Beispiel in der Mathematik von hinten nach vorn. Ich sah mir ein Rechenbeispiel an, um es dann »aus dem Brennpunkt rutschen zu lassen« (wie ich die diffuse Logik des ganzheitlichen Denkens nannte). Dann wartete ich auf die Antwort. Anhand dieser Antwort arbeitete ich mich dann nach vorn, um zu sehen, wie ich zu ihr gelangt war. Sobald ich am Anfang angekommen war, konnte ich die Lösung auf lineare Weise präsentieren. Dazu benötigte ich etwa dieselbe Zeit wie meine Klassenkameraden, die das Problem auf lineare Weise lösten. Damals glaubte ich, ich sei die einzige in der Klasse, die nach dieser unorthodoxen Methode vorging. Inzwischen weiß ich aber, daß die meisten Mädchen dasselbe taten! Aber wir behielten es für uns. Und die meisten von uns »schwindelten« auf irgendeine Weise, weil wir nicht die Methode anwendeten, die unsere Lehrer uns als die »richtige« vorgaben.

Wenn ich einer Gruppe von Frauen über diese Erfahrung berichte, sehe ich viele Köpfe zustimmend nicken. Bringt der Bericht auch in Ihnen irgendeine Saite zum Klingen?

Oft haben die Frauen ihr ganzes Leben lang das Gefühl, beim Lernen auf irgendeine Weise zu schwindeln. Wie groß ihre Leistungen auch sein mögen, haben sie doch immer das Gefühl, eine andere Methode als die zulässige verwendet zu haben. Deshalb halten sie sich gegenüber den anderen, die nach der vorherrschenden linearen Methode vorgehen, für irgendwie minderwertig. Ich kenne Frauen mit Doktorat und in gehobenen Managementpositionen, die immer noch dieses Gefühl der Minderwertigkeit haben. Trotz ihres Erfolgs bezweifeln sie, daß ihre ganzheitliche Art, zu denken und kreativ zu sein, zulässig ist, weil sie als Kinder gelernt haben, daß sie falsch sei. Die Herausforderung besteht nun darin, die ungeheure Flexibilität schätzenzulernen, die in dieser Denkweise steckt.

Eine andere Art, wie sechs- oder siebenjährige Mädchen mit diesem Dilemma umgehen, besteht darin, die ganzheitliche Art, zu denken, vollkommen zu unterdrücken. Ein kleines Mädchen lernt rasch, daß in unserer Gesellschaft die männlichen Verhaltensweisen einschließlich des linearen Denkens belohnt werden. Doch wenn sie sich den linearen Stil aneignet und sich weigert, einen anderen anzuerkennen, kann sie in ihrem Denken sehr starr werden und die Fähigkeit zum Erkennen alternativer Lösungsmöglichkeiten verlieren. Ihr lineares Denken führt zu einer Tunnelsicht. Wenn sie mit einer neuen Methode konfrontiert wird, kämpft sie dagegen an, indem sie kein gutes Haar an ihr läßt. Selbst wenn sie keinen Fehler daran entdecken kann, wird sie es einfach ablehnen, sie auszuprobieren. Sie besteht darauf, daß die alte Methode immer funktioniert hat, und fragt: »Warum etwas Bewährtes ändern?« Diese Frage möchte sie allerdings nicht beantwortet haben.

Ich kenne viele Frauen, die böse werden, wenn sie als Erwachsene mit diesem Konflikt konfrontiert werden. Manchmal richtet sich ihr Ärger gegen die Gesellschaft, manchmal gegen sich selbst. Wenn Sie spüren, daß Sie böse werden, sollten Sie nachsichtig mit sich sein. Sie waren noch sehr klein, als Sie Ihre Entscheidungen trafen. Aber wie auch immer sie damals ausgefallen sein mögen – heute können Sie sie ändern. Wir alle müssen lernen, uns wegen unserer Fähigkeiten zu schätzen und lineares und ganzheitliches Denken in ein Gleichgewicht zu bringen. Und wenn es uns gelingt, diese Veränderungen in uns selbst herbeizuführen, werden wir auch die Gesellschaft ändern.

Ein Gleichgewicht finden

Ganzheitliches und lineares Denken ergänzen einander. Wenn wir uns ausschließlich auf das lineare Denken verlassen, gelangen wir zu eingeengten Lösungen, die unserer Gesellschaft nur noch mehr Probleme bescheren. Aber auch das ganzheitliche Denken hat seine Tücken, wenn es ausschließlich angewendet wird.

Nehmen wir an, Sie wollen sich auf eine Problemlösungssitzung am Arbeitsplatz vorbereiten. Wahrscheinlich beginnen Sie, indem Sie möglichst viele Informationen sammeln, um sich ein Bild von der Angelegenheit machen zu können. Hier ist ein ganzheitlicher Ansatz wunderbar geeignet, weil er es Ihnen ermöglicht, das »große Ganze« zu sehen. Je mehr Sie sehen, desto mehr Aspekte können Sie in Ihre Überlegungen einbeziehen, und desto besser sind Ihre Chancen, daß jene Informationen dabei sind, die für die endgültige Lösung ausschlaggebend sind. Aber genau hier liegt die Falle: Da Sie möglichst viel wissen wollen, kann es sein, daß Sie sich zu sehr auf das Datensammeln konzentrieren, anstatt zu beginnen, das Problem zu lösen. Die Folge ist, daß Sie schlecht vorbereitet zu der Sitzung gehen, was dazu führt, daß Sie einen zaudernden und unkonzentrierten Eindruck machen. Die linearen Denker werden bei einer ihrer Meinung nach unzusammenhängenden, richtungslosen Präsentation rasch ungeduldig. Ihrem Argument, daß Sie noch mehr Zeit brauchen, um weitere Informationen zu sammeln, wird wenig Gewicht beigemessen werden. Was für ein Flop!

Wie schaffen Sie also beides – gleichzeitig ganzheitlich und linear zu denken? Bevor Sie mit dem Sammeln der Informationen beginnen, sollten Sie sich eine Frist setzen. Halten Sie diese Frist ein, auch wenn Sie meinen, noch ein paar Stunden, einen weiteren Tag oder eine Woche zu brauchen. Zwingen Sie sich dazu, Ihre Frist einzuhalten, auch wenn es Ihnen noch so schwerfällt, denn wir können niemals absolut *alles* über ein Thema in Erfahrung bringen. Wir können nur *hoffen*, die wichtigsten, relevantesten Informationen herauszufinden. Wenn Sie mit dem ganzheitlichen Zusammentragen der Daten fertig sind, können Sie darangehen, Ihre Informationen mit Hilfe des linearen Denkens zu ordnen. Dabei stellen Sie die wichtigsten Daten Schritt für Schritt so zusammen, daß sie für andere verständlich sind.

Die Verbindung von ganzheitlichem und linearem Denken führt in jedem Fall dazu, daß das Ergebnis viel stichhaltiger und vollständiger ist, als wenn es auf nur einer Denkmethode beruhen würde. Der Grund dafür ist, daß bei einer Kombination die Stärken beider Methoden zusammenwirken. Je höher Sie im Management aufsteigen, ganz gleich, in welcher Branche, desto eher brauchen Sie die Fähigkeit, sowohl das große Ganze als auch die Einzelheiten zu sehen.

Ohne Konzept beginnen:
Warum nicht?

Es folgt eine Szene aus meiner Schulzeit, die auch heute noch häufig vorkommt: Jedesmal, wenn wir eine lange Arbeit schreiben mußten – etwa ab der neunten Klasse –, bekamen wir zu hören: »Macht zuerst ein Konzept!« Die meisten von uns kamen mit diesem Dilemma auf die oben beschriebene Weise zurecht. Sie schrieben zuerst die Arbeit, und *dann* erstellten sie das Konzept. Das funktionierte so lange, bis wir Lehrer bekamen, die das Konzept zur Genehmigung vorgelegt bekommen wollten, bevor wir mit dem Schreiben der Arbeit begannen. Die geforderten Arbeiten wurden allmählich länger und die Recherchen für sie aufwendiger, so daß es schwierig war, die ganze Arbeit zu schreiben, bevor wir das Konzept genehmigt bekamen. Dazu kam, daß viele von uns instinktiv fühlten, daß wir »schwindelten«, weil wir uns nicht an den vorgeschriebenen Ablauf hielten.

Die meisten Frauen erleben diese Situation so, daß die Forderung »Konzept zuerst« einen Konflikt zwischen dem linearen und dem ganzheitlichen Denkansatz erzeugt. Das Konzept steht für einen linearen Ansatz, bei dem die Informationen auf akzeptierte Tatsachen reduziert werden, während die Methode, bei der zuerst die Arbeit geschrieben wird, dem ganzheitlichen Ansatz entspricht, der es gestattet, alle zugehörigen Daten in sie aufzunehmen. Wie bei ähnlich gelagerten Konflikten sind die Auswirkungen auf die Kreativität der Frauen im allgemeinen negativ. Es ist eine traurige Tatsache, daß viele von uns bei dem Kampf, uns statt unseres naturgegebenen, ganzheitlichen Ansatzes einen linearen Denkstil anzueignen, zu dem Schluß gelangen, wir könnten nicht schreiben oder seien sogar dumm. Das Vertrauen in unsere angeborene ganzheitliche Betrachtungsweise schwindet infolge dieses Konflikts. Frauen, die zuerst nach der ganzheitlichen, dann nach der linearen Methode vorgehen, haben das Gefühl, minderwertig zu sein, weil sie nicht die akzeptierte Methode anwenden.

Viele Frauen halten sich noch immer an dieses ungeschriebene Gesetz und gehen an alle Schreibprojekte (oder auch an Vorträge, da Vorträge von schriftlichen Unterlagen ausgehen) wie an eine Schulaufgabe heran, bei der sie sich das Konzept genehmigen lassen müssen, bevor sie zur Tat schreiten.

Dieser unnötigen Schädigung der Kreativität und des Selbstbewußtseins der Frauen kann Einhalt geboten werden. Wenn es uns gelingt, ganzheitliches und lineares Denken miteinander zu verbinden, erreichen wir eine maximale Kreativität und sind dennoch in der Lage, unsere Gedanken und Ideen klar und geordnet zu präsentieren. Wenn die Ideen zunächst mit Hilfe eines ganzheitlichen Prozesses zusammengetragen werden, werden sämtliche Möglichkeiten in Betracht gezogen, auch wenn sie nicht alle in die Arbeit oder in den Vortrag einfließen können. Die daraus resultierende Präsentation läßt sich ganz leicht in einer traditionellen, linearen Form gestalten. Die folgende Übung soll Ihnen dabei helfen, ein Gleichgewicht zwischen der ganzheitlichen und der linearen Denkweise zu finden.

Es gibt eine wirkungsvolle Technik, um mit dem Dilemma »Konzept zuerst« fertig zu werden: Schreiben Sie jede wichtige Idee gemeinsam mit den zugehörigen Nebengedanken auf separate Kärtchen. (Ich verwende eigentlich lieber größere, etwa im Format 12 x 18 cm, weil mehr Informationen darauf Platz finden.) Für die Nebengedanken ist keine bestimmte Reihenfolge notwendig. Besser als Sätze sind allerdings kurze Stichworte. Achten Sie darauf, daß Sie wirklich alle Ideen aufschreiben. Ordnen und formulieren können Sie sie später. Tragen Sie Ihre Kärtchen immer mit sich, damit Sie, wenn Sie an einem unüblichen Ort, zum Beispiel mitten in einem Verkehrsstau, eine kreative Idee haben, diese sofort notieren können. Ich kenne eine Sporttaucherin, die sogar in der Dusche ihre wasserfeste Schreibtafel und einen Stift bei sich hat. Wenn sie nun während des Duschens eine gute Geschäftsidee hat, geht ihr dieser Geistesblitz nicht verloren!

Sobald Sie alle Ihre Ideen auf Kärtchen gesammelt haben, können Sie beginnen, Ihre Gedanken zu ordnen. Räumen Sie Ihren Schreibtisch leer, und legen Sie die Karten so auf, daß Sie sie alle auf einmal sehen können. Dann mischen Sie sie und legen sie so lange neu auf, bis Sie den stärksten Ideenfluß gefunden haben. Vielleicht kommen Sie zu der Erkenntnis, daß sich einige der Ideen mit anderen kombinieren lassen oder daß andere vollkommen eliminiert werden sollten. Oder vielleicht entdecken Sie bestimmte Bereiche, die weitere Nachforschungen erfordern, die Sie aber einstweilen beiseite schieben müssen, weil

Ihre Frist abgelaufen ist. Schließlich wird Ordnung in Ihre Ideen kommen, und an diesem Punkt können Sie tatsächlich damit beginnen, Ihre Arbeit oder Ihren Vortrag zu schreiben. Wenn Sie ein schriftliches Konzept brauchen, dann können Sie es buchstäblich von den Karten ablesen.

Vielleicht fällt Ihnen das Ordnen leichter, wenn Sie es weg von Ihrem üblichen Arbeitsplatz verlegen. Nehmen Sie Ihre Karten in einen Park oder in Ihr Lieblingsrestaurant mit. Oder werfen Sie sie auf den Teppich, und setzen Sie sich wie als Kind zum Sortieren auf den Boden. Die Grundidee dabei ist, Ihre Gedanken von einer neuen Perspektive aus zu sehen.

Eine abschließende Bemerkung

Auch wenn wir verstehen, wie wichtig es ist, den linearen und den ganzheitlichen Denkansatz gleichzeitig anzuwenden, sorgt unser Bildungssystem dafür, daß der Konflikt zwischen den beiden Richtungen verewigt wird. Statt die Schüler zu lehren, beide Denkweisen so anzuwenden, daß sie einander ergänzen, hält man sie immer noch dazu an, zuerst ein Konzept zu erstellen. Wenn Sie selbst gelernt haben, die beiden Ansätze ausgeglichen zu verwenden und ein kreatives Leben zu führen, können Sie auch die Menschen in Ihrer Nähe dazu ermutigen. Sie sollten aber nicht erwarten, daß das System von jetzt ab die Kreativität von Anfang an fördert. Am besten ist es, wenn Sie es selbst übernehmen, Ihren Kindern und den Menschen in Ihrer Umgebung die entsprechenden Techniken zu vermitteln.

Ermutigen Sie andere dazu, auch Spaß daran zu haben! Wenn jede von uns einen oder zwei Menschen erreicht, wird sich das System irgendwann einmal ändern.

Begonnenes zu Ende bringen

Frauen sind davon fasziniert, *wie* sie etwas machen. Männer sind davon fasziniert, *was* sie machen. Warum ist das so? Vor vielen Jahren beobachtete der Psychologe Abraham Maslow, daß Frauen *prozeßorientiert* arbeiten, während Männer *produktorientiert* sind.[1] Diese verschiedenen Ausrichtungen führen zu unterschiedlichen Auffassungen von Kreativität. Die meisten Frauen interessieren sich für die Erfahrung des Schaffens. Wenn wir mit unserer Kreativität in irgendeiner Weise unzufrieden sind, neigen wir von Natur aus dazu, zu untersuchen, was wir tun und wie wir es tun. Männer hingegen neigen dazu, sich auf das Produkt ihrer Kreativität zu konzentrieren und nicht auf das, was sie tun, um zu diesem Produkt zu gelangen. Wenn sie Verbesserungen anstreben, konzentrieren sie ihre Aufmerksamkeit auf die greifbaren Ergebnisse. Beide Sichtweisen sind gleichwertig.

Die Faszination, die wir Frauen für den Prozeß verspüren – dafür, wie wir etwas tun –, kann zu einem erheblichen Problem führen: daß wir das *Was* nicht vollenden. Es kommt oft vor, daß wir das Interesse verlieren, wenn sich ein kreatives Projekt seinem Ende zuneigt. Unsere Aufmerksamkeit konzentriert sich auf den Vorgang, der schon beendet ist, bevor wir das Produkt fertiggestellt haben. So kann es passieren, daß sich unser Interesse kurz vor dem Abschluß dem nächsten Projekt zuwendet – und den neuen, damit verbundenen Abläufen. In solchen Situationen kann es vorkommen, daß wir das, woran wir gerade arbeiten, fallenlassen, um uns dem nächsten, noch interessanteren Ablauf ... äh, Projekt ... zuwenden. Anders ausgedrückt – es kann sein, daß wir das, woran wir arbeiten, nicht immer vollenden.

Bei vielen von uns ist die Prozeßorientierung so stark, daß wir eine enorme Selbstdisziplin brauchen, um ein Projekt bis zu seiner Vollendung durchzuziehen. Tatsächlich erfordert kreative Arbeit weit mehr Selbstdisziplin als jedes andere Tun. Im Idealfall ergibt sich die Motivation, eine kreative Aufgabe zu vollenden, aus dem Interesse am Prozeß *und* am Produkt. Selbstdisziplin ist am gesündesten, wenn sie in natürlicher Weise aus dem Wunsch entsteht, der Kreativität eine Form zu verleihen.

Eine vor einigen Jahren von Dr. Jean Houston durchgeführte Studie liefert uns einige Aufschlüsse zu diesem Thema.[2] Houston wollte wissen, was ein Genie zu einem Genie macht. Unter anderem fand sie heraus, daß Genies das, was sie beginnen, auch zu Ende bringen. Sie planen ihre kreative Arbeit, indem sie sie vor Beginn eines Projekts visualisieren. Anders ausgedrückt stellen sie sich bildlich vor, wie sie ein Problem auf verschiedene Arten lösen, bevor sie sich für die beste Methode entscheiden. Die Visualisierung mobilisiert das natürliche Bedürfnis, eine Aufgabe zu vollenden. Im nächsten Schritt wird die Vorstellung umgesetzt. In Follow-up-Studien an durchschnittlichen Menschen entdeckte Houston, daß man etwas Begonnenes eher vollendet, wenn man vor Beginn der Arbeit das fertige Projekt visualisiert.

Mit Hilfe dieser Information können wir lernen, uns selbst die besten Voraussetzungen dafür zu verschaffen, einen begonnenen kreativen Prozeß zu vollenden. Wir können immer und fast überall visualisieren – im Büro, zu Hause, im Flugzeug. Versuchen Sie die nächste Übung, und sehen Sie selbst.

Schließen Sie Ihre Augen. Konzentrieren Sie sich ein paar Minuten lang auf Ihren Atem. Spüren Sie, wie die Luft in Ihren Körper einströmt und wie sie ihn wieder verläßt. Dieses bewußte Atmen hilft bei der Konzentration. Nun stellen Sie sich vor, daß Sie am Anfang eines Projekts stehen und die notwendigen Vorbereitungen treffen. Vielleicht sehen und hören Sie sich mit anderen Beteiligten sprechen. Vielleicht sitzen Sie aber auch allein vor Ihrem Computer, vor Ihrer Staffelei oder hinter Ihrem Schreibtisch.
Beziehen Sie möglichst viele Sinne in Ihre Vorstellung ein. Riechen Sie die Luft in dem Raum, in dem Sie sich befinden. Hören Sie sich beim Reden zu. Fühlen Sie die Struktur der Leinwand oder der Platte Ihres Schreibtisches. Schmecken Sie den Kaffee, den Saft oder den Snack, den Sie normalerweise bei der Arbeit zu sich nehmen. Betrachten Sie Ihre Umgebung, und nehmen Sie die Details in sich auf.
Nun stellen Sie sich vor, wie Sie das Projekt Schritt für Schritt durchführen und dabei alle notwendigen Dinge tun, um die Aufgabe zu Ende zu bringen. Stellen Sie sich das fertige Produkt vor. Berühren Sie es, riechen Sie es, schmecken Sie es, hören Sie es. Stellen Sie es sich so realistisch wie möglich vor. Wenn das Produkt nicht greifbar ist, können Sie es trotzdem sehen oder hören oder die Ergebnisse Ihrer Arbeit auf eine andere Weise spüren. Wenn Sie zum Beispiel

eine positivere Arbeitsumgebung schaffen, können Sie ein tiefes Gefühl innerer Zufriedenheit spüren, wenn Sie sehen, daß Ihre Kollegen harmonischer zusammenarbeiten.

Je lebhafter Sie sich die Ergebnisse Ihrer kreativen Arbeit vorstellen, bevor Sie beginnen, desto wahrscheinlicher ist es, daß Sie das begonnene Projekt auch wirklich vollenden. Sobald Sie den Prozeß und sein Ergebnis einmal intensiv visualisiert haben, sind Sie bereit, mit der eigentlichen Arbeit zu beginnen. Wenn Sie sich die Abläufe und das Produkt vorstellen, stimulieren Sie Ihre Begeisterung und Ihr inneres Bedürfnis, das Projekt zu vollenden. Es kann natürlich trotzdem sein, daß Ihr Interesse kurz vor der Ziellinie schwindet, aber nun sind Sie darauf vorbereitet und können Ihr Projekt mit ein wenig Willenskraft zu Ende bringen. Versuchen Sie es bei Ihrem nächsten Projekt einmal auf diese Weise, und Sie werden sehen, ob dadurch etwas anders wird!

Lernen, die Realität
zu verändern

Die Kunst, die Realität zu verändern, ist ein wichtiger Bestandteil des ganzheitlichen, kreativen Prozesses. Die Herausforderung des Kreativseins besteht darin, Ideen, Gefühle oder Bilder zu einer neuen Form zusammenzufügen. Wenn wir den Status quo akzeptieren und die sogenannten »Fakten« nie in Frage stellen, werden keine neuen Formen entstehen. Wenn wir hingegen ganzheitlich denken, können Gegensätze ohne weiteres nebeneinander existieren. Wir öffnen uns einer anderen Sichtweise der Beziehungen zwischen den einzelnen Konzepten und Elementen. Richtig und falsch verlieren ihre Bedeutung – jedenfalls vorübergehend –, so daß alle Möglichkeiten in Betracht gezogen werden können. Ein Mensch, der auf diese Weise ganzheitlich denkt, verändert die Realität, indem er die anerkannte Beziehung zwischen den Ideen zurückweist und nach einer Verbindung sucht, die vorher nicht existierte.

Um kreativ zu sein, müssen wir oft über den Schatten unserer Erziehung springen, die uns sagt, was wir für richtig halten sollen. Im Jahr 1956 gelang es Patsy Sherman, einer Chemikerin bei 3M, ihre Überzeugungen über Wahrheit und Unwahrheit über Bord zu werfen, als sie versehentlich eine Chemikalie, mit der sie arbeitete, auf ihre Tennisschuhe verschüttete.[1] Als sie versuchte, sie abzuwischen, fiel ihr auf, welche Wirkung sie auf die Schuhe hatte. Sie schob ihr eigentliches Forschungsvorhaben beiseite, weil sie bemerkte, daß die Chemikalie auf dem Schuh zu einer schmutzabweisenden Schicht ausgehärtet war: Auf diese Weise wurde Scotchgard entdeckt.

Einer der größten Erfinder unseres Jahrhunderts, Bill Lear, war seit langem geübt darin, den Status quo auf kreative Weise in Frage zu stellen.[2] So war er zum Beispiel der erste, der ein Radio klein genug machen konnte, um es in ein Auto einzubauen – zu einer Zeit, in der die Collegestudenten lernten, daß ein so kleines Radio unmöglich herzustellen sei. Lear wußte nicht, daß es unmöglich war. Deshalb tat er es einfach und krempelte damit das wissenschaftliche Denken der Zeit um.

Eine gesunde Mißachtung der Realität kann in vielen Situationen, die kreatives Denken erfordern, sinnvoll sein. Eine meiner Klientinnen erzählte mir über ihre Frustration angesichts eines häufig auftretenden Dilemmas:

»Ich hatte ein Meeting mit anderen Abteilungsleitern. Eine der Frauen, nennen wir sie Kathy, hatte ein Problem, das einer dringenden Lösung bedurfte. Unsere Chefin bat uns, ihr zu helfen, und so begannen wir alle, nachzudenken und Ideen vorzubringen. Aber Kathy lehnte jeden Vorschlag ab. Normalerweise ist sie sehr kreativ, und deshalb überraschte mich ihre Haltung. Sie sagte dauernd: ›Ihr versteht einfach nicht. Diese Idee funktioniert nicht. Ich muß dieses Problem selbst lösen.‹ Je mehr wir versuchten, ihr zu helfen, desto uneinsichtiger wurde sie. Anstatt sie dazu zu bewegen, unsere Vorschläge in Betracht zu ziehen, ließ unsere Chefin zu, daß ihre Haltung immer starrer wurde. Die Lösung, für die sie sich letzten Endes entschied, brachte Probleme für andere Abteilungen mit sich. Sie war längst nicht so kreativ, wie wir es von ihr gewohnt waren. Was hätte ich in dieser Situation tun können? «

Ich machte meiner Klientin zwei Vorschläge. Erstens sollte sie sich bewußtmachen, daß die Kreativität unter Streß oft zusammenbricht. Meine Klientin beschrieb Kathy als eine starke, unabhängige Frau, die offensichtlich unter enormem Druck stand. Als der Druck stieg, zog sie sich automatisch auf ihre Unabhängigkeit zurück, ihren Status quo. Die Folge war, daß sie alle Vorschläge zurückwies und immer starrer wurde. Wenn man versucht, jemanden, der in einem solchen Dilemma steckt, zu mehr Offenheit zu zwingen, bewirkt man oft das Gegenteil – er klammert sich noch stärker an das Vertraute.

Zweitens schlug ich meiner Klientin vor, sich mit ihrer Chefin zusammenzusetzen und zu besprechen, wie die Kreativität in den Meetings gefördert werden könnte. Sie sollte sich dabei auf die Lösung des Problems konzentrieren und nicht auf die involvierten Personen. Außerdem sollte sie greifbare Vorschläge zur Verbesserung des Prozesses machen. Um die Atmosphäre kreativer zu gestalten, könnte die Gruppe zum Beispiel die Realität verändern, indem sie davon ausgeht, es sei ein voller Erfolg erreicht worden. Aus dieser Perspektive betrachtet, befaßt sich die Gruppe nun mit der Frage: »Wie haben wir das erreicht?« anstelle von »Was werden wir tun?«. Für alle ist das Projekt eine abgeschlossene Sache. Auf diese Weise kann die Idee in ihrer Gesamtheit betrachtet werden, einschließlich ihrer Umsetzung und ihres Ergebnisses. Es ist nicht notwendig, die einzelnen Vorschläge detailliert auszuarbeiten; es genügt, daß allfällige Vorteile sichtbar werden. Manchmal erweist sich ein Teil einer Idee, der ohne gründliche Untersuchung des ursprünglichen Vorschlags nicht ans Tageslicht gekommen wäre, als praktikabel oder führt zu besseren Lösungen. Eine weitere Möglichkeit, die Kreativität anzuregen, besteht darin, die Gruppe zu bitten, die Realität vorübergehend durch die Annahme außer Kraft zu setzen, daß irgendein gegebener Vorschlag das Problem lösen wird. Nun lautet die Frage: »Wie können wir das umsetzen?« Setzen Sie sich ein Zeitlimit von etwa fünf Minuten, um zu überlegen, ob ein Vorschlag etwas Positives zu einer gangbaren Lösung beiträgt. Wie beim vorhergehenden Ansatz könnte die Gruppe durch die Kombination der besten Teile verschiedener Vorschläge zu einer brauchbaren Lösung gelangen.

Beide Taktiken mildern den Streß einer drängenden Frist und verlagern den Schwerpunkt hin zur Entwicklung einer kreativen Lösung des Problems. Denken Sie jedoch daran, daß auch eine starke Führung notwendig ist, damit sich die Gruppe nach vorn bewegt. Eine einzige Person, die sich an den Status quo klammert, kann die ganze Gruppe zum Stillstand bringen. Aber sobald alle beginnen, mit der Realität zu spielen, sie hin und her zu schieben und zu verändern, um zu sehen, was dann passiert, entstehen kreative Möglichkeiten in Hülle und Fülle.

Wann sind Sie zum letzten Mal von etwas abgerückt, von dessen »Wahrheit« Sie überzeugt waren, um neuen Möglichkeiten die Tür zu öffnen? Wenn es schon eine Zeitlang her ist, lade ich Sie ein, auf der Suche nach einer kreativen Lösung noch heute die Realität zu verändern.

Unser weibliches Wesen
verstehen lernen

Geheimnisvoll ... nicht faßbar ... als wollte man eine Handvoll Nebel greifen: so wird das Weibliche oft beschrieben. Wenn wir über unsere Natur zu sprechen beginnen und versuchen, sie auf eindeutige Weise zu definieren, entgleitet uns ihr Wesen sofort. Aber da das Weibliche die Quelle unserer kreativen Energie ist, müssen wir es trotzdem verstehen lernen. Doch wie?

Wir alle, Männer und Frauen, tragen sowohl männliche als auch weibliche Züge in uns, die unser Verhalten beeinflussen. Das Weibliche in der Frau drückt sich jedoch anders aus als das Weibliche im Mann, so wie das Männliche sich im Mann anders präsentiert als in der Frau. Da es in diesem Buch um unsere Kreativität geht, werden wir uns mit dem Weiblichen in der Frau befassen. Die Eigenschaften, die wir hier untersuchen, haben nichts mit dem zu tun, was unsere Gesellschaft als »feminin« bezeichnet. Vergessen Sie also die Klischees von Rüschenkleidchen, Lackschuhen und dem abgespreizten kleinen Finger beim Halten der Teetasse.

Wenn wir wissen wollen, worin das Wesen des Weiblichen wirklich liegt, brauchen wir uns nur die Mythologie anzusehen, die alten Geschichten über Götter und Göttinnen. Der verstorbene Joseph Campbell, ein führender Experte der Mythologie, beschrieb Mythen als etwas, was aus dem »ungefilterten Unterbewußtsein« kommt. Anders ausgedrückt haben die mythischen Göttinnen und Götter und die Geschichten über sie ihren Ursprung im menschlichen Unterbewußtsein; ihr Verhalten spiegelt unsere eigenen Handlungsweisen wider. Wenn wir also das Verhalten der Göttinnen untersuchen, gewinnen wir auch Einblick in unsere eigene weibliche Natur, in unsere eigene Kreativität.

In der Mythologie gibt es eine strenge Unterscheidung zwischen den allgemein bekannten griechischen und römischen Sagen und den älteren, mündlich überlieferten vorgriechischen Geschichten über Göttinnen. Wenn wir die griechische und die vorgriechische Darstellung vergleichen, so sehen wir, daß die uns vertrauten Göttinnen oft als negativ und männlich definiert dargestellt werden[1,2], während die ursprünglichen Göttinnen starke, selbstbestimmte Wesen sind, die Einblick in die Reichhaltigkeit des Weiblichen geben.[3] Diese Mythen ermöglichen auch ein besseres Verständnis des Verhältnisses zwischen dem Weiblichen und der Kreativität.

Wir werden uns sieben Göttinnen ansehen, wobei wir die griechische und die vorgriechische Darstellung vergleichen und Parallelen zwischen ihren Verhaltensweisen und jener moderner Frauen ziehen werden. Vielleicht finden Sie sich selbst oder andere Frauen, die Sie kennen, in ihnen wieder. Achten Sie auf diese Ähnlichkeiten – sie sind eine wichtige Quelle kreativer Stärke.

Hera

In der griechischen Mythologie ist Hera die besitzgierige, eifersüchtige Frau des Zeus. Sie ist eine Frau, die sich für die vielen Geliebten ihres Gemahls rächt. Ursprünglich jedoch war sie die Oberste Erdgöttin, die eine würdige und selbstsichere Weiblichkeit verkörperte. In ihrer Rolle als Göttin der Ehe wacht sie über die heilige Ehe der Mondkuh und des Sonnenstiers. Hera versinnbildlicht die Fähigkeit der Frau, Beziehungen zu pflegen. Kommt Ihnen das bekannt vor?

Aphrodite

Aphrodite ist allgemein bekannt als Göttin der Liebe, die allen lebenden Kreaturen Freude bringt. Während die Griechen sie oft als manipulativ und eitel darstellten, wird sie in der vorgriechischen Mythologie als eigenständig und von ewiger Schönheit beschrieben. Sie wandert durch das Land und bringt allen Lebewesen Freude und Liebe. Sie versinnbildlicht den Wunsch vieler kreativer Frauen, der Welt etwas Liebenswertes und Schönes zu schenken. Wie Hera steht Aphrodite für die Fähigkeit der Frauen, Beziehungen zu pflegen. Kennen Sie vielleicht jemanden, der diese Eigenschaften hat?

Demeter und Persephone

Als Mutter und Tochter sind Demeter und Persephone Erdgöttinnen mit wichtigen Bindungen zur Natur. Demeter ist die Mutter Erde, die selbst Leben hervorbringt. Persephone ist uns als Frühlingsgöttin und auch Königin der Unterwelt bekannt. In dieser Eigenschaft bringt sie jeden Frühling neues Leben hervor, um es im Herbst und Winter verwelken und sterben zu lassen. Frauen, die sich mit diesen Göttinnen identifizieren, haben im allgemeinen den sprichwörtlichen »grünen Daumen«. Sie bevorzugen Gartenarbeit oder auch nur den Aufenthalt im Freien, um sich zu entspannen und mit neuer Energie aufzuladen.

Zwischen der vorklassischen und der griechisch-römischen, patriarchalischen Version von Persephones Abstieg in das Totenreich besteht ein deutlicher Unterschied. Die Griechen stellen Persephone als flatterhaftes, leicht zu fassendes Wesen dar, das von Hades, dem Herrscher über die Unterwelt, in das Reich des Schattens gezwungen wird. Dort wird sie depressiv und verweigert die Nahrungsaufnahme. Demeter reagiert auf diese Zwangslage ebenfalls mit Depression und hört auf, ihr Füllhorn über der Erde auszuschütten. Nichts wächst mehr. Hades wird schließlich dazu überredet, Persephone ziehen zu lassen, aber zuerst verlangt er von ihr, den Kern eines Granatapfels zu essen. Durch diesen Akt geht sie die Verpflichtung ein, in die Unterwelt zurückzukehren.

Diese Geschichte, die einerseits die Jahreszeiten erklärt, zeigt uns andererseits eine schwache Frauenseele in einer Persönlichkeit, die zu Depressionen neigt und in die Tiefen (Unterwelt) des dominierenden maskulinen Denkens gezwungen wird. Viele Frauen kennen das Gefühl des machtlosen Hineinschlitterns in Depressionen, aber sie müssen sich von diesem Zustand nicht gefangennehmen lassen.

Im vorklassischen Mythos von Persephone als Göttin der Unterwelt beruht ihre Reise in die Tiefe auf dem instinktiven Wissen, daß sie diese Reise unternehmen *muß*. Sie steigt willig in die Unterwelt hinab, wo sie ein Ritual des Willkommenheißens und Wiedererweckens der Toten vollzieht. Als veränderte Frau steigt sie zum richtigen Zeitpunkt wieder zur Erde empor und bringt neues Leben mit sich.

In diesen Göttinnen können wir wichtige Aspekte der weiblichen Natur erkennen. Erstens zeigt uns Persephone unsere natürliche Neigung, im Vertrauen auf unsere grundlegenden Instinkte die Reise in unser inneres Ich anzutreten. Unsere Kreativität erfordert oft eine Reise nach innen, die uns verändert. Beim Ausdruck unserer Kreativität müssen wir uns oft auf unsere Instinkte verlassen, damit wir uns selbst vertrauen und den Mut haben, etwas Neues zu entwickeln.

Demeter und Persephone versinnbildlichen auch die enge Beziehung zwischen dem Femininen und der Natur. In der Natur ist alles miteinander verbunden; Leben und Tod sind eins. Das Weibliche erfährt das Leben genauso wie die Natur – ein Ereignis beeinflußt alle anderen Ereignisse in einem nie endenden Kreislauf, einer ganzheitlichen Interaktion mit dem Leben. Unsere natürliche Neigung zu einer ganzheitlichen Denkweise beruht – jedenfalls zum Teil – auf unserer weiblichen Natur.

Hestia

Eine der am wenigsten bekannten und geschätzten Göttinnen der Mythologie ist Hestia. Während sie in der frühen, mündlich überlieferten Mythologie kaum Erwähnung fand, spielte sie im täglichen Leben der Griechen doch eine wichtige Rolle. Als Göttin des Herdfeuers machte Hestia das Haus zum Heim. Neugeborene wurden um ihre Feuer herumgetragen, bevor sie in die Familie aufgenommen wurden. Die der Jungschen Schule angehörende Psychologin Esther Harding schreibt die Existenz eines Heims dem ganz speziellen, kreativen weiblichen Geist zu.[4] Das nicht greifbare Gefühl, von dem ein Heim geprägt ist, rührt von dieser weiblichen Qualität her. Das Weibliche schafft eine Atmosphäre, in der Beziehungen wachsen können. Vielleicht haben Sie im Lauf der letzten vierundzwanzig Stunden diese Fähigkeit selbst in sich verspürt.

Athene

Im Gegensatz zu Hestia ist Athene weithin bekannt. Für die Griechen war sie die Göttin des Verteidigungskriegs, geboren aus Zeus' Kopf und bis an die Zähne bewaffnet. Aber bevor sich dieses Erscheinungsbild durchsetzte, besaß Athene viele friedliche Eigenschaften. Sie war die Nährmutter der Künste und des Handwerks, sie lehrte die Frauen das Spinnen, Weben und Töpfern. Als Göttin der Weisheit schenkte Athene den Frauen die Spirale, Symbol unseres ganzheitlichen Denkens und unserer Kreativität. Diese starke Göttin personifiziert eine hoch kreative und dennoch praktische Weiblichkeit, die diese Kreativität im Kampf schützen kann, wenn es notwendig ist. Dieser Tage taucht Athene im Geschäftsleben ebensooft auf wie ihre Schwester Artemis.

Artemis

Die Änderungen, die die Griechen an Artemis vornahmen, waren nicht so drastisch wie bei anderen Göttinnen. In den älteren Mythen ist Artemis die Göttin der ungezähmten Natur. Die Griechen machten sie zur Schutzherrin der Jäger. Artemis zeigt uns ein komplexes Bild der Weiblichkeit mit vielerlei Widersprüchen. Sie wird mit den Wäldern, der Jagd und dem Mond in Verbindung gebracht. Diese Assoziation mit dem Mond und seinen rhythmischen Phasen symbolisiert die sich ständig verändernde, zyklische Natur des Weiblichen. Im Rahmen ihres irdischen Aufgabenbereichs schützt Artemis sowohl den Jäger, der töten muß, um Nahrung zu beschaffen, als auch die Gejagten, deren Jungen bis zum Erwachsenwerden überleben müssen. Für den oberflächlichen Betrachter sieht das wie ein Konflikt aus; in Wirklichkeit jedoch sind es verschiedene Aspekte ein und desselben Phänomens.

Kennen Sie diese Widersprüche aus Ihrem eigenen Leben?

Artemis, die sowohl Mitgefühl als auch Gleichgültigkeit zur Schau stellt, hilft den Frauen bei der Geburt und schenkt jenen, die die Geburt nicht überleben, einen schmerzlosen Tod. Artemis steht für eine Weiblichkeit voll scheinbarer Gegensätze, die von den natürlichen Kreisläufen wieder miteinander ausgesöhnt werden. Allgemein mit Pfeil und Bogen dargestellt, trifft Artemis immer ins Auge des Stiers. Diese von Natur aus zielorientierte Göttin steht für jenen Teil des Weiblichen, der es uns ermöglicht, alle Ziele zu erreichen, die wir uns vorgenommen haben.

Zusammenfassung und Übung

Dieser kurze Überblick über die Göttinnen zeigt uns vieles, das für ein Verständnis des Weiblichen und der weiblichen Kreativität unerläßlich ist.

- Wir sind stark mit der Natur verbunden und denken ganzheitlich – Fakten, die für die Kreativität entscheidend sind.
- Das Weibliche neigt von Natur aus dazu, Beziehungen zu nähren und eine Umgebung zu schaffen, in der sie gesund bleiben und überleben können. (Da Beziehungen aber etwas nicht Greifbares sind, wird die damit verbundene Kreativität oft übersehen.)
- Wenn wir unseren Instinkten folgen, können wir die in der Tiefe unseres Ichs verborgene weibliche Weisheit erschließen.
- Innerhalb des Weiblichen scheint es Widersprüche zu geben, die sich als verschiedene Aspekte ein und desselben Kreislaufs präsentieren. Die Suche nach Gemeinsamkeiten zwischen diesen vermeintlichen Widersprüchen kann Kreativität entstehen lassen.

Indem wir das Weibliche in uns nähren, nähren wir auch unsere Kreativität. Die folgenden Übungen sollen Ihnen dabei helfen, sich mit Ihrem weiblichen Wesen vertrauter zu machen:

Da Weiblichkeit und Natur miteinander verbunden sind, läßt sich das Weibliche am besten im Freien erspüren und fördern.
Gehen Sie gleich jetzt hinaus, wenn Sie die Möglichkeit dazu haben. Versuchen Sie, Ihre Augen zu

*schließen und auf die Geräusche zu lauschen. Lassen
Sie sich von der Musik der Natur einhüllen. Fühlen
Sie den Wind auf Ihrer Haut. Entspannen Sie sich,
und werden Sie eins mit dem Atem der Natur, bis Sie
nicht mehr wissen, wo Ihre Haut aufhört und der
Hauch der Natur beginnt.
Oder sehen Sie den Vögeln zu, wie sie auf den Luft-
strömungen reiten. Stellen Sie sich vor, Sie seien
selbst ein Vogel. Spüren Sie das sanfte Auf- und Ab-
steigen, während Sie, der Vogel und die Luft eins
werden. Wie sieht die Welt von da oben aus? Können
Sie sich selbst so sehen, wie Sie der Vogel sieht?
Vermeiden Sie Etikettierungen, wenn Sie eins mit der
Natur werden. Wenn Sie den Dingen Namen geben,
führt das nur dazu, daß Sie sich von dem Definierten
getrennt fühlen. Es reicht aus zu sagen: »Was für ein
schöner Baum.« Oder: »Ein wunderbares Lied, das der
Vogel da singt.« Um welche Art von Baum oder Vogel
es sich handelt, tut nichts zur Sache.*

Wenn Sie für diese kleine Übung in Ihrem Tagesablauf nur
zehn oder fünfzehn Minuten reservieren, werden Sie Ihr
Ziel mit ziemlicher Sicherheit erreichen.
Für manche ist der frühe Morgen, bevor die Tagesarbeit beginnt, ein guter Zeitpunkt. Andere ziehen es vor, das Mittagessen mit der Natur zu verbinden. Wenn Sie außer Haus
berufstätig sind und auch eine Familie haben, versuchen
Sie hinauszugehen, sobald Sie von der Arbeit nach Hause
kommen. Vielleicht müssen Sie Ihrer Familie erst beibringen, Sie in dieser Zeit in Ruhe zu lassen, aber mit etwas
Hartnäckigkeit können Sie sich gewiß die Unterstützung

der anderen sichern. Vielleicht wollen sie sich Ihnen auch anschließen? Wir sind alle besser gelaunt, wenn wir die Spannungen des Tages abgeschüttelt haben. Wenn Sie keine gute Gelegenheit zum Hinausgehen haben oder wenn das Wetter unwirtlich ist, können Sie auch einfach das Fenster öffnen.

Jedesmal, wenn Sie Ihre Grenzen nicht mehr spüren und mit der Natur verschmelzen, nähren Sie Ihre Weiblichkeit und Ihre Kreativität, und die selbstbestimmte Göttin in Ihrem Inneren kann sich entfalten.

Nehmen Sie sich nun etwas Zeit, um über die sieben Göttinnen, die wir soeben besprochen haben, nachzudenken. Vielleicht möchten Sie dazu ein wenig ins Freie gehen. Fühlen Sie sich zu einer bestimmten Göttin besonders hingezogen? Oder ist es umgekehrt – fühlt sich eine der Göttinnen zu Ihnen hingezogen? Laden Sie sie doch ein, sich Ihnen zu offenbaren und mit Ihnen zu sprechen. Welche Fragen stellen Sie ihr? Wie antwortet sie? Vielleicht ist das der Beginn einer dauerhaften Freundschaft, von der Ihre Kreativität viel profitieren wird. Vielleicht fragen Sie sie, wie Sie mit ihr in Kontakt treten können, wenn Sie ihre Hilfe brauchen. Hören Sie gut zu, was Ihnen Ihre Göttin sagt.

Schaffen Sie sich ein eigenes Notizbuch an, in das Sie Ihre Gespräche mit Ihrer Göttin eintragen. Können Sie sie zeichnen?

Göttinnen unterstützen uns in unseren Vorhaben oft mit großer Beharrlichkeit und Direktheit. Räumen Sie Ihrer Göttin einen fixen Platz in Ihrem Leben ein, und sie wird eine Ihrer besten Freundinnen werden. Vielleicht stellen Sie fest, daß verschiedene Göttinnen zu Ihnen kommen, wenn sich Ihre Bedürfnisse ändern. Heißen Sie sie willkommen.

So, nun legen Sie dieses Buch beiseite. Nehmen Sie sich so viel Zeit und Raum, wie Sie brauchen, um diese wichtigen Verbindungen herzustellen.

Anmerkungen

Am Anfang war ...

1   Graham Wallas, The Art of Thought, New York 1926.
2,3,4 Marilyn Ferguson, *The Aquarian Conspiracy,* Los Angeles 1980. David Gelman et al., »Just How the Sexes Differ«, *Newsweek,* 18. Mai 1981, S. 72–83. Pamela Weintraub, »The Brain: His and Hers«, *Discover,* April 1981, S. 15–20.
5   Frank Baroon, *Creativity and Personal Freedom,* Princeton, N.J., 1968, S.221.
6   John Gowan, *Development of the Creative Individual,* San Diego, 1972, S.93.
7   Ibid., S.55.

Zurück zu den Wurzeln: Was ist Kreativität?

1   Frank Allen, »Many Bosses Already Have Decided Who Successors Will Be and Why«, *The Wall Street Journal,* 18. Nov.1980.

Begonnenes zu Ende bringen

1   Abraham Maslow, »The Creative Attitude«, *Explorations in Creativity,* Hrsg. Ross Mooney und Taher A. Razik, New York, 1967, S. 45–53.

2   Dr. Jean Houston, Workshop-Vortrag, University of Santa Cruz, August 1978.

Lernen, die Realität zu verändern

1   »Spurs for Innovation«, *Nation's Business*, Juni1986, S. 42–45.
2   Victor Boesen, *They Said It Couldn't Be Done: The Incredible Story of Bill Lear,* Garden City, N.Y., 1971.

Unser weibliches Wesen verstehen lernen

1,2   Edith Hamilton, *Mythology: Timeless Tales of Gods and Heroes,* New York, 1969. Meyer Reinhold, *Past and Present: The Continuity of Classical Myths,* Toronto, 1972.
3   Charlene Spretnak, *Lost Goddesses of Early Greece,* Berkeley, Kalifornien, 1978.
4   M. Esther Harding, *Der Weg der Frau,* Zürich, 1972.

2
Entwickeln Sie Ihre ganz persönliche Kreativität

Halten Sie's geheim –
jedenfalls eine Zeitlang

Die Gefühlsverbindung

Wir erforschen in diesem Buch eine sehr intime Beziehung – die Beziehung zwischen uns selbst und unserer
Kreativität. Die Produkte unserer Kreativität entstehen
durch ein Zusammenwirken unserer innersten Gefühle mit
einer Idee, einer Vorstellung oder einer Emotion. Das heißt,
daß wir uns während des gesamten kreativen Vorgangs
uneingeschränkt damit identifizieren, was wir tun und wie
wir es tun. Die Künstlerin Judy Chicago erklärte einmal:
»Die Leinwand war wie meine eigene Haut; ich war das
Bild, und das Bild war ich.«[1]
Dieses völlige Einssein ist typisch für die weibliche Kreativität.
Da wir mit unseren Produkten Gefühle verbinden, raten
uns manche Psychologen davon ab, mit unseren kreativen
Arbeiten an die Öffentlichkeit zu gehen. Wenn wir unsere
Bücher, Bilder, Lösungen von Geschäftsproblemen oder
andere Produkte kreativer Arbeit öffentlich machen, setzen
wir sie der Kritik aus. Unser emotionales Ich, das sich in
diesen Arbeiten ausdrückt, ist durch eine solche Kritik natürlich ebenso verwundbar wie die Arbeiten selbst. Und da
die emotionale Entwicklung in einer kritischen Umgebung
beeinträchtigt wird, könnte unser seelisches Wachstum ge-
hemmt werden. Deshalb meinen diese Psychologen, daß
wir die Produkte unserer Kreativität lieber im stillen Käm-

merchen aufbewahren und sie vor kritischen Analysen schützen sollten, anstatt zu versuchen, soziale Anerkennnung für sie zu bekommen. Das ist in etwa ihre Argumentation.

Doch wenn wir dieser Forderung nachgeben, würdigen wir uns selbst in unserer Kreativität herab und lassen uns von Kritikern schaden, die die angeblich schwachen Ergebnisse unseres Schaffens mit strengem Prüferblick unter die Lupe nehmen. In Wahrheit ist es genau umgekehrt. Die Tatsache, daß wir unsere inneren Gefühle in die Produkte unserer Kreativität einfließen lassen, ist eine unserer größten Stärken – sind es doch diese Gefühle, die unseren kreativen Arbeiten Tiefe und Kraft geben.

In einem vor kurzem erschienenen Interview sagte Anna Quindlen, Kolumnistin, Pulitzerpreisträgerin und Autorin von Bestsellerromanen, über die Art und Weise, wie sie ihre Emotionen in ihre Arbeit einfließen läßt:

»Ob ich eine Verfechterin der Meinung bin, daß der Intellekt stets die Wahrheit sagt, während Gefühle irgendwie zweitklassig und verdächtig sind?
Nun, ich finde, es ist ein Unding, die Stimmen der Frauen herabzuwürdigen. Wir stehen ja seit jeher in Verbindung mit der emotionalen Seite des Lebens, und nun heißt es plötzlich, daß Emotionen eigentlich nichts besonders Wertvolles sind [und] daß das, was wir eigentlich in den Vordergrund stellen sollten, der Intellekt ist. Nein. Ich finde, wir wären gut beraten, ein ausgewogenes Gleichgewicht zwischen beidem zu finden.«[2]

Unsere Kreativität ist mit einem eingebauten Schutzmechanismus versehen, der von jenen übersehen wird, die von uns verlangen, die Früchte unserer Kreativität hinter verschlossenen Türen zu halten: So wie wir uns während des schöpferischen Prozesses vollkommen mit unseren Kreationen identifizieren, *des*identifizieren wir uns von ihnen, sobald sie vollendet sind. Anders ausgedrückt: Wenn unser schöpferischer Prozeß bis zu dem Punkt gediehen ist, an dem wir kurz davor stehen, ein zufriedenstellendes Produkt in Händen zu halten, lösen wir uns von ihm und damit auch von den Gefühlen, die in es eingeflossen sind. Dieses Phänomen ist ein natürlicher Bestandteil des weiblichen Schaffensprozesses.

Diese Loslösung ist zum Teil durch unsere Prozeßorientiertheit bedingt. Kurz bevor wir eine kreative Arbeit vollenden, beginnen wir uns meist zu langweilen. Wir verlieren das Interesse, weil der Prozeß zu Ende geht. Wir möchten uns bereits dem nächsten kreativen Akt zuwenden. Das Einsetzen dieses Desinteresses markiert den Beginn der Ablösung, die mit der Fertigstellung der Arbeit abgeschlossen ist und es uns ermöglicht, mit dem Produkt unserer Kreativität an die Öffentlichkeit zu gehen, ohne Angst davor haben zu müssen, daß eine eventuelle Kritik unser Wachstum behindern könnte.

Was meinen Sie zu den Erfahrungen der nachstehend zitierten Künstlerinnen?

Die Malerin

»Wenn ich ein Bild fertiggemalt habe und später ins Atelier zurückkehre, um es zu signieren, habe ich das Gefühl, es nicht gemalt zu haben. Es ist sehr weit weg von mir. Wenn ich mir meine Arbeiten in einer Ausstellung ansehe, habe ich oft das Gefühl, als betrachtete ich die Bilder eines anderen Malers. Was Kritik und Rezensionen meiner Arbeit anbelangt, so finde ich sie interessant. Ich finde es schön, wenn ich etwas lernen kann – aber Kritik kann mich niemals niederschmettern oder hemmen. Aber während ich male, identifiziere ich mich natürlich vollkommen mit meinen Bildern. Sie enthalten die innersten Gefühle, die ich in diesem Augenblick verspüre. «

Die Autorin

»Während des Schreibens lege ich meine ganze Persönlichkeit in das Buch. Es ist ein Ausdruck der Person, die ich bin. Aber wenn es einmal fertig ist und ich dann das gedruckte Buch in Händen halte, habe ich das Gefühl, als hätte es jemand anderer geschrieben. Kritiken lassen mich kalt. Ich habe mich durch Kritik noch nie gelähmt gefühlt. «

Die Vorteile

Diese erfolgreichen Frauen haben eine Einstellung, die es zuläßt, aus dem Feedback ihrer Kritiker zu lernen. Wenn wir uns mit unserer kreativen Arbeit nie den Augen der Öffentlichkeit aussetzen, kommen wir auch nie in den Genuß jener Vorteile, die konstruktive Kritik mit sich bringen kann.

Jedesmal, wenn wir unsere Kreativität ungehindert strömen lassen, kultivieren wir die Kraft, die mit persönlichem Wachstum Hand in Hand geht. Wenn wir bei unserem kreativen Schaffen Ideen und Gefühle zusammenwirken lassen, erleben wir unser inneres Selbst aus einer anderen Perspektive. Indem wir uns aus dieser Erfahrung lösen und uns dem nächsten kreativen Projekt zuwenden, öffnen wir uns einer Begegnung mit neuen Ideen und Gefühlen. Die Gefühle, die in einem vor sechs Monaten fertiggestellten Bild festgehalten sind, sind nicht die Gefühle, die uns heute bewegen. Wir haben uns auf unserer inneren Spirale auf eine neue Ebene begeben – auf die Ebene eines neuen Selbstgefühls, auf der wir unsere Kraft besser spüren.

Legen Sie das Buch an dieser Stelle zur Seite, und erinnern Sie sich an eine Zeit besonderer Kreativität. Können Sie den Gefühlen innerer Stärke, Kraft und Freude nachspüren, die diese Erfahrung begleiteten? Lassen Sie sich auf diese Gefühle ein, und lassen Sie sie durch Ihren ganzen Körper fluten – und dann nehmen Sie sie als einen Teil Ihres rechtmäßigen Erbes in Besitz.

Die Herausforderung

Durch den kreativen Schaffensprozeß, den die Natur für uns Frauen vorgesehen hat, wird diese Art von emotionaler Reifung gefördert. Aber damit die beschriebene fruchtbare Ablösung stattfinden kann, muß der Prozeß zu Ende gebracht werden. Wenn wir mit unseren kreativen Produkten zu früh an die Öffentlichkeit gehen, besteht die Gefahr, daß die darin enthaltenen Gefühle durch Kritik verwundet werden. Selbst eine gutgemeinte Bemerkung kann eine Idee zunichte machen, wenn uns die damit verbundenen Gefühle noch zu nahe sind.

Wenn wir ohne Druck arbeiten, haben wir die Zeit, die wir brauchen, um unsere Kreationen leidenschaftslos zu sehen. Stehen wir jedoch unter Zeitdruck, können Probleme entstehen. Wenn wir unsere ganze Kreativität einsetzen, um eine effektive Lösung für ein Problem zu finden, und dann nicht genug Zeit haben, uns von den in unseren Vorschlag eingeflossenen Gefühlen zu lösen, gefährden wir uns möglicherweise, wenn wir unsere Idee präsentieren – denn dann kann es sein, daß wir jede vorgebrachte Kritik persönlich nehmen und defensiv werden.

Jener Teil des Weiblichen, für den Athene steht (sie ist bereit, kreative Werke energisch zu verteidigen), kann so irritiert werden, daß wir nicht mehr bereit sind, auf konstruktive Vorschläge zu hören. In uns entsteht dann vielleicht das Gefühl, das Produkt unserer Bemühungen schützen zu müssen, und wir verschanzen uns unbelehrbar hinter unserer Idee. Wenn eine Frau, die sich in einer solchen Situation befindet, zufällig Chefin ist, wird sie es versäumen, sich bei einer Problemlösung die Unterstützung ihrer Mitarbeiter zu sichern. Wenn sie Untergebene ist, wird sie von ihren Vorgesetzten und Kollegen wahrscheinlich als unflexibel und unfähig zur Annahme konstruktiver Kritik betrachtet werden.

Die Lösung

In solchen Situationen müssen wir möglicherweise eine Entscheidung treffen. So können wir das Produkt unserer Kreativität schützen, indem wir schweigen, anstatt voreilig eine Lösung anzubieten, denn wenn wir uns von einer zu früh gehörten Kritik emotional angreifen lassen, werden wir es in Zukunft vielleicht nicht mehr wagen, unserer Kreativität freien Lauf zu lassen. Eine andere Möglichkeit besteht darin, den Loslösungsprozeß zu beschleunigen. Dazu einige Vorschläge:

Wenn Sie das nächste Mal an einem Projekt arbeiten, notieren Sie die von Ihnen vorgesehene Lösung. Dann listen Sie so viele Einwände gegen diese Lösung auf, wie Ihnen einfallen. Die Einwände könnten zum Beispiel lauten:

- *Das haben wir schon einmal probiert. Es hat nicht funktioniert.*
- *Der Chef wird Ihre Idee niemals akzeptieren.*
- *Das dauert zu lange.*
- *Das kostet zuviel Geld.*
- *Ihre Idee ist zu einfach. Sie kann nicht funktionieren.*

Nun lesen Sie die Liste laut vor. Vielleicht stellen Sie sich dabei vor, von wem die einzelnen Einwände kommen könnten. Wenn Sie merken, daß Sie defensiv werden, atmen Sie tief durch, um dieses Gefühl zu mildern. Wenn Sie das Bedürfnis verspüren, Ihre Lösung verteidigen zu müssen, atmen Sie ebenfalls tief durch. Dann stellen Sie sich vor, wie diese erstickenden Gefühle mit jedem Ausatmen von Ihnen weichen. Fahren Sie damit so lange fort, bis Sie sich den Einwand ohne emotionale Betroffenheit anhören können.

Sprechen Sie mit einem Kollegen, dessen Meinung Sie schätzen, über Ihre Idee. Achten Sie sorgfältig auf eine allfällig vorgebrachte Kritik, und verwenden Sie die Technik des tiefen Atmens, um möglicherweise aufkommende defensive Empfindungen im Keim zu ersticken.

Indem Sie so viele Einwände gegen Ihre Lösung untersuchen, wie Ihnen einfallen, stärken Sie Ihre kreative Arbeit, und außerdem lernen Sie dabei, besser und objektiver mit Kritik umzugehen. Nachdem Sie auf diese Weise versucht haben, sich emotional von dem Produkt Ihrer Kreativität zu lösen, können Sie Ihre Lösung leichter an die Öffentlichkeit herantragen.

Manchmal verwenden wir unsere intime Verbundenheit mit unseren kreativen Projekten als Vorwand dafür, sie nie zum Abschluß zu bringen. Eine Analogie, die Frauen bei der Beschreibung ihrer kreativen Schaffensprozesse oft verwenden, ist die Geburt. Viele von uns empfinden die kreative Erfahrung so, als brächten wir aus unseren innersten Tiefen neues Leben hervor. Die Folge ist, daß unsere Beziehung zu unserer kreativen Arbeit Ähnlichkeit mit unserer Beziehung zu einem Kind haben kann. Und manchmal wehren wir uns dagegen, das Kind »erwachsen werden zu lassen«, indem wir unseren kreativen Schaffensprozeß daran hindern, den Punkt zu erreichen, an dem wir uns von den in ihm gebundenen Gefühlen lösen können. Solange wir nicht loslassen können, bleiben wir in unseren Gefühlen verwundbar.

Ich habe von vielen Hobbyautorinnen gehört, sie könnten den Gedanken nicht ertragen, ihr Manuskript an einen Agenten oder an einen Verlag zu senden, weil sie der möglicherweise folgenden, erbarmungslosen Kritik nicht gewachsen wären. Oft verhindern solche Autorinnen absichtlich, daß ein Werk fertig wird, indem sie es ständig verbessern und überarbeiten, ganz gleich, ob seine Qualität durch diese Bemühungen steigt oder nicht. Ich kenne eine Künstlerin, die schon über fünf Jahre an ein und demselben Bild arbeitet und ein winziges Detail nach dem anderen verändert. Als ich sie nach dem Inhalt des Bildes fragte, antwortete sie, daß es sich um einen ihrer Lieblingsplätze aus einer ansonsten unglücklichen Kindheit handle. Schließlich erkannte sie, daß sie Angst davor hatte, das Bild fertigzustellen, weil damit auch ihre angenehmen Erinnerungen zu Ende sein würden.

Eine solche Einstellung lähmt uns. Wir gehen nie zum nächsten kreativen Projekt über und erklimmen niemals die nächste Ebene unserer Wachstumsspirale. Die Entwicklung unserer Kreativität ist blockiert. Wenn wir hingegen unsere schöpferischen Arbeiten fertigstellen und sie vertrauten Freunden zeigen, fördern wir die Weiterentwicklung unserer Kreativität, und wir können so unsere Kreationen und unser emotionales Ich auf die Konfrontation mit der Öffentlichkeit vorbereiten.

Haben Sie irgendwo derartige unfertige Arbeiten liegen, die Sie möglicherweise am Vorankommen hindern? Ist es Ihnen irgendwie möglich, sie zu vollenden? Wem könnten Sie sie zeigen?

Unsere weibliche Verbindung zu Mutter Natur kann hier hilfreich sein. Die Vogelmutter ist, zum Beispiel, ein Modell für unser Bedürfnis, uns von unseren kreativen Produkten zu lösen. Sie hält ihre Eier geduldig warm, bis die Küken stark genug sind, die Eischalen zu durchstoßen. Dann füttert sie sie und lehrt sie so lange alles, was sie zum Überleben brauchen, bis sie stark und geschickt genug sind, um selbst fliegen zu können. Wenn die Küken die Wahl hätten, würden sie ihr gemütliches Nest wohl nie verlassen. Aber die Vogelmutter weiß, wann der richtige Zeitpunkt gekommen ist, sie aus dem Nest zu stoßen, und ab dann sind die jungen Vögel auf sich selbst gestellt.

So müssen auch wir unserer weiblichen Natur vertrauen, die uns sagt, wann der richtige Zeitpunkt gekommen ist, unsere kreativen Arbeiten aus dem Nest zu stoßen. Wenn wir sie auf dem Markt präsentieren, können wir aus Rezensionen und aus den Reaktionen des Publikums lernen, und dann können wir auch entscheiden, welche Kritiken gerechtfertigt sind und uns weiterbringen. Wenn wir Frauen in der Öffentlichkeit einen gleichwertigen Platz einnehmen wollen wie die Männer, müssen wir genauso wie sie unsere Kunst zur Schau stellen, unsere Bücher veröffentlichen und uns Unterstützung für unsere Projekte verschaffen. Wir

müssen uns Anerkennung sichern für unsere ganz besondere Art, unsere Kreativität zum Ausdruck zu bringen.
Dann werden wir auch den Mut finden, mit jenen Produkten unserer einzigartigen Kreativität an die Öffentlichkeit
zu gehen, die unsere tiefsten Gefühle verkörpern.

Eine Reaktion ist Ihnen sicher

Ein Blick in den Grand Canyon verlangt von unserem Geist, eine fast unvorstellbare Schönheit zu begreifen. An manchen Stellen liegt der schmale Streifen des Colorado mehr als tausendzweihundert Meter unter uns. Die vom Fluß freigelegten vielfarbigen, vielfältig strukturierten Erdschichten zeigen Millionen Jahre der Erdevolution. So wie der Grand Canyon besteht auch unser inneres Ich aus vielen faszinierenden Schichten.

Wenn wir Frauen schöpferisch tätig sind, dringen wir in diese inneren Schichten vor, während die neue Variante eines Kochrezepts oder die schnelle Lösung eines Problems aus den oberen Schichten kommen. Ein Bild oder ein Buch mit einem universellen, kultur- und generationsübergreifenden Thema hingegen wurzelt in den tiefsten Schichten unserer Psyche. Aber all diese Dinge sind kreatives Schaffen. Kreativität bedeutet nicht unbedingt Tiefe. Viel zu oft vernachlässigen wir die weiter oben liegenden Schichten unserer Kreativität, in dem Glauben, nur bei den tieferen Schichten handle es sich um wirkliche Kreativität. Dabei sind wir jedesmal kreativ, wenn wir etwas Neues tun. Es ist ganz wichtig, daß wir diesen Kreativitätsakt gutheißen, denn es kann sein, daß andere dies nicht tun. Möglicherweise fühlen sie sich von unseren kreativen Bestrebungen sogar aus der Fassung gebracht.

Nach innen gehen

Unsere kreative Reise nach innen beginnt im allgemeinen, wenn eine Idee, ein Gefühl oder ein Bild in uns etwas auslösen, das stark genug ist, um unsere Aufmerksamkeit zu erregen. Unsere Neugier wird angestachelt: »Ich möchte wissen, was passiert, wenn ich dies mit dem oder dem zusammenfüge ...« Schon sind wir gefangen. Wir kombinieren diese motivierende Kraft mit unserer Lebenserfahrung, unserem Wissen und unserem bisherigen emotionalen Wachstum und treten eine Reise nach innen an. Der Weg windet sich durch die inneren Schichten unseres Ich, bis wir auf ein Gefühl stoßen, das wir mit unserem ursprünglichen Gedanken, Gefühl oder Bild verbinden können. Diese Kombination tritt dann auf unserer Kreativitätsspirale in Erscheinung.

An diesem Punkt sehen wir uns unser Produkt an und stellen fest, ob es greifbar ist oder nicht. Wenn uns das, was wir sehen, nicht gefällt, wenden wir uns ein weiteres Mal nach innen und haben dabei wie beim ersten Mal all unser Wissen und alle unsere Fähigkeiten im Gepäck. Nun wiederholt sich der kreative Verschmelzungsvorgang, und wir haben ein neues Produkt vor Augen. Dieser Prozeß setzt sich so lange fort, bis wir zufrieden sind. Und wenn wir dann das Produkt in vollendeter Form vor uns haben, lösen wir uns von ihm.

Diese Reise nach innen, auf die wir unser gesamtes Wissen, unsere Erfahrung und unsere Fähigkeiten mitnehmen und sie mit einem Gefühl kombinieren, nenne ich »Ingression«. Dieser Prozeß ist charakteristisch für die Kreativität der Frauen und läßt ein kraftvolles Produkt entstehen. Aber aufgrund seiner emotionalen Komponente kann dieses Produkt auf manche Menschen auch einschüchternd oder sogar beängstigend wirken. Wenn ich zum Beispiel meine Wut verleugne und vorgebe, nicht wütend zu sein, obwohl ich es in Wirklichkeit bin, wird mir alles unangenehm sein, was mir diese Wut bewußtmacht. Also werde ich ein Bild oder irgend etwas anderes, das mich an meine Wut erinnert, nicht ansehen wollen; möglicherweise möchte ich mich nicht einmal in seiner Nähe aufhalten.

In der frühen, vorpatriarchalischen Mythologie demonstriert Persephone als Königin der Unterwelt, daß die Ingression ein Teil unserer weiblichen Natur ist. Ihr innerer Instinkt sagt ihr, wann sie die Reise nach innen beginnen soll. Sie tritt die Reise voller Sicherheit und Selbstvertrauen an, weil sie weiß, daß das, was sie tut, richtig für sie ist. Dieses Phänomen ist etwas ganz anderes als die Erfahrung, in die Tiefen des inneren Ich hineingezwungen zu werden und sich dadurch deprimiert zu fühlen. Nachdem Persephone ihre Aufgabe, die Toten in ihre neue Welt einzuführen, vollendet hat, verläßt sie die Unterwelt und kehrt als veränderte Frau in ihr normales Leben zurück. Dieser Mythos beschreibt unsere Reise nach innen und die Veränderungen, die sich aus dieser Reise ergeben, als etwas Natürliches und Positives. Je stärker unsere Beziehung zu unserer Kreativität wird und je mehr unser Vertrauen in unseren persönlichen Schaffensprozeß wächst, desto besser können wir uns die Ingression zunutze machen.

Eine Reaktion herausfordern

Je vertrauter wir mit diesem Prozeß werden, desto tiefer liegen die Ebenen unseres inneren Ich, die sich uns eröffnen. Aus den Tiefen unserer Persönlichkeit steigen universelle Gefühle und Symbole auf, die wir in unsere kreative Arbeit einfließen lassen können. Das gilt auf jeden Fall, gleichgültig, ob wir ein Geschäftsproblem zu lösen haben oder ein Science-fiction-Buch schreiben. Die Gefühle und die Universalität unserer Bestrebungen bringen eine besondere Kraft in unsere Produkte, deshalb können diese Produkte bei anderen auch eine starke, bisweilen negative Reaktion auslösen. Die Erfahrung, die eine meiner Klientinnen machte, zeigt, was ich meine.

Betty ist eine Künstlerin, die aus den inneren Tiefen ihres Ich heraus schafft. Ihre Arbeit wurzelt meist im Femininen und stellt ihre tiefen Gefühle durch universelle Symbole dar. Bis sie an diesen Punkt ihrer Kunst gelangte, arbeitete sie viele Jahre lang an der Entwicklung ihres Talents und an der Beziehung zu ihrer Kreativität. Und trotzdem konnte es geschehen, daß sie sich durch einen Vorfall, auf den sie nicht vorbereitet war, vollkommen aus der Fassung bringen ließ.

»Ich war ganz aufgeregt und fühlte mich geschmeichelt, als mich Sharon, die Besitzerin mehrerer angesehener Kunstgalerien, anrief, nachdem sie einige meiner Arbeiten in einer Ausstellung gesehen hatte. Sie bat mich, ihr drei Bilder in die Galerie zu bringen, wo sie sie möglicherweise ausstellen würde. Aber als ich ihr die Bilder zeigte, schnappte Sharon nach Luft und trat einen Schritt zurück. Sie versuchte, mich in eine Diskussion über Kunst zu verwickeln, aber das Gespräch schien ihr sehr peinlich zu sein. Nach ein paar Minuten schlug sie mir vor, das Gespräch in einem anderen Raum der Galerie fortzusetzen. Ich hatte den Eindruck, als könnte sie es nicht ertragen, sich in dem Raum aufzuhalten, in dem meine Bilder waren. Schließlich riet sie mir, mich mit meinen Arbeiten an eine nahe gelegene, ebenso angesehene Galerie zu wenden. Sharon sagte mir, daß es für sie unpassend wäre, Arbeiten einer Frau auszustellen, da sie im allgemeinen nur Bilder männlicher Künstler führte.

Einige Wochen war ich völlig durcheinander von dem, was da geschehen war. Es war nicht die Zurückweisung, denn die andere Galerie nahm meine Arbeiten an. Was mich in Wirklichkeit so verstörte, war Sharons spontane Reaktion auf meine Bilder. Und dazu kam noch, daß ich überhaupt nicht verstand, was mich an der ganzen Sache so störte, was mir so zu schaffen machte.«

Als wir über den Vorfall sprachen, erfuhr ich, daß die Galeriebesitzerin eine sehr harte Frau war, die ihr Geschäft auf eine aggressive Art führte. Sie kam gut mit Männern und ihrer Art des Arbeitens zurecht. Frauen hingegen ging sie aus dem Weg. Sie erweckte den Eindruck, männlich definiert anstatt selbstdefiniert zu sein. Solche Frauen sind es meist gewöhnt, ihre Gefühle zu verbergen, so daß diese Reaktionen kaum in ihr Bewußtsein vordringen. Die starke Symbolik in den Bildern meiner Klientin berührte die Besitzerin zutiefst und löste ein starkes Unbehagen in ihr aus. Das Maß an Widerwillen, das sie beim Anblick der Bilder zeigte, war ein Zeichen dafür, wie unangenehm ihr ihre eigenen Gefühle waren.

Meine Klientin stand nun vor der Aufgabe zu lernen, mit einer derartigen Reaktion zurechtzukommen. Der Schlüssel hieß für sie Loslösung. Sobald sie erkannt hatte, wie tief ihre Kunst andere zu berühren imstande war, lösten negative Reaktionen keine Bestürzung mehr in ihr aus.

Wenn wir Frauen aus unserem inneren Ich heraus kreativ sind, müssen wir damit rechnen, daß wir gelegentlich mit einer starken Reaktion konfrontiert werden. Wir müssen auch damit rechnen, daß die Person, von der die emotionale Reaktion ausgeht, diese Reaktion ableugnet. So war der Galeriebesitzerin offenkundig bewußt, daß sie hochwertige Kunstwerke vor sich hatte, denn sie empfahl eine andere Galerie. Damit entzog sie sich auf diplomatische Weise einer Situation, die sie als unangenehm empfand. Wir können nicht erwarten, daß jemand, der sich in einer ähnlichen Situation befindet, offen sagt, daß er die betreffende Arbeit nicht erträgt, weil sie tiefe Emotionen in ihm hervorruft, mit denen er nicht zurechtkommt. Wer in einer solchen Reaktion feststeckt, ist sich möglicherweise nicht einmal des Grundes seines Unbehagens bewußt.

Eine Freundin erzählte mir einmal von den Reaktionen, die sie mit ihrer schöpferischen Arbeit ausgelöst hatte. Diese Frau, eine Hobbymalerin, absolvierte eine Therapie bei einer Psychiaterin. Eines Tages entschloß sich meine Freundin ohne bestimmten Grund, mehrere Bilder, die sie vor kurzem fertiggestellt hatte, in die Therapie mitzunehmen.

Ein Bild zeigte ein Ei, dessen Inneres mit farbigen Mustern ausgefüllt war. Es erinnerte mich an das chinesische Yin-Yang-Symbol. Die Künstlerin nannte es »Androgyn«. Ein anderes bestand aus kräftigen, kreisförmigen Pinselstrichen, die eine undefinierbare, weiche Masse einzuschließen schienen. Ich assoziierte das Bild mit einem Embryo und dem Beginn eines neuen Lebens. Das hatte wohl auch die Künstlerin im Sinn, denn sie gab dem Bild den Titel »Der Embryo«. Auf dem dritten Bild, das den Namen »Lebensbaum« trug, war eine zentrale Form zu sehen, aus der viele kreisförmige Linien hervorgingen. Abweichend von ihrem üblichen methodischen Ansatz, hatte sie diese drei Bilder sehr schnell gemalt. Sie hatte sie einfach zum bloßen Vergnügen gemacht.

Die Psychiaterin hingegen reagierte schockiert. Sie wich, offensichtlich abgestoßen, vor den Bildern zurück und sagte meiner Freundin, daß sie sich augenblicklich ins Krankenhaus einliefern lassen sollte. Diese Therapeutin war tatsächlich bereit, ihre Klientin aufgrund ihrer eigenen Reaktion auf deren Bilder in eine Institution für Geisteskranke einzuweisen.

Bei einer anderen Person hätte diese Erfahrung verheerende Auswirkungen auf verschiedene Bereiche ihrer Persönlichkeit haben können, vor allem auf ihre Kreativität. Es kommt manchmal vor, daß Menschen in ein psychiatrisches Krankenhaus eingewiesen werden, weil ihr Verhalten andere ängstigt. Ironischerweise kann in einem solchen Fall die geängstigte Person wieder zu ihrem Gefühl der Sicherheit zurückkehren, ohne ihr eigenes Verhalten überprüfen zu müssen. Wenn kreatives Verhalten auf diese Weise angegriffen wird, kann es vorkommen, daß der Angegriffene die ungesunde Entscheidung trifft, künftig jede Beziehung zu seiner Kreativität zu unterbinden.

Meine Freundin ging mit der Reaktion der Therapeutin wie folgt um: Sie raffte ihre Bilder zusammen, verließ die Praxis und suchte sich eine neue, emotional stabilere Therapeutin. Zwei Wochen später entschuldigte sich die Therapeutin, die ihre Überreaktion erkannt hatte, bei ihr und gab zu, daß die Bilder in ihr tatsächlich einige tiefliegende, ungelöste Probleme aktiviert hatten.

Ich möchte dazu bemerken, daß diese Geschichte niemanden davon abhalten sollte, sich in therapeutische Behandlung zu begeben. Wenn sich Therapie als unterstützende Führung versteht, ist sie dem persönlichen Wachstum zuträglich. Aber es ist wichtig, daß Sie jemanden finden, der mit der weiblichen Form der Kreativität vertraut ist und auch damit zurechtkommt.

Mit starken Reaktionen zurechtkommen

Wir können mit starken, affektiven Reaktionen auf unsere Arbeit zurechtkommen, indem wir uns, wie im vorhergehenden Abschnitt besprochen, emotional von ihr lösen. Wenn wir zulassen, daß unsere Kreativität ihren natürlichen Lauf nimmt, kann diese gesunde Loslösung stattfinden. Dann wird es weniger wahrscheinlich, daß wir die Reaktion persönlich nehmen. Wenn wir darüber hinaus die Dynamik des Geschehens verstehen, werden wir ebenfalls besser mit starken Reaktionen zurechtkommen. Wir können selbst entscheiden, was wir nach außen tragen wollen. Den Aggressor mit seiner Reaktion zu konfrontieren oder ihn deswegen anzugreifen kann ihn in einen noch negativeren Gefühlszustand hineintreiben. Die Konfrontation kann aber auch dazu beitragen, daß wir unsere eigene Arbeit selbstbewußter betrachten. Oft genügt es auch, die Reaktion des anderen einfach anzuerkennen und sich ein Urteil darüber zu versagen. Eine Künstlerin sagte mir einmal: »Es ist mir egal, wie die Leute auf meine Arbeit reagieren – solange sie *überhaupt* reagieren!«

Ist die Kraft unserer Kreativität so groß, daß sie andere tief berührt, verdient sie Respekt. Wenn wir anderen ihre einzigartigen Reaktionen auf unsere Arbeit zubilligen, gestehen wir ihnen die Fähigkeit zu, mit Gefühlen in Verbindung zu treten, die ihnen normalerweise unzugänglich oder unangenehm sind.

In unserer Gesellschaft sind unangenehme Gefühle etwas, was man zu vermeiden sucht. Doch in unserem Reifungsprozeß können sie zu einem Ausgangspunkt für unsere weitere Entwicklung werden. Obwohl es den meisten Menschen unangenehm ist, kann Unbehagen eine äußerst gesunde Empfindung sein. Wenn eine Verhaltensweise zum Beispiel nicht mehr wie gewohnt funktioniert und statt dessen zu Irritationen führt, beginnen wir, diese Verhaltensweise zu ändern. Unsere kreative Arbeit kann dieselbe Art von Irritation hervorrufen und uns und andere dazu bewegen, zu gesünderen, reiferen Persönlichkeiten zu werden. Es kann aber auch sein, daß sich der Betrachter oder Zuhörer von seinen eigenen Reaktionen ängstigen läßt und seine Angst in Form von negativer Kritik gegen den Schaffenden richtet.

Während wir unsere Kreativität entwickeln und dabei in immer tiefer liegende Schichten unseres Ich vorstoßen, muß uns bewußt sein, daß diese tiefliegenden Schichten in unserer schöpferischen Arbeit zum Ausdruck kommen und bei anderen, die unsere Produkte sehen, hören oder lesen, möglicherweise Reaktionen auslösen. Wenn wir diese Reaktionen verstehen, können wir uns leichter von ihnen distanzieren und verhindern, daß sie unser kreatives Wachstum hemmen.

Die Rolle der Nährmutter akzeptieren

Die Nährmutter

Seit mindestens fünftausend Jahren werden wir Frauen dazu erzogen, andere zu betreuen. Man erwartet von uns, daß wir alle in unserem Umkreis hegen und pflegen. In Haus und Familie sind wir für Pflegeaufgaben zuständig – von der Sorge für das körperliche und seelische Wohlergehen unseres Mannes und unserer Kinder über das Saubermachen und Kochen bis hin zur Gartenpflege. Über Tausende von Jahren des Übens haben wir diese komplexen Aufgaben in den Griff bekommen, bei denen wir unsere ganzheitliche Art des Denkens und Handelns tagtäglich bei vielen Gelegenheiten nutzen können. Diese starke Betonung der Nährmutterrolle hat aber auch Probleme mit sich gebracht.

Eines dieser Probleme ist, daß die meisten von uns mit dem Auftrag, andere zu umhegen und zu pflegen, eine kleine, dezente Fußnote mitgeliefert bekamen, die lautet: »Aber du selbst laß dich von niemandem umhegen und pflegen.« Anders ausgedrückt: Gib, aber nimm nicht. Solange wir diese negative Verhaltensregel beachten, können wir uns nicht erneuern. Wenn wir andere unterstützen, ohne uns selbst zu umhegen, so bedeutet dies nichts anderes, als daß wir die für unsere Kreativität notwendige Energie ausbeuten und erschöpfen. Die Übungen in diesem Buch erfordern zum Beispiel Zeit und Energie. Wenn wir uns nun um alle kümmern, nur nicht um uns selbst, werden wir wahrscheinlich kaum die Energie aufbringen, um unser kreatives Ich zu entwickeln. Aber eines sollten wir nicht vergessen: Je selbstverständlicher es für uns selbst ist, uns kreativ auszudrücken, desto besser können wir Kreativität auch bei anderen fördern. Sehen wir uns einmal genauer an, wie diese Dynamik unsere Kreativität beeinflußt:

Viel zu vielen Frauen fällt es schwer, die Hilfe anderer zu akzeptieren. Nach Jahren ständiger körperlicher und emotionaler Belastung zeigen sich irgendwann die Folgen eines dermaßen unausgewogenen Lebens. Es widerstrebt uns, dieses Muster zu ändern, denn wir betrachten es als egoistisch, uns verwöhnen zu lassen. Und egoistisch sein setzen wir gleich mit schlecht sein. Irgendwie empfinden wir es als normal, wenn alle anderen sich von uns verwöhnen lassen, aber wir selbst scheinen niemandes Hilfe in Anspruch nehmen zu dürfen.

Was ist die Folge? Begierig darauf, in unserem gesamten Tun ein Höchstmaß an Kompetenz zu erreichen, werden wir zur Supermanagerin, Superlehrerin und natürlich zur Supermutter. Wir lassen unsere emotionale Unterstützung all jenen zuteil werden, die sie brauchen. Und dabei lassen wir zu, daß unsere geistigen, emotionalen und kreativen Energien ausgelaugt werden. Insgeheim beklagen wir zwar, daß wir von unserem Vorgesetzten, unseren Mitarbeitern, unserem Ehemann oder den Kindern nie die Unterstützung bekommen, die wir uns wünschen. Vielleicht werden wir böse und bitter oder verwandeln uns in eine jammernde Märtyrerin. Wir erschöpfen unsere Energie, indem wir uns begeistert über die kreativen Produkte anderer äußern, während wir nie genug Kraft haben, unsere eigene Kreativität zu fördern. Trotzdem weisen wir Unterstützung von anderen weiterhin zurück, denn wir wollen ja nicht egoistisch erscheinen.

Solange wir uns um alle kümmern außer um uns selbst, können wir unserer Kreativität keine Nahrung geben. Den meisten von uns macht es Spaß, andere zu unterstützen, und wir freuen uns, wenn sie unsere Hilfe annehmen. Wird unsere Hilfe aber abgelehnt, fühlen wir uns zurückgewiesen. Ironischerweise ist es aber so, daß wir den anderen die Befriedigung verweigern, etwas für uns tun zu können, wenn wir ihre Hilfe nicht annehmen. *Das* ist egoistisch! Außerdem – wenn wir so gut darin sind, andere zu verwöhnen und zu pflegen, warum sollten wir diese Fähigkeit bei uns selbst nicht ebensogut anwenden können?

Gesunder Egoismus

Wenn wir unser Leben ausgewogen gestalten wollen, dann müssen wir das praktizieren, was ich *gesunden Egoismus* nenne. Am Beginn muß die Erkenntnis stehen, daß wir anderen nur dann etwas geben können, wenn wir gut zu uns selbst sind. Ohne selbst kreativ zu sein, können wir die Kreativität unserer Angestellten, Schüler oder Kinder mit Sicherheit nicht fördern.

Der Schritt hin zu gesundem Egoismus ist für viele Frauen ein großer Sprung. Um diesen Schritt kommen wir aber auf keinen Fall herum, wenn wir Ausgewogenheit in unser Leben bringen wollen. Gesunder Egoismus beruht auf der Erkenntnis, daß wir selbst dafür verantwortlich sind, daß uns das, was wir tun, Spaß macht. Damit will ich nicht sagen, daß wir versuchen sollten, nur Dinge zu tun, die uns zu hundert Prozent angenehm sind. Das ist unrealistisch. Etwas aber können wir tun: Wir können die Gründe untersuchen, die uns dazu bewegen, eine bestimmte Verantwortung zu übernehmen. Treibt mich ein lustloses Gefühl der Verpflichtung gegenüber meinem Arbeitgeber oder meiner Familie? Oder »habe ich mein Wort gegeben und muß es halten«? Allzuoft werden solche Motive von dem Gefühl begleitet: »Eigentlich will ich nicht, aber ich muß eben« – als ob eine äußere Kraft die Entscheidung für uns getroffen hätte und uns nun zum Handeln zwänge.

Wir tun nichts, was wir nicht tun wollen. Wenn wir etwas wirklich nicht tun wollten, würden wir es nicht tun. Viele Frauen widersprechen dieser Aussage, aber sobald wir sie einmal akzeptiert haben, kann sie unsere Motivation radikal verändern. Wenn ich mich bewußt für etwas entscheide, weil ich es will, dann kommt meine Entscheidung aus meinem Inneren. Vielleicht macht mir das, was ich tue, trotzdem keinen Spaß, aber wenn mir bewußt ist, daß ich selbst es war, die sich dazu entschlossen hat, habe ich immerhin die Kontrolle über mein Tun. Mein Motiv zu handeln beruht darauf, daß ich etwas für mich selbst und vielleicht für jemand anderen tue. Schon möglich, daß ich es jemandem zu Gefallen tue, aber wenn es mir ein gutes Gefühl gibt, praktiziere ich trotzdem gesunden Egoismus. Es macht uns zufrieden, jemandem etwas Gutes zu tun. Wenn wir uns auf diese Weise motivieren, vermeiden wir das aufreibende Gefühl, immer nur für die anderen dazusein. Wir tun etwas für uns selbst und lassen uns nicht ausnutzen. Auf gesunde Weise egoistisch zu sein und anderen zu helfen ist durchaus kein Widerspruch. Den folgenden Satz habe ich im Kuroda Institute, einem Zen-Zentrum in Los

Angeles, gehört. Er faßt sehr gut zusammen, was gesunder Egoismus ist: »Selbst zu profitieren und andere profitieren zu lassen sind wie die beiden Flügel eines Vogels.«

Wenn wir die Dinge aus diesem Blickwinkel betrachten, können wir mit ungesunden Situationen, die unsere Energie verbrauchen, umgehen lernen. Es ist zum Beispiel ungesund für uns, wenn wir die kreative Arbeit eines anderen ständig unterstützen und ermutigen, während wir von dieser Person nicht dieselbe Ermutigung bekommen. Wir würden wissentlich niemals verdorbene Lebensmittel zu uns nehmen – warum sollten wir also bewußt Beziehungen aufrechterhalten, die uns in unserem Weg zu lebendiger Kreativität behindern?

Bemuttern oder delegieren?

Die Gewohnheit zu geben, ohne zu nehmen, hat noch schlimmere Auswirkungen, wenn wir sie in die Arbeit hineineintragen. Als wir Frauen begannen, außer Haus berufstätig zu sein, brachten wir an den Arbeitsplatz die Einstellung mit, die wir von zu Hause her gewöhnt waren: Wir sind für alles verantwortlich und müssen die ganze Arbeit selbst machen. Anders ausgedrückt: Wir verhalten uns immer noch so, als seien wir die Große Nährmutter. Diese Einstellung manifestiert sich oft in der Schwierigkeit, Arbeit zu delegieren – etwas, was an Managerinnen häufig kritisiert wird. Wir rechtfertigen unsere Abneigung, andere an unseren Projekten teilhaben zu lassen, indem wir sagen: »Ich weiß, daß ich es besser kann, deshalb ist es einfacher für mich, wenn ich es gleich selbst mache. Wenn ich es jemand anderen erledigen lasse, muß ich wahrscheinlich alles noch einmal machen.« Diese Haltung fixiert uns in einer ungesunden Rolle und führt uns weg von unseren kreativen Ressourcen.

Wenn wir selbst ein Risiko eingehen, anstatt es an jemand anderen zu delegieren, versuchen wir vielleicht, jemanden davor zu bewahren, bei der speziellen Aufgabe einen Fehler zu machen. Vielleicht geben wir vor, zu wollen, »daß es richtig gemacht wird«, aber in Wirklichkeit versuchen wir, jemand anderen zu schützen. Wir wollen vermeiden, daß die betreffende Person in eine peinliche Situation kommt, weil sie schlechte Arbeit geleistet hat, weil sie durch eine schwierige Aufgabe frustriert wird oder weil sie dadurch in einen Konflikt mit einem anspruchsvollen Vorgesetzten geraten könnte. Oder vielleicht haben wir etwas gegen die Art und Weise, in der ein anderer diese Arbeit ausführt? Diese Gründe mögen uns nicht bewußt sein, aber sie sind oft die Ursache für unsere Unfähigkeit zu delegieren.

Solche Situationen führen für alle Beteiligten zu Problemen. Die geschonte Person wird der Chance beraubt zu lernen – einer Chance, die entsteht, wenn man etwas Neues schafft und dabei möglicherweise Fehler macht. Sie wird auch um die Chance betrogen, beruflich und persönlich zu wachsen. Die Lehrerin, die ihre Schüler in einer solchen Situation hält, zeigt keine Führungsqualitäten. Sie enthält ihren Schützlingen die Möglichkeit vor, Erfahrungen zu sammeln, die ihrer Entwicklung zugute kommen, und außerdem hält sie sie in Abhängigkeit. Sie selbst nimmt Überarbeitung in Kauf, denn weder bittet sie andere um Hilfe, noch würde sie sie akzeptieren. Sie hat nicht die Energie und nicht die Zeit, um ihre eigene Kreativität zu entwickeln. Das alles kann sich unter dem Deckmantel »Ich möchte, daß es richtig gemacht wird« verbergen.

Es ist an der Zeit, daß wir zu delegieren lernen. Viele Frauen haben das Problem auch bereits in Angriff genommen und Fortschritte in Richtung einer Lösung gemacht. Wir bieten den Menschen bereitwillig unsere Fähigkeiten und unsere Kenntnisse an, wir ermutigen sie, Risiken auf sich zu nehmen und ihr eigenes Potential zu ergründen. Wir geben anderen großzügig und lassen sie von unserer Hilfe profitieren. Doch allzuoft weigern wir uns, die uns angebotene Hilfe anzunehmen. In beiden Szenarien verursachen wir dasselbe Problem: Wenn wir andere unterstützen und selbst keine Unterstützung annehmen, sind wir nicht gut zu uns selbst.

Das Gleichgewicht

Wenn wir ein Gleichgewicht zwischen Geben und Nehmen anstreben, dann beginnen wir am besten bei uns selbst. Wir müssen daran glauben, daß Egoismus gesund ist, und wir müssen die Unterstützung und die Zuwendung akzeptieren, auf die wir ein Recht haben. Diese Forderung auf rationaler Ebene zu akzeptieren ist eine Sache – wir müssen sie aber auch in unsere tiefste Gefühlsebene vordringen lassen. Vergessen Sie nicht: Nur wenn wir uns selbst erneuern, können wir uns ständig weiterentwickeln. Wachsen erfordert Energie!

Mir ist bewußt, daß ich hier von Ihnen verlange, ein Verhalten zu überwinden, das seit unzähligen Generationen in uns eingebrannt ist. Das ist ein radikaler Schritt – aber ein

Schritt, den viele von uns schon getan haben, und die meisten bemühen sich ständig darum. Wir müssen immer wachsam sein und alle sabotierenden Botschaften, die sich in unser Bewußtsein schleichen wollen, sofort ausschalten. Das erfordert ständige Aufmerksamkeit. Halten Sie Ausschau nach kleinen Vorkommnissen, bei denen Sie Unterstützung und Zuwendung zurückweisen. Sie sammeln sich schnell an, und oft werden sie übersehen.

Viele Frauen können zum Beispiel kein Geschenk von sich selbst annehmen. Das wurde mir von einer Klientin vor Augen geführt, die in einem »Helferberuf« tätig ist, wo sie seit fast zwanzig Jahren Managerin ist. Sie sagte:

>»Es ist mir wichtig, möglichst gut zu arbeiten, und zwar sowohl in der Arbeit als auch zu Hause. Mein Mann hat einen anstrengenden Beruf, und deshalb möchte ich für ihn dasein. Und meine Kinder brauchen mich gerade jetzt. Ich bin stolz auf meine Managementfähigkeiten. Ich habe gelernt, meinen Mitarbeitern gegenüber fair zu sein und sie zu unterstützen, aber ich kann auch hart sein, wenn es sein muß. Ich bin sicher, daß mein Chef weiß, daß er sich auf mich verlassen kann. So kommt es, daß ich nicht viel Zeit für mich selbst habe. Außerdem fühle ich mich schuldig, wenn ich versuche, etwas für mich selbst zu tun. Irgendwo plagen mich sogar Schuldgefühle, wenn ich Sie anrufe, um eine Therapiesitzung zu vereinbaren.«

Ich betrachte Schuldgefühle im allgemeinen als etwas Unproduktives, als etwas, was uns davon abhält, uns von unseren eigenen Gewissensbissen zu lösen. Aber in diesem Fall schlug ich meiner Klientin vor, ihre Schuldgefühle als Signal dafür zu betrachten, daß es höchste Zeit sei, etwas für sich selbst zu tun. Anders ausgedrückt: Sobald sich die Schuldgefühle melden, weiß sie, daß sie drauf und dran ist, etwas für sich selbst zu tun. Der nächste Schritt muß darin bestehen, die Schuldgefühle Schuldgefühle sein zu lassen und sich um ihre Bedürfnisse zu kümmern.

Wenn wir von uns selbst nichts annehmen können, dann verschließen wir uns auch der Zuwendung anderer. »Oh, das wäre doch nicht nötig gewesen« als Reaktion auf ein Geschenk kann auf den Widerwillen hinweisen, das Geschenk und die damit verbundene emotionale Unterstützung anzunehmen.

Probieren Sie einmal einige der folgenden Vorschläge aus:

Üben Sie, indem Sie sich selbst etwas schenken. Vielleicht kaufen Sie sich einen Blumenstrauß, oder Sie schreiben sich in einen interessanten Kurs ein, oder Sie nehmen sich Zeit zum Wandern oder Lesen. Wie wäre es mit einem gemütlichen Schaumbad? Oder mit einer Fahrt ins Blaue? Gönnen Sie sich ein modisches Accessoire – Seidenschal, Gürtel, Anstecknadel, etwas Schönes oder Ausgefallenes. Und dann tragen Sie es! Tun Sie etwas, was Sie als dekadent empfinden, wie an einem Nachmittag mitten unter der Woche ins Kino zu gehen oder Tacos zum Frühstück zu essen. Vielleicht machen Sie auch ein paar Übungen aus diesem Buch! Wofür Sie sich auch entscheiden – wenn Sie Ihr Geschenk annehmen, sagen Sie sich, daß Sie es wert sind und es verdient haben.

Wie schwer das ist, merken manche Frauen an etwas anderem, was eigentlich ganz leicht und selbstverständlich sein sollte: ein Kompliment anzunehmen. Ein aufrichtiges Kompliment sollte eigentlich wie ein Bissen Brot sein. Die positive Rückmeldung eines anderen zu akzeptieren sollte uns ein Gefühl der Selbstbestätigung geben. Die von außen kommende Bemerkung sollte mit unserem inneren Gefühl verschmelzen. Anders ausgedrückt sollte das Lob »Das hast du toll gemacht« das innere Gefühl unterstützen, das uns dasselbe sagt. Das wäre das Ideal.

Statt dessen weisen viele Frauen ein Kompliment aber unwillkürlich zurück, indem sie das Lob entweder nach außen hin oder innerlich abtun. Sie schieben das »Das hast du toll gemacht« mit einer laut ausgesprochenen oder gedachten abschwächenden Bemerkung wie »Aber ich muß noch so viel mehr tun« zur Seite. Oder sie weisen das Lob durch eine innere, gegenteilige Überzeugung zurück. Sie denken zum Beispiel: »Ich habe es nicht so gemacht, wie du es wolltest, und deshalb ist es auch nicht so toll«. Jedesmal, wenn wir ein Kompliment zurückweisen, weigern wir uns, etwas Positives über uns selbst zur Kenntnis zu nehmen. Es ist, als wiesen wir ständig nahrhaftes Essen von uns und wunderten uns dann, warum wir hungern. Wir weisen ständig kleine Unterstützungsangebote zurück. Um zu lernen, uns gesündere Verhaltensweisen anzueignen, können wir uns selbst Komplimente machen und sie in unserem Inneren akzeptieren lernen.

Die folgende Übung weist Ihnen die richtige Richtung.

Beginnen Sie den Tag, indem Sie morgens in den Spiegel sehen und irgendeine positive Aussage über sich selbst machen – laut oder gedacht: »Du hast schönes Haar.« – »Du siehst heute toll aus.« – »Du bist ein rücksichtsvoller Mensch. Das gefällt mir.« Es spielt keine Rolle, ob Sie dabei Ihr Äußeres oder Ihr inneres Wesen ansprechen. Beobachten Sie, wie Sie im Inneren auf Ihre Komplimente reagieren, und versuchen Sie, sie einfach mit gutem Gefühl anzunehmen. Wiederholen Sie jede Aussage mehrere Male laut, bis Sie das Gefühl haben, sie in Ihrem Innersten akzeptiert zu haben.

Margaret Mead brüllte sich jeden Morgen zu, so laut und so überzeugend sie nur konnte: »Gott sei Dank, daß ich Margaret Mead bin!«[1] Das ist vielleicht das ultimative Kompliment, das wir uns machen können – dankbar zu sein, daß wir das sind, was wir sind. Versuchen Sie einmal, sich das morgens nach dem Aufstehen als allererstes zuzurufen, laut und mit Überzeugung. Wenn Ihr erster Versuch schwach, leise und unglaubwürdig ausfällt, versuchen Sie es noch einmal. Holen Sie tief Atem, und bringen Sie Ihre Dankbarkeit mit tiefer, klingender Stimme zum Ausdruck. Spüren Sie, wie sie von Ihren Zehen aus in Ihren ganzen Körper aufsteigt und ihn erfüllt. Auf diese Weise können Sie Ihren Tag erheblich verbessern. Wenn sich andere Mitglieder Ihres Haushalts durch Ihr Verhalten gestört fühlen, ermuntern Sie sie einfach, dasselbe zu tun.

Wenn Ihnen Kollegen und Freunde ihre Unterstützung anbieten, lernen Sie, ja zu sagen. Vielleicht müssen Sie kurz innehalten, um das »Nein, danke, ich komme selbst zurecht« abzublocken, das Ihnen automatisch auf die Lippen kommt, weil es Ihnen unangenehm ist, Hilfe anzunehmen. Erinnern Sie sich selbst daran, daß es für den anderen genauso bereichernd ist wie für Sie selbst, wenn Sie seine Hilfe annehmen. Jedesmal, wenn Sie ja sagen, kommen Sie dem gesunden Gleichgewicht zwischen Geben und Nehmen näher. Und dieses Gleichgewicht gibt Ihnen die Energie, die Sie brauchen, um Ihre Kreativität zu entwickeln.

Das innere Ich beruhigen

Der Empfänger

Die Kreativität wird oft mit einem Fernsehapparat verglichen. Das Signal wird vom Sendeturm ausgestrahlt, pflanzt sich wellenförmig in der Luft fort und wird vom Fernsehgerät aufgefangen. Wenn das Bild verrückt spielt, liegt die Ursache im allgemeinen beim Ursprung des Signals oder an irgendeinem Punkt zwischen Sendeturm und Fernsehantenne. Diese Analogie verleitet uns dazu zu glauben, daß etwas mit der Quelle unserer Kreativität nicht stimmt, wenn wir keinen leichten Zugang zu unseren Ideen haben. In Wirklichkeit ist das Gegenteil der Fall. Das Problem liegt beim Empfänger, nicht beim Sender. Kreative Ideen sind immer verfügbar, aber wir müssen lernen, sie zu beachten. Wir Frauen haben einige natürliche Wesenszüge, die es uns eigentlich erleichtern sollten, für unsere einzigartigen, kreativen Ideen empfänglich zu sein.

Wenn wir Frauen kreativ sind, ziehen wir alle unsere Erfahrungen, unser Wissen und unsere Weisheit zusammen. Wir begeben uns auf eine Reise in unser inneres Ich. Wir haben auch die Bekanntschaft von Göttinnen gemacht, die uns gezeigt haben, daß es ein natürlicher Wesenszug von uns Frauen ist, nach innen zu gehen – ein Wesenszug, der untrennbar mit unserer Kreativität verbunden ist. Wenn wir also mit dieser Gabe zur Selbstreflexion ausgestattet sind, mit der wir unsere Kreativität verbessern können, warum fällt es uns dann so schwer, unseren geistigen Empfänger so einzustellen, daß er die Signale unseres kreativen Ich effektiv aufnimmt?

Hindernisse

Es gibt mehrere Faktoren, die die Aufnahme unserer besten kreativen Ideen behindern können. Erstens scheinen wir andauernd mit irgendwelchen Gedanken beschäftigt zu sein, die sich in einem ständigen inneren Monolog niederschlagen – Geschwätz. Solange dieses innere Geschwätz anhält, sind wir taub für die kreativen Botschaften unseres inneren Ich. Die Herausforderung für uns besteht darin, das innere Geschwätz zum Schweigen zu bringen, damit wir offener werden für unsere Inspiration.

Zweitens ist die Kreativität etwas, was oft am besten funktioniert, wenn es keine äußeren Ablenkungen gibt. Wir müssen uns Zeit nehmen, denn unsere Kreativität braucht wie alles andere, was lebt, Zeit, zu wachsen und zu reifen. Aber manchen von uns ist es unangenehm, allein zu sein. Es kann auch sein, daß in unserem Leben ständig andere Menschen zugegen sind und es uns deshalb schwerfällt, Zeit für uns selbst zu schaffen. Hier geht es darum, daß wir uns die Einsamkeit nehmen, die wir zur Förderung unserer Kreativität brauchen.

Der nächste und dritte Punkt ist, daß Kreativität fast immer mit Risiken verbunden ist, und das empfinden die meisten von uns als beunruhigend. Um diese Angst vor dem Risiko zu überwinden, müssen wir auf unsere Kreativität vertrauen. Je stärker wir uns auf sie verlassen, desto weiter können wir uns für unser kreatives Potential öffnen. Damit schließt sich der Kreis. Das Vertrauen in unsere Kreativität wächst, und auch unsere Angst vor Risiken verblaßt. Wir wissen, was wir zu erwarten haben. Durch diese Zuversicht wird unsere Kreativität noch leichter zugänglich, wenn wir sie brauchen. Eine mir bekannte Autorin beschrieb mir diesen Zustand einmal, indem sie sagte: »Ich glaube, daß wir alle verschiedene Möglichkeiten und magische Gedanken in uns tragen, die vielleicht zum richtigen Zeitpunkt herauskommen, wenn wir nur an sie glauben.« Frauen mit großer Kreativität vertrauen ihren schöpferischen Fähigkeiten. Dieses Vertrauen kann die Angst, Risiken einzugehen, mildern.

Das vierte und letzte Hindernis ist, daß wir uns der Aufnahme unserer kreativen Ideen verschließen können, wenn wir unsere Gefühle an die Produkte unserer Kreativität binden. Es ist ein integraler Bestandteil unseres schöpferischen Prozesses, ein Gefühl mit einem Gedanken oder mit einem anderen Gefühl zu verbinden. Wenn uns nun unsere Emotionen unangenehm sind und wenn wir nur ungern in Kontakt mit ihnen treten, hemmen wir unsere Kreativität. Sie bleibt auf einer oberflächlichen Ebene, auf der wir nur Zugang zu jenen Gefühlen haben, die wir auszudrücken gewöhnt sind. Solange wir keine positive Einstellung zu unseren inneren Gefühlen erlangen, wird unserer Kreativität die Kraft fehlen, die von einem ungehinderten Zugang zu unserem tieferen Ich herrührt.

Das Geschwätz verstummen lassen

Sobald wir uns diese Hindernisse vor Augen geführt haben, können wir uns einen Rahmen für die Verbesserung der

Kommunikation mit unserem kreativen Ich schaffen. Dazu müssen wir das innere Geschwätz zum Schweigen bringen, das Alleinsein genießen lernen, unserem kreativen Prozeß vertrauen und einen ungezwungenen Umgang mit unseren Emotionen finden. Natürlich können wir diese Dinge alle gleichzeitig in Angriff nehmen, aber es ist dennoch ratsam, in kleinen Schritten vorzugehen. Ich möchte niemanden dazu ermuntern, sofort auf das höchste Brett des Sprungturms zu klettern und sich dann einfach Hals über Kopf in ein Gewässer von unbekannter Tiefe zu stürzen. Manchmal glauben wir, alles jetzt und sofort erledigen zu müssen. Wenn wir unser kreatives Ich entwickeln wollen, um unsere Kreativität zu einem integralen Bestandteil unseres täglichen Lebens zu machen, müssen wir einen Fuß vor den anderen setzen und solide wachsen, anstatt große Sprünge zu machen, ohne uns ausreichend abgesichert zu haben.

Jedesmal, wenn Sie sich selbst für Ihre kreativen Bestrebungen Anerkennung zollen, haben Sie einen Schritt getan. Wenn Sie eine Übung aus diesem Buch in Ihren Tagesablauf einbauen, machen Sie ebenfalls einen Schritt. Auch wenn Sie sich mit den hier beschriebenen Problemen und Hindernissen beschäftigen, kommen Sie in Bewegung. Welche Schritte haben Sie gestern oder heute gemacht, die Sie näher an Ihr kreatives Ich heranbringen?

Wenn wir innere Störungen ausschalten, entwickeln wir ein inneres Ohr, mit dem wir auf unsere kreative Stimme hören und lernen können, ihr zu vertrauen. Dazu brauchen wir Engagement und Disziplin, aber die Belohnung, die uns eine stärkere Kreativität bringt, ist die Mühe wert. In einem meditativen Zustand wird das innere Geschwätz zum Verstummen gebracht, während gleichzeitig die Kommunikationskanäle in uns geöffnet werden. Wir werden vertraut mit unserem inneren Ich, und wir lernen immer besser mit unserer eigenen, einzigartigen Kreativität umzugehen. Auch wenn uns beim Meditieren keine Flut kreativer Ideen überschwemmt, kann es sein, daß wir zu anderen Zeiten, wenn wir unsere kreative Inspiration brauchen, offen für sie sind.

Wir sind in unserem täglichen Leben einer enormen Fülle von Ablenkungen ausgesetzt. Deshalb ist es wichtig, daß wir uns jeden Tag Zeit zum Meditieren nehmen. Den größten Nutzen erzielen wir, wenn wir zu den Tageszeiten meditieren, an denen unser Energiepegel am höchsten – nicht am niedrigsten – ist. Anders ausgedrückt: Ein Morgenmensch wird wahrscheinlich einschlafen, wenn er am Nachmittag zu meditieren versucht. Außerdem ist die Wirkung viel stärker, wenn immer derselbe Platz zum Meditieren verwendet wird, ein Platz, der nur diesem Zweck dient. Manche Leute reservieren sich eine Ecke ihres Schlafzimmers oder ihres Büros ausschließlich für die Meditation. Manchmal läßt sich dieselbe Wirkung erzielen, wenn man in einem Stuhl sitzt, der in eine andere Richtung gedreht ist als normalerweise. Es geht einfach darum, sich für das Meditieren einen eigenen Platz zu reservieren.

Viele Befürworter des Meditierens bestehen auf der Einhaltung gewisser Regeln – nach Osten blicken, täglich eine Stunde lang meditieren –, doch ich habe festgestellt, daß die meisten Menschen von solchen Vorschriften abgeschreckt werden. Damit wir die innere Kommunikation zwischen unserem bewußten Ich und unserem kreativen Ich herstellen können, müssen wir die Meditation in diese Richtung lenken. Schon fünfzehn Minuten täglich können einen großen Beitrag zu unserem Fortschritt leisten.

Den meisten Menschen fällt es schwer, zu Beginn der Meditation ihr inneres Geschwätz zum Schweigen zu bringen. Sehr wirkungsvoll ist es, diesem Geschwätz eine Rolle zuzuteilen. Das erreichen wir durch eine uralte Atemtechnik, die leicht zu erlernen ist.

Setzen Sie sich bequem auf einen Stuhl oder auf ein Kissen (die meisten Menschen schlafen ein, wenn sie sich zum Meditieren hinlegen). Konzentrieren Sie sich auf Ihre Atmung. Spüren Sie, wie der Atem in Ihren Körper strömt, und spüren Sie, wie er wieder hinausströmt. Das aufmerksame Verfolgen des Atems beruhigt das Gehirn, weil es etwas hat, worauf es sich konzentrieren kann. Bleiben Sie einige Minuten lang bei Ihrem Atem, bis Sie das Gefühl haben, daß Sie sich zu entspannen beginnen. Nun atmen Sie langsam und gleichmäßig ein und zählen dabei bis sieben. Halten Sie den Atem eine Zahl lang an, dann atmen Sie aus und zählen dabei wieder bis sieben. Nach dem Ausatmen halten sie eine Zahl lang inne. Atmen Sie nach diesem Muster – 7-1-7-1 – so lange weiter, wie Sie wollen, aber bleiben Sie mindestens zehn Minuten lang dabei. Diese alte Meditationstechnik lenkt Ihre Aufmerksamkeit rasch auf Ihr inneres Ich. Das Zählen bringt alle inneren Geräusche zum Verstummen.

Wenn es Ihnen so geht wie den meisten Menschen, werden Sie die ersten Male das Gefühl haben, daß Ihre Lungen schon voll sind, wenn Sie mit dem Zählen erst bei vier angelangt sind. Wenn Sie ausatmen, sind Ihre Lungen schon bei drei leer. Manchen Leuten ist es unangenehm, nach dem Ausatmen innezuhalten, weil sie rasch einatmen wollen, um Luft zu schöpfen. Diese Schwierigkeiten sind aber nur von kurzer Dauer, und bald folgt der Atem gleichmäßig dem vorgeschriebenen Rhythmus.

Diese Technik eignet sich ausgezeichnet für die Bewältigung stressiger Tageszeiten. Sie können unauffällig nach dem 7-1-7-1-Muster atmen, während Sie hinter Ihrem Schreibtisch sitzen, an einem Meeting teilnehmen oder Auto fahren. Ihr Körper wird dadurch beruhigt, einschließlich Ihres Gehirns, was dazu führt, daß Sie klarer denken, kreativer sind und einige negative Auswirkungen des Stresses von sich abschütteln können.

In dem Kapitel »Unser weibliches Wesen verstehen lernen« ist die Übung, die den weiblichen Anteil durch eine enge Kommunikation mit der Natur entwickeln soll, eine Art Meditation. Wenn wir mit der Natur eins sind, öffnen sich innere Kanäle für unser kreatives Ich. Wir können unsere Bemühungen, unseren weiblichen Anteil aufzubauen, mit dem Erlernen des Meditierens kombinieren.

Es sind schon viele Bücher über die verschiedenen Meditationstechniken geschrieben worden. Für uns, die wir die Kreativität entwickeln wollen, besteht das Ziel darin, die inneren Störungen unter Kontrolle zu bringen, die uns daran hindern, auf unser kreatives Ich zu hören. Durch die Meditation können wir ein empfindliches inneres Ohr entwickeln, das darauf eingestellt ist, darauf zu hören.

Zeitgefühl entwickeln

Die Natur weiß immer, wann der richtige Zeitpunkt für etwas gekommen ist – daß der junge Vogel sein Nest verläßt, daß die Schlange sich häutet, daß sich der Bär zum Winterschlaf in seine Höhle zurückzieht. Und dieses instinktive Zeitgefühl ist ein Merkmal des Weiblichen. Wenn wir unsere Kreativität fördern wollen, müssen wir ein Zeitgefühl für unsere kreativen Arbeiten entwickeln, damit wir in unserem Inneren wissen, wann wir aktiv und wann wir passiv sein sollten.

Dieses Bewußtsein können wir in unserem täglichen Leben anwenden, vor allem in der Interaktion mit anderen. Das Wissen, wann in einer persönlichen Beziehung der richtige Zeitpunkt gekommen ist, um ein delikates Thema zur Sprache zu bringen, kann den Unterschied zwischen einem positiven und einem negativen Ergebnis ausmachen. Und in der Geschäftswelt gilt nicht umsonst der Grundsatz: »Timing ist alles.« Unser gesunder Menschenverstand sagt uns, daß wir jemandem, der von den unmittelbaren Anforderungen bereits überfordert ist, lieber keinen neuen Vorschlag unterbreiten sollten. Für unser kreatives Schaffen wünschen wir uns ein aufmerksames Publikum. Trotzdem ist es wahrscheinlich nicht erlernbar, intuitiv den richtigen Zeitpunkt zu erfassen, um dem Chef einen kreativen Vorschlag zu unterbreiten oder mit einem Mitarbeiter über eine schwierige Situation zu sprechen. Dieser Instinkt, der von unserem weiblichen Anteil kommt, weiß, wann ein Thema zur Sprache gebracht werden kann und wann es besser ist, zu schweigen. Er weiß, wie man Informationen so präsentiert, daß das Publikum zuhört.

Ein gut funktionierendes Zeitgefühl ist auch in der Geschäftswelt, im Klassenzimmer oder im tagtäglichen Umgang mit Menschen von Wert. Wir können es bei schwierigen Familienproblemen, bei der Anstellung neuer Mitarbeiter oder zur Motivation von Schülern nutzen. Wie bei anderen Aspekten unserer Kreativität und unserer weiblichen Natur gilt auch hier, daß wir uns um so stärker auf unser Zeitgefühl verlassen können, je genauer wir ihm folgen. Wenn wir auf die Botschaften hören, die uns unser weibliches Ich sendet, wird sowohl unser Vertrauen in diesen Prozeß als auch unser Bewußtsein dafür gestärkt. Und das Vertrauen, daß unser Zeitgefühl für uns da ist, ist der erste Schritt hin zu seiner Entwicklung und Vervollkommnung.

Dieses instinktive Zeitgefühl wird oft durch den Körper vermittelt, durch ein »gewisses« Gefühl dafür, was richtig und was falsch ist. Die Herstellung einer klaren Verbindung zum Körper ist wichtig für die Entwicklung unseres Zeitgefühls.

Die folgende Übung hilft Ihnen, einen Draht zu diesem inneren Gefühl zu finden.

Nehmen Sie sich für diese Übung mindestens eine halbe Stunde lang Zeit. Setzen Sie sich bequem an einen Platz, an dem Sie nicht gestört werden können. Schließen Sie die Augen, und achten Sie auf Ihren Atem. Folgen Sie Ihrem Atem, wie er in Ihren Körper hineinströmt und wie er wieder hinausströmt. Bleiben Sie mindestens zehn Atemzüge lang bei Ihrem

*Atem oder so lange, bis Sie spüren, daß Sie sich ent-
spannen.*

*Nun lenken Sie die Aufmerksamkeit nacheinander
auf verschiedene Teile Ihres Körpers und verweilen
etwa dreißig Sekunden lang bei jedem Körperteil.
Konzentrieren Sie sich auf Ihre Hände, dann auf Ihre
Schultern, Ihre Füße, Ihren Bauch und Ihr Gehirn.
Tun Sie das lustvoll, und springen Sie mit Ihrer Aufmerksamkeit von einem Körperteil zum nächsten. Sie
können auch der Reihe nach vorgehen, von unten
nach oben oder von oben nach unten.*

*Nun konzentrieren Sie sich auf kleinere Teile wie
zum Beispiel auf den Daumen Ihrer rechten Hand,
Ihre linke kleine Zehe, Ihre Nasenspitze. Bleiben Sie
mit Ihrer Aufmerksamkeit so lange dort, bis Sie ein
gutes Gefühl für diesen Körperteil haben.*

*Nun wenden Sie sich wieder Ihrem Atem zu und spü-
ren Ihren ganzen Körper auf einmal, alle einzelnen
Teile zusammen.*

*Das ist der richtige Zeitpunkt, um in einen Dialog mit
Ihrem weiblichen Ich einzutreten. Bitten Sie diesen
Teil Ihres Wesens, in Ihr Bewußtsein zu treten und
präsent und klar zu sein, damit Sie miteinander
kommunizieren können. Sobald Sie diese Verbindung
hergestellt haben, teilen Sie Ihre Absicht mit – sich
auf das Ihnen innewohnende Zeitgefühl einzustellen
und zu lernen, darauf zu hören. Vielleicht müssen Sie
Ihre Absicht mehrmals kundtun. Wenn Sie das Gefühl haben, daß Ihr weibliches Ich Ihre Botschaft aufgenommen hat, bitten Sie es um Hilfe.*

Bitten Sie es, Sie in Ihrem Körper ein Gefühl spüren

zu lassen, das Ihnen sagt, wann der richtige Zeit-
punkt für eine bestimmte Sache gekommen ist – zum
Beispiel, um eine kreative Idee an jemanden heran-
zutragen, oder was immer Ihnen sonst vorschwebt.
Lassen Sie zu, daß Ihnen das Gefühl spürbar gemacht
wird. Seien Sie offen für das, was Sie fühlen, und für
die Stellen, an denen Sie es fühlen. Vielleicht müssen
Sie Ihre Bitte nochmals vortragen und Ihre Absicht
klar formulieren. Merken Sie sich das Gefühl, das Sie
in Reaktion darauf spüren, und seien Sie sich be-
wußt, daß Sie sich, wenn Sie es spüren, auf dem rich-
tigen Weg befinden.
Nun bitten Sie Ihr feminines Ich, Ihnen das Gefühl in
Ihrem Körper zu zeigen, das Ihnen sagen wird, wann
Sie eine bestimmte Handlung unterlassen sollten.
Bitten Sie es, Ihnen mitzuteilen, welches Gefühl Sie
mit der Notwendigkeit, passiv zu bleiben, assoziieren
sollen. Merken Sie sich auch dieses Gefühl, und seien
Sie sich bewußt, daß Ihnen Ihr weibliches Ich rät zu
warten, wenn Sie es spüren.
Zum Schluß danken Sie Ihrem weiblichen Ich für
diese Information. Versichern Sie ihm, daß Sie sie in
Ehren halten werden, indem Sie auf die Signale ach-
ten, wenn Sie sie spüren.

Manchmal sind die Informationen, die uns unser weibliches Ich gibt, zu »laut«, um wirkungsvoll zu sein. Sie brauchen zum Beispiel keine Magenschmerzen, nur um zu wissen, daß Sie eine Idee nicht an die große Glocke hängen
sollten. Wenn Ihnen Ihr weibliches Ich ein körperliches Gefühl vermittelt, das zu stark ist, um nützlich zu sein, kön-

nen Sie mit ihm um ein nützlicheres Gefühl verhandeln. Sie können Ihr weibliches Ich bitten, es anstelle von Magenkrämpfen bei einem leichten Ziehen bewenden zu lassen. Wenn Sie ein stark visueller Typ sind, kann es sein, daß Ihnen Ihr weibliches Ich ein geistiges Bild vor Augen führt, wie zum Beispiel die Worte *ja* oder *nein*, oder ein Bild von dem, was Sie tun sollen. Wenn Sie eher auf Töne ansprechen, könnte es sein, daß Sie diese Worte hören. Ihr weibliches Ich wird Ihnen die Botschaft auf die richtige Weise präsentieren, so daß Sie sie möglichst effektiv für sich nutzen können.

Vielleicht müssen Sie diese Übung mehrmals machen, damit Sie eine klare Vorstellung von dem Gefühl bekommen. Sie verlangen von sich, auf eine neue Weise mit sich selbst zu kommunizieren, und das braucht normalerweise ein wenig Zeit und Geduld. Sobald Sie ein klares Gefühl dafür entwickelt haben, wie Ihnen diese Botschaften des Aktiv- und Passivseins durch Ihren Körper mitgeteilt werden, achten Sie während des Tages auf ihr Auftreten. Wenn Sie sie spüren, leisten Sie ihnen Folge. Und danken Sie Ihrem weiblichen Ich für die Botschaft. Wenn Sie sich in einer Situation befinden, in der Sie eine klare Richtlinie brauchen, aber keine in sich spüren, bitten Sie darum. Sie haben jetzt ein weiteres Werkzeug aus Ihrem Inneren zur Verfügung, das Sie zur Steigerung Ihrer Kreativität und zu einer möglichst wirkungsvollen Präsentation Ihrer kreativen Arbeit benutzen können.

Ein eigener Raum

Heiliger Raum und heilige Zeit sind zwei wesentliche Voraussetzungen für die Entwicklung unserer Kreativität. Das Kultivieren unserer kreativen Talente und das Durchführen kreativer Vorhaben erfordern es, daß wir einen Ort für uns haben, an dem wir nicht gestört werden können. Dieser *heilige Raum* kann unser Zimmer, unser Büro oder eine Nische sein, die nur uns gehört. Die *heilige Zeit* ist der Teil des Tages, den wir unserer kreativen Arbeit widmen. Wir können unsere heilige Zeit dafür verwenden, einige der in diesem Buch beschriebenen Übungen zu machen oder an unseren kreativen Projekten zu arbeiten. Niemand außer uns wird uns diesen Raum und diese Zeit verschaffen. Wir müssen es selbst tun.

Das Heim ist seit jeher die Domäne der Frau, doch gleichzeitig ist es ein Ort, den wir mit anderen zu teilen gewöhnt sind. Diese Gewohnheit haben wir auf unsere Arbeitsumgebung übertragen, und deshalb passiert es uns oft, daß wir unterbrochen werden. Davor sind wir nicht einmal gefeit, wenn wir ein eigenes Büro oder zu Hause unser eigenes Zimmer haben. Die Herausforderung besteht darin, andere dazu zu bringen, unseren heiligen Raum und unsere heilige Zeit zu respektieren.

Aber oft entsteht dabei das Dilemma, daß wir das Gefühl haben, egoistisch zu sein, wenn wir darauf bestehen, etwas für uns selbst zu tun. Beim Aufbau der Beziehung zu unserer Kreativität können wir unser Recht auf einen gesunden Egoismus ausleben, indem wir uns unseren heiligen Raum und unsere heilige Zeit sichern. Wir sind dafür verantwortlich, uns selbst das zukommen zu lassen, was wir für die Entwicklung unserer Kreativität brauchen. Jede Frau, die kreativ arbeiten möchte, muß darauf bestehen, den physischen Raum und die ungestörte Zeit zur Verfügung zu haben, die sie braucht, um die Beziehung zu ihrer Kreativität aufzubauen. Eine Autorin beschrieb diese Notwendigkeit einmal so:

»Ich begann Bücher zu schreiben, als meine Kinder die Grundschule besuchten. Es fiel mir leicht zu arbeiten, während sie in der Schule waren. Die notwendige Hausarbeit erledigte ich in der halben Stunde, bevor sie nach Hause kamen. Aber an den Wochenenden und in den Sommerferien mußte ich das Schreiben und die Kinder ebenfalls unter einen Hut bekommen. Auch wenn ich den Kindern einschärfte, mich nicht zu stören, wenn ich in meinem Zimmer war und schrieb, wollten sie mich nicht in Ruhe lassen. Sie kamen dauernd herein und bombardierten mich mit Fragen und Beschwerden. Und wenn sie das taten, hatten sie es mit einer sehr übellaunigen Mutter zu tun. Sie lernten also schnell, daß ich, wenn sie mich in Ruhe schreiben ließen, später aufmerksam und gut gelaunt sein würde. So konnte ich mir meinen heiligen Raum und meine heilige Zeit sichern!«

Stecken Sie sich Ihr Hoheitsgebiet ab

Der erste Schritt zur Schaffung von heiligem Raum besteht darin, uns davon zu überzeugen, daß wir ihn verdienen. Wenn wir zeichnen, malen oder bildhauern wollen, brauchen wir einen Raum, der nur für diesen Zweck da ist. Wenn wir schreiben wollen, brauchen wir einen Platz, wo niemand unsere Notizen und Papiere durcheinanderbringt. Wenn wir eine innovative Methode zur Lösung eines Firmenproblems finden wollen, brauchen wir einen Platz, an dem wir das Projekt eingehend recherchieren können.

Um uns zu Hause unseren heiligen Raum zu schaffen, müssen wir uns zuerst die Unterstützung der anderen Haushaltsmitglieder sichern. Dabei kann es günstig sein, sie in die Entscheidung einzubeziehen, welcher Raum uns gehören soll. Wenn uns ein ganzer Raum zur Verfügung steht, wunderbar. Wenn nicht, können wir uns unseren Platz schaffen, indem wir einen Teil des Raums mit einem Wandschirm abteilen. Eine Klientin, die eine künstlerische Laufbahn ergreifen wollte, hatte das Glück, einen Ehemann zu haben, der sie unterstützte. Auf seinen Vorschlag hin teilte sie einen Teil der Veranda auf der Rückseite des Hauses als Studio ab.

Unabhängig von der physischen Raumeinteilung müssen die anderen Mitglieder unseres Haushalts lernen, daß unser Raum für sie tabu ist. Von Anfang an müssen klare Regeln aufgestellt werden: Wenn wir arbeiten, dürfen wir nicht unterbrochen werden. Wer diese Vereinbarung bricht, muß mit einer scharfen Reaktion rechnen. Es kann natürlich trotzdem sein, daß ein Familienmitglied mit einer dringenden Frage oder einem Bedürfnis nur deswegen zu uns hereinplatzt, um unsere Aufmerksamkeit zu gewinnen. Aber wenn wir alle von Anfang an einbezogen und uns ihre Unterstützung für unsere kreative Arbeit gesichert haben, können wir solche Störenfriede an ihr Versprechen erinnern und uns dann wieder unserer Arbeit zuwenden.

Der Künstlerin und Musikerin Julie ist ihr heiliger Raum so wichtig, daß sie niemanden in ihr Studio läßt. Sie erklärt: »Wenn man ein Lied schreibt oder ein Bild malt, gibt es einen Zeitpunkt, an dem jeder, der den Raum betritt, die natürliche Vollendung unterbricht und zerstört. Das, was sich entfalten hätte müssen, wird dann für immer verändert oder verunstaltet.«

In der Arbeitswelt kann sich die Situation etwas schwieriger gestalten. Ein Büro für sich zu haben bietet mit Sicherheit einen Vorteil. Aber viele »Büros« sind nur durch bis zu zwei Meter fünfzig hohe Trennwände ohne Tür abgeteilt. In einer solchen Situation behilft man sich am besten, indem man die Privatsphäre des anderen respektiert und ihn während seiner Arbeit nicht stört. Wenn wir bei unserer kreativen Arbeit unterbrochen werden, können wir den Eindringling auch höflich darauf hinweisen, daß wir zu tun haben, und anbieten, uns später mit ihm zusammenzusetzen. Wenn unser Arbeitsplatz aus einem Schreibtisch in einem großen Zimmer besteht, in dem noch viele andere Schreibtische stehen, können wir rund um unseren Schreibtisch psychologischen Raum schaffen, indem wir ein Büro ohne Wände bauen. Uns zu Hause unseren eigenen Raum zu schaffen wird noch wichtiger, wenn wir am Arbeitsplatz keine Privatsphäre haben. Es überrascht nicht, daß viele Frauen sagen, sie hätten gelernt, mit der mangelnden Privatsphäre zurechtzukommen, indem sie sich heiligen Raum überall dort schafften, wo sie ihn brauchten. Eine Professorin für Journalismus erklärte: »Ich kann mir überall Raum schaffen, wo ich bin. Nur durch meinen Willen baue ich eine ruhige Zone rund um mich auf, von der Geräusche und Ablenkungen abgeblockt werden.« Eine Therapeutin, die ich über ihren Umgang mit dem heiligen Raum befragte, sagte mir ähnliches: »Ich trage ihn bei mir!«

Nehmen Sie sich Zeit

Wenn man sich heilige Zeit verschaffen will, muß der Wille zur Entwicklung der eigenen Kreativität sehr stark sein, denn mit dieser Motivation fällt es leichter, sich jeden Tag ein bestimmtes Maß an Zeit für das Kreativsein zu reservieren. Vielleicht wollen wir in dieser Zeit meditieren, die Natur genießen oder an einem bestimmten Projekt arbeiten. Wir können das zu Hause oder am Arbeitsplatz tun. Wichtig ist, daß wir diese Stunden der Erfüllung kreativer Bedürfnisse widmen und daß wir die Leute in unserer Umgebung bitten oder dazu anhalten, uns in dieser Zeit in Ruhe zu lassen.

Frauen, die zu Hause arbeiten, haben besondere Probleme, ihre heilige Zeit zu verteidigen – gleichgültig, ob sie malen, schreiben oder ein kleines Unternehmen führen. Da wir die meiste Zeit zu Hause sind, kann es leicht sein, daß Familienmitglieder und Freunde den Eindruck gewinnen, als arbeiteten wir gar nicht richtig. Vielleicht platzen sie auch einfach bei der Tür herein, weil sie uns überraschen wollen. Frauen, die zu Hause arbeiten, müssen Familienmitgliedern und Freunden oft mühsam beibringen, ihre Arbeit als

Arbeit zu respektieren. Ein kreativer Gedanke, der durch das Klingeln des Telefons oder durch das Klopfen an der Tür unterbrochen wird, kann für immer verloren sein. Anrufbeantworter sind für diese Frauen eine Notwendigkeit. Sie müssen auch der Versuchung widerstehen lernen, zur Tür zu gehen, wenn es klopft oder klingelt. Unsere kreative Arbeit ist viel zu wichtig, als daß wir uns dabei stören lassen dürfen. Mit der Zeit gewöhnen sich Familienmitglieder und Freunde daran, unsere kreative Arbeit zu unterstützen, indem sie unseren heiligen Raum und unsere heilige Zeit respektieren.

Frauen, die sagen, daß sie einfach nie Zeit für sich haben, in der sie ruhig arbeiten können, überlassen die Kontrolle über ihre Zeit anderen. »Ich werde andauernd unterbrochen« ist die Ausrede der Untüchtigen. Zugegeben: Eine Sekretärin hat es schwerer als ein Manager, sich heilige Zeit zu verschaffen. Letzterer kann verlangen, daß seine Sekretärin Anrufe für ihn entgegennimmt und den Anrufern ausnahmslos mitteilt, der Chef sei »in einer Besprechung«. Aber auch Sekretärinnen haben Gelegenheit, sich heilige Zeit zu schaffen. Eine Idee könnte sein, sich bei der Entgegennahme von Anrufen mit einer Kollegin abzuwechseln. Auch Farbcodes haben sich als wirkungsvolles Hilfsmittel erwiesen. Wenn zum Beispiel eine grüne Karte auf Ihrem Schreibtisch liegt, können Sie damit mitteilen, daß man Sie stören darf, während eine rote Karte bedeutet, daß Sie in Ruhe gelassen werden wollen.

In Großraumbüros, die nur durch verschiebbare Trennwände unterteilt sind, können Sie ein Schild mit der Aufschrift BITTE NICHT STÖREN an die »Tür« hängen. Ich kenne eine Frau in einem derartigen Büro, die Ohrenschützer trägt, um laute Geräusche auszuschalten. Das ist ihr Signal, um ihrer Umgebung mitzuteilen, daß sie bei der Arbeit an einem Projekt nicht gestört werden will. Ihre Kollegen haben gelernt, sich daran zu halten. Sie lassen sie in Ruhe, wenn sie sehen, daß sie die – auffälligen – Ohrenschützer trägt.

In manchen Arbeitssituationen ist der physische Raum so öffentlich, daß wir uns weder heiligen Raum noch heilige Zeit schaffen können. In diesem Fall ist es besonders wichtig, daß wir zu Hause unseren Raum und Zeit für uns haben.

Wir brauchen unsere Privatsphäre und Einsamkeit, um unsere Kreativität frei fließen zu lassen. Indem wir unsere Bedürfnisse ernst nehmen, sorgen wir dafür, daß wir bekommen, was wir brauchen.

Perfektionismus – der Feind der Kreativität

Die Symptome

»Ich bin eben eine Perfektionistin.« Diese Aussage meiner Mitarbeiterin hätte eine Erklärung sein sollen. Ihr Tonfall war prahlerisch, aber sie zuckte entschuldigend die Schultern, als sie es sagte. Ich als ihre Vorgesetzte sollte ihren Perfektionismus als Vorwand dafür akzeptieren, daß sie nie mit ihrer längst fälligen Arbeit fertig wurde, weil sie sie endlos verbesserte und überarbeitete. Ihr Verhalten war eine Belastung für die Kollegen, die ihren Beitrag brauchten, um das Projekt zu Ende zu bringen. Und in solchen Situationen, in denen sie nach dem perfekten Wort und dem geschliffensten Satz suchte, erreichte ihre eigene Angespanntheit einen Höhepunkt. Perfektion? Das war etwas, was für die zu erledigende Aufgabe ohne jede Bedeutung war.

In ihrem Streben nach Perfektion erlebte diese Frau Dinge, die vielen Perfektionisten vertraut sind: Angespanntheit, sinkende Produktivität, irritierte Kollegen. Niemand dachte an sie, wenn es um kreative Beiträge für ein Projekt ging. Sie litt unter mehreren streßbezogenen gesundheitlichen Problemen. Trotzdem war sie stolz darauf, Perfektionistin zu sein, koste es, was es wolle.

Kreativität und Perfektion vertragen sich etwa so gut wie Öl und Wasser. Wenn wir uns kreativ ausdrücken wollen, müssen wir Risiken eingehen, Fehler machen, mit unbekannten Faktoren experimentieren und oft auf gut Glück agieren. Das können wir nur, wenn wir von einem Geist des Abenteurertums und der Neugier getragen werden.

Die kreative Frau, die gleichzeitig Perfektionistin ist, sabotiert ihre Kreativität auf vielfältige Weise. Sie will, daß alles »perfekt« ist, bevor sie auch nur daran denkt, etwas anderes in Angriff zu nehmen. Ihre Angst, nicht perfekt zu sein, führt dazu, daß sie neue Aufgaben hinausschiebt. Wenn sie einen Fehler macht, setzt sie ihre Scheuklappen auf, so daß sie nur noch den Fehler sieht und nicht mehr ihre Leistungen. Sie ist wie gelähmt – und dasselbe gilt auch für ihre Kreativität.

Die Erwartungen, die eine Perfektionistin an sich selbst stellt, sind unrealistisch hoch. Ihr erstes Buch muß ein Bestseller sein. Ihre Bilder müssen von den berühmtesten Galerien ausgestellt werden. Ihr Chef muß ihre Vorstellungen und Ideen uneingeschränkt akzeptieren. Jede Leistung, die diesen hohen Vorgaben nicht entspricht, wird als Versagen empfunden. Und wenn sie ihr Ziel erreicht, wird sie davon überzeugt sein, es nicht hoch genug gesteckt zu haben. Mit ihrer »Alles-oder-nichts«-Einstellung wertet sie ihre einzigartigen Leistungen ab und schaltet die kreativen Möglichkeiten aus, die nur in einem Klima der Spontaneität und des Unvorhergesehenen gedeihen können.

Sie kann ihrer Kreativität auch schaden, indem sie sich mit anderen vergleicht. Und es wird ihr immer jemand in den Sinn kommen, der besser schreibt, besser malt oder nützlichere Ideen zustande bringt als sie. Die Perfektionistin und ihre kreativen Arbeiten geraten unweigerlich ins Abseits. Der kreative Geist muß kultiviert und gefördert werden. Perfektionistisches Verhalten bewirkt das genaue Gegenteil, weil es die Entwicklung der Kreativität nur als eine Herausforderung von vielen betrachtet, die es zu meistern gilt. Mit der Zeit entwickelt das geschundene kreative Ich einen Widerwillen dagegen, sich auf eine gesunde Weise auszudrücken. Und die unterdrückte kreative Energie setzt jede Perfektionistin unter einen noch stärkeren Streß.

Das Fundament

Es gibt mehrere Umstände, die den Perfektionismus bei Frauen fördern. In dem Glauben erzogen, für alles verantwortlich zu sein, was in unserem Zuständigkeitsbereich – traditionellerweise unser Heim – liegt, haben wir diese Einstellung auch auf die Arbeit übertragen. Wir versuchen, alles selbst zu machen, immer mehr Verantwortung auf uns zu laden, und verabsäumen es dabei, zu delegieren oder anderen Kompetenz zuzutrauen. Dazu kommt, daß wir von unseren männlichen Kollegen nur selten als gleichwertig behandelt werden, was oft dazu führt, daß wir beweisen wollen, daß wir alles können, und das jederzeit. Wir versuchen, den uns zugewiesenen minderwertigen Status auszugleichen, indem wir uns unentbehrlich machen. Schließlich tendieren wir dazu, uns anhand mehrerer Rollen zu definieren – als Ehefrauen, Karrierefrauen und Mütter (manchmal auch Väter), als Betreuerinnen und Helferinnen. Die Perfektionistin glaubt, in allen diesen Rollen und den mit ihnen verbundenen Aufgaben perfekt sein zu müssen. Männer definieren sich im allgemeinen nur anhand einer Rolle – nämlich der beruflichen.[1]

Der Tribut

Die Perfektionistin ist also gefangen zwischen Erwartungen, die so hoch sind, daß sie unmöglich zu erreichen sind, und einem geschundenen Selbstwertgefühl, das ihr sagt, sie sei nicht gut genug, um den Erfolg zu verdienen. Mit ihrer »Alles-oder-nichts«-Einstellung bekommt sie für gewöhnlich nichts, auch dann nicht, wenn es aussieht, als hätte sie alles. Mit ihrem äußeren Ich, das auf Zustimmung und Akzeptanz abzielt, versucht sie zu beweisen, daß sie keinerlei Hilfe braucht.[2] Währenddessen verkümmert durch den Mangel an Nahrung ihr wahres Ich, dieses einzigartige Wesen, das durch den kreativen Ausdruck lebt. Der körperliche Tribut, den Perfektionistinnen zu zollen haben, ist enorm. Streßbezogene Krankheiten, verringerte Produktivität, Eßstörungen, Verbrauchserscheinungen, emotionale Leere und Mangel an spiritueller Verbundenheit sind allesamt Signale, die mit dem Perfektionismus in Zusammenhang stehen.[3] Und wie alle Süchtigen leugnen auch die Perfektionistinnen ihre Sucht.

Oft können sie ihre perfektionistische Lebenseinstellung über lange Zeit aufrechterhalten. Aber irgendwann brechen sie zusammen, weil sie ständig mehr von sich erwarten. Die körperlichen und emotionalen Belastungen, die dadurch entstehen, daß sie immer mehr von sich hergeben, während sie sich im Gegenzug von jeglicher Nahrung abschneiden, werden irgendwann überwältigend.

An diesem Punkt beginnen sie sich wie Fremde in der eigenen Haut zu fühlen – und zwar als imkompetente Fremde! Geplagt von Vergeßlichkeit und Verwirrung, müssen sie immer stärkere Einbußen ihrer Produktivität, ihrer Konzentration und ihres logischen Denkvermögens in Kauf nehmen.[4] Ihr Sinn für Humor löst sich in nichts auf, und ihre Wahrnehmung wird immer verschwommener. Das Gefühl des Vergnügens wird zu einer verblaßten Erinnerung. Und der Ausdruck von Kreativität wird zur Unmöglichkeit. So soll das Leben doch nicht sein! Aber wie kann dieser Teufelskreis durchbrochen werden?

Die Rettung:
Erkennen Sie Ihren Perfektionismus

Der erste Schritt zur Rettung ist getan, wenn die Perfektionistin erkennt, welchen Schaden sie sich zufügt, und zu dem Schluß kommt, daß der Preis zu hoch ist. Diese Erkenntnis ist nicht so einfach, wie sie klingt. Perfektionistin zu sein hat sicher einiges für sich. Diese Frau war nach außen hin vielleicht überaus erfolgreich; vielleicht hatte sie das Gefühl, ihr Leben unter Kontrolle zu haben. Ihr Gefühl, etwas zu leisten, basierte darauf, perfekt zu sein. Und nun muß sie erkennen, daß sie Illusionen nachgehangen ist. Sie muß die Bereitschaft entwickeln, die langjährige Beziehung zu ihrem perfektionistischen Ich aufzugeben. Obwohl diese Entscheidung eindeutig die richtige ist, fällt es uns oft schwer, alte Beziehungen aufzugeben.

Eine Möglichkeit, sich diesen ersten Schritt zu erleichtern, besteht darin, die Vorteile anzuerkennen, die uns unser Perfektionismus bietet. Wenn wir ihn in seiner Gesamtheit – mit all seinen Vor- *und* Nachteilen – sehen, wird es uns leichterfallen, uns von unserer Sucht nach Perfektion zu verabschieden. Manchmal ist es besser, das unter therapeutischer Anleitung zu versuchen. Jede Frau muß individuell entscheiden, ob sie sich allein auf den Weg macht oder Begleitung braucht. Wie auch immer – die folgende Übung kann beim ersten Schritt helfen.

Erstellen Sie auf einem Blatt Papier eine Liste aller Vorteile, die Sie aus Ihrem Perfektionismus beziehen. Seien Sie dabei so genau wie möglich, und nehmen Sie sich genug Zeit, damit Ihnen möglichst alle Vorteile einfallen. Nun listen Sie auf einem zweiten Blatt die Nachteile auf, also die negativen Seiten. Auf einem dritten Blatt schreiben Sie Ihre Entscheidung, Ihre Perfektionssucht aufzugeben, mit klaren Worten nieder. Sie könnten zum Beispiel schreiben: »Ich höre auf zu versuchen, perfekt zu sein. Ich entscheide mich für eine gesunde Akzeptanz der Person, die ich bin.« Wie auch immer Sie es ausdrücken, achten Sie nur darauf, daß Ihre Aussage den positiven Aspekt Ihrer Entscheidung herausstreicht. Unterhalb dieser Erklärung listen Sie nun alle Vorteile auf, die Sie sich von dieser Entscheidung für Ihr Leben erwarten. Denken Sie dabei an möglichst viele Bereiche: Beziehungen, Arbeit, Streßpegel, Lebensfreude. Schildern Sie dieses von der Last des Perfektionismus befreite Leben möglichst genau.

Vielleicht wollen Sie auch ein Bild von Ihrem neuen Leben zeichnen. Dieses Bild kann so naturalistisch oder so symbolisch sein, wie Sie nur wollen. Und verwenden Sie das Medium, das am befreiendsten für Sie ist: Farbstifte, Wasserfarben, Finger- oder Plakatfarben. Und verwenden Sie beim Zeichnen so-

wohl Ihre dominante als auch Ihre nichtdominante Hand.

Nun prägen Sie sich dieses Bild ein, und verbrennen Sie die beiden ersten Listen. Während Sie zusehen, wie sich Ihr Perfektionismus in Rauch auflöst, danken Sie ihm für alles, was er für Sie getan hat, und bekräftigen Sie, daß Sie seine ungesunden Aspekte ziehen lassen. Machen Sie sich bewußt, daß Sie sich von Altem reinigen und gleichzeitig Ihre neue Entscheidung mit Energie erfüllen.

Gestalten Sie Ihre Erwartungen realistisch

Nachdem die rekonvaleszente Perfektionistin ihre Diagnose gestellt und zur Kenntnis genommen hat, muß sie ihre Verhaltensweisen und inneren Botschaften, die mit dem Streben nach Perfektion Hand in Hand gehen, in den Griff bekommen. Viele Frauen erwarten, zu viele Dinge an einem Tag bewältigen zu können. Dieses Dilemma läßt sich lösen, indem die Aufgaben auf mehrere Tage verteilt werden. Die Perfektionistin ist auch davon überzeugt, daß alles so schnell wie möglich erledigt werden muß. Sie muß lernen, Prioritäten zu setzen und sich selbst ausreichend Zeit zu geben, die Dinge zu erledigen. Vielleicht kann sie gewisse Verantwortlichkeiten an andere delegieren – etwas, womit wir uns weiter hinten in diesem Kapitel noch näher befassen werden. Während sie diese Verlagerungen vornimmt, muß sich die rekonvaleszente Perfektionistin vielleicht immer wieder daran erinnern, daß sie sich vorgenommen hat, innerhalb einer angemessenen Zeit mit einem Mindestmaß an Streß eine Aufgabe nach der anderen zu bewältigen.

Ziele müssen moderat sein, damit sie erreicht werden können. Die Perfektionistin lehnt es im allgemeinen ab, ihre Erwartungen zu reduzieren. Sie glaubt nämlich, ihre Ziele seien ihre Mühe nicht wert, wenn sie nicht so hoch gesteckt sind, daß sie sie nicht oder kaum erreichen kann. Diese konfuse Denkweise kann sie nur überwinden, wenn es ihr gelingt, die »Alles-oder-nichts«-Einstellung der meisten Perfektionistinnen aufzugeben, bei der ein Fehler Grund genug für die Negierung der gesamten Arbeit an einem Projekt ist.

Ein realistischerer Ansatz besteht darin, nach dem Optimalen zu streben. Während Perfektion ein Ziel ist, das unmöglich zu erreichen ist, liegen optimale Ergebnisse innerhalb jedermanns Reichweite. Wer optimale Ergebnisse statt Perfektion anstrebt, legt sich nicht auf ein bestimmtes, womöglich unerreichbares Ziel fest, sondern belohnt den Fortschritt in Richtung Ergebnis ebenso wie das Ergebnis selbst. So betrachtet, werden Fehler zu Lernerfahrungen, und Kreativität entsteht auf der Suche nach optimalen Ergebnissen von selbst.

Das bedeutet, daß die rekonvaleszente Perfektionistin ein Gefühl für ihr eigenes, persönliches Bestes entwickeln muß. Sie wird aufhören müssen, sich mit anderen zu vergleichen – sie wird sie ohnedies nie erreichen. Es wird wichtig, daß sie sich selbst zu vergeben lernt, damit sie aus ihren Fehlern klüger wird und Kreativität in ihr Leben bringen kann. Im Gegensatz zu der perfektionistischen Angestellten, die ich zu Beginn dieses Kapitels dargestellt habe, übernimmt die Frau, die ihren Perfektionismus aufgibt, die

Verantwortung für ihr Handeln oder Nichthandeln. Da sie selbst bestimmt hat, was »optimal« für sie bedeutet, liegt es an ihr, ob sie diesen Zustand erreicht oder nicht. Ihr Perfektionismus hindert sie nicht länger daran, sich zu verändern, und er bietet ihr keine Ausrede mehr, die Dinge hinauszuzögern. Aber sie wird mit ihren Ängsten umgehen lernen müssen – der Angst, das zu erreichen, was sie sich vorgenommen hat, der Angst, ein selbstbestimmter Mensch zu werden, der befreit ist von der äußeren Hülle, die nur anderen gefallen will, und von der Angst, mit sich selbst glücklich zu werden.

In der Arbeitsumgebung wird diese rekonvaleszente Perfektionistin lernen, beim Delegieren von Aufgaben die Standards anderer zu akzeptieren. Sie wird ihnen vertrauen müssen, daß sie die Aufgabe nach besten Kräften zu Ende bringen, und sie wird aufhören müssen zu versuchen, das Ergebnis zu beeinflussen, indem sie den anderen Menschen ihre eigenen Standards aufzwingt. Mit wenigen Ausnahmen legen Angestellte um so mehr Kompetenz an den Tag, je mehr Vertrauen ein/e Vorgesetzte/r in sie setzt. Aber zu diesem Zweck müssen sie sich selbst vertrauen.

Förderung, Akzeptanz und Vertrauen

Ein besseres Selbstvertrauen sorgt dafür, daß wir unsere Kreativität stärker zum Ausdruck bringen können. Risiken sind weniger beängstigend, wenn sie mit Selbstbewußtsein eingegangen werden. Das Gefühl für das persönliche Beste ermöglicht es der rekonvaleszenten Perfektionistin, Freude an ihrem kreativen Schaffensprozeß zu verspüren. Das zwanghafte Bedürfnis, sich an anderen zu messen, verschwindet, sobald sie ihrem inneren Gefühl für das Optimale zu vertrauen gelernt hat. Diese Art von Nahrung läßt ihre Kreativität wachsen und sorgt dafür, daß sie als Gegenmittel gegen Streß wirkt.

Nun wird sie sich aber davor hüten müssen, eine perfekte Nichtperfektionistin sein zu wollen. Zu erwarten, als rekonvaleszente Perfektionistin vollkommen zu sein, ist ein Widerspruch in sich! Hier ist es das Wichtigste, Nachsicht mit sich selbst zu üben. Wenn es ihr gelingt, ihre Erwartungen ein wenig zu reduzieren, wird sie auch lernen, netter zu sich selbst zu sein. Bekräftigende Aussagen wie: »Ich bin froh, die zu sein, die ich bin« oder: »Ich nehme mich an, so wie ich bin« können dabei helfen.

Perfektionismus und Kreativität schließen einander aus. Aus diesem Grund finden Sie in diesem Buch viele Methoden und Tips, wie Sie den Perfektionismus loswerden können. Besonders wichtig sind hierbei Erkenntnisse wie dem inneren Ich zu vertrauen, die Fähigkeit zu entwickeln, Unterstützung von uns selbst und von anderen anzunehmen, unseren Sinn für Humor zu pflegen, mit Zeit umgehen zu lernen, Selbstmanagementfähigkeiten zu entwickeln und Verantwortung für unsere eigene Kreativität zu übernehmen. Dieser erste kritische Schritt weg vom Perfektionismus und hin zur Kreativität kann etwas Beängstigendes an sich haben. Kreativität erfährt man nicht, indem man in ordentlicher Reihenfolge einen vorhersagbaren Schritt nach dem anderen tut. Es geht vielmehr um einen frei fließenden Prozeß, von dem man manchmal den Eindruck hat, daß er sich in alle Richtungen gleichzeitig bewegt – einen Prozeß, den man kultivieren und akzeptieren muß und der

Vertrauen in seine ihm innewohnende Gesundheit erfordert.

Wenn Sie immer noch meinen, Perfektionismus sei etwas Erstrebenswertes, denken Sie doch einmal an Romane, die Ihnen gefallen haben. In Büchern geht es ebensowenig wie im Leben um perfekte Personen. Es treten darin scharenweise problembeladene Leute auf, die mit sich selbst und mit der äußeren Welt kämpfen. Mit Perfektion kann niemand etwas anfangen. Es sind die Fehler an anderen, die uns ansprechen. Das sind die Qualitäten, die uns interessant machen und uns jene Kanten verleihen, ohne die Kreativität unvorstellbar ist.

Der Kreislauf von Kreativität und Depression*

Wenn wir offen sind für unsere Kreativität, sind wir auch offen für eine Fülle von wunderbaren Empfindungen, wie zum Beispiel:

- das intensive Gefühl des Lebendigseins und wachsenden Selbstvertrauens,
- mehr Ruhe,
- ein inneres Gefühl des Friedens,
- bessere Kontrolle über unser Leben,
- ein tiefes Gefühl der Zufriedenheit, weil wir einzigartige und erfüllende Möglichkeiten haben, unser wahres Ich zum Ausdruck zu bringen

Je besser es uns gelingt, unsere Kreativität in unser Leben einfließen zu lassen und einen kreativen Lebensstil zu pflegen, desto mehr Vorteile werden wir als Ergebnis davon erhalten.

Im Gegensatz dazu sind die Strafen, die wir für die Unterdrückung unserer Kreativität zu erwarten haben, hart. Alle natürlichen Teile der menschlichen Psyche suchen nach Ausdrucksmöglichkeiten, und im Idealfall bieten wir ihnen gesunde Ventile. Ein Gefühl, das blockiert wird, manife-

Anmerkung: Für Depressionen gibt es viele verschiedene Ursachen. Wenn Sie wegen einer Depression in ärztlicher Behandlung stehen, sollten Sie mit Ihrem behandelnden Arzt über dieses Kapitel sprechen, bevor Sie die Übungen durchführen.

stiert sich auf negative Weise. Die Energie, die in unserem kreativen Ich steckt, ist ungeheuer kraftvoll. Wenn es uns nicht gelingt, sie in positive Bahnen zu lenken, müssen wir damit rechnen, daß sie sich in ungesunden Verhaltensweisen niederschlägt. Wie auch immer – unsere kreative Energie wird sich auf jeden Fall in unserem Leben bemerkbar machen.

Die Unterdrückung der Kreativität beginnt meist früh

Viele Studien haben gezeigt, daß die Ideen und Ideale junger Mädchen von ihren Altersgenossinnen und Lehrern oft verächtlich gemacht werden. Junge Mädchen, denen ständig vermittelt wird, daß ihre kreativen Vorstellungen nichts taugen, beginnen allmählich das zu glauben, was andere ihnen sagen. Als Reaktion darauf unterdrücken sie ihre Kreativität. Wenn doch einmal kreative Ideen an die Oberfläche dringen, behalten sie sie für sich, anstatt das Risiko einzugehen, von Freundinnen und Erwachsenen ignoriert oder sogar lächerlich gemacht zu werden. Viele trauen sich selbst nichts mehr zu und töten ihre kreativen Vorstellungen und Verhaltensweisen ab, noch bevor sie in ihrem Inneren richtig lebendig werden. Die Versuchung, der Welt ein falsches, aber akzeptableres Ich zu präsentieren, ist groß. Vielleicht laufen sie dadurch nicht mehr so sehr Gefahr, sich unbeliebt zu machen, aber sie entfernen sich dabei von ihrem wahren Wesen und schneiden sich von ihren Emotionen ab – sie werden depressiv: Ihre Psyche trauert um das verlorene Ich.

Unterdrückte Kreativität kann dazu führen, daß wir überangepaßt werden, daß wir unseren Gedanken nicht mehr vertrauen und daß wir uns in unseren Entscheidungen zu sehr auf andere stützen. Ein junges Mädchen, das in einer solchen Situation gefangen ist, läuft Gefahr, als langsame Lernerin abgestempelt zu werden, der man nie Aufgaben überträgt, die ihre Kreativität anregen könnten. Diese Gefühle des Inadäquatseins übertragen sich natürlich auch auf andere Bereiche der Persönlichkeit. Oft sind Verhaltensauffälligkeiten die Folge, und die Mädchen verfallen in dumpfe Zurückgezogenheit, oder sie werden überaktive Störenfriede.[1]

Manifestationen im Erwachsenenalter

Im Erwachsenenalter führen diese Probleme zu einer Reihe von ungesunden Verhaltensweisen. Eine erwachsene Frau, die ihre Kreativität nicht ausdrücken kann, schöpft ihr Potential nicht aus. In ihrem Inneren weiß sie das, und ein vages Gefühl der Unzufriedenheit schleicht sich in alles ein, was sie tut. Ich habe mit vielen Frauen gearbeitet, die beruflich in hohe Positionen aufgestiegen sind, aber trotzdem ständig von Selbstzweifeln geplagt werden. Solche Gefühle machen es diesen Frauen oft unmöglich, ihre eigenen Erfolge anzuerkennen und sich über sie zu freuen.

Die von dem in seiner Kreativität gehemmten Kind entwickelte extreme Unsicherheit und die Unfähigkeit, eigenständige Entscheidungen zu treffen, werden in das Erwachsenenalter übernommen. Das Fundament für abhängige Verhaltensweisen ist gelegt. Solange es einer Frau

nicht gelingt, sich ihr kreatives, unabhängiges Ich zurück-
zuerobern, ist sie anfällig für ungesunde Beziehungen.
Unterdrückte Kreativität kann sich auch in übermäßigem
Streß und in schwer neurotischen oder sogar psychoti-
schen Verhaltensweisen und Suchtkrankheiten wie Alkoholismus ausdrücken. Die heimtückischste und häufigste
Manifestation unterdrückter Kreativität bei Frauen ist aber
die Depression.

Depression

Vor vielen Jahren schätzte die Psychologin Jessie Bernard,
das Leben von sechzig Prozent der Amerikanerinnen sei
von einem depressiven Grundgefühl geprägt.[2] Diese Frauen
leben in einer freudlosen Welt, die von Angst und Destruk-
tivität statt von gesunder Spannung beherrscht ist – einer
Welt, die man eher fliehen als umarmen möchte. Auf Krisen reagieren diese Frauen mit Abwehr und Rückzug. Probleme werden als verwirrend und überwältigend erlebt und
nicht als Anregung für die Kreativität. Natürlich können
diese Frauen ein »normales« Leben führen, aber es fehlt ihnen die Begeisterung. Dieser Zustand darf nicht mit einer
situationsbezogenen Depression verwechselt werden, die
in Reaktion auf ein bestimmtes Lebensereignis eintritt.
Wenn ein geliebter Mensch stirbt, wenn man die Arbeit
verliert oder eine wichtige Veränderung vollzogen hat, ist
es ganz natürlich, daß man deprimiert ist. Die depressive
Grundhaltung darf auch nicht mit der klinischen Depression verwechselt werden, einer schweren, normalerweise
langfristigen Erkrankung, die einen Menschen praktisch

lähmt und die professionell behandelt werden muß. Wenn Sie unter irgendeiner Art von Depression leiden, ist es auf jeden Fall ratsam, sich einem vertrauenswürdigen Therapeuten/einer vertrauenswürdigen Therapeutin anzuvertrauen. Depression ist ein Freudenräuber, der uns die Lebendigkeit des Lebens stiehlt.

Leider haben sich in den Jahren seit Bernards Schätzung die Zahlen der depressiven Frauen nicht verändert. Diese Frauen können durchaus eine »erfolgreiche« berufliche Karriere absolvieren oder ihren Haushalt führen, aber es fehlt ihnen die Begeisterung fürs Leben. Oft haben sie in ihrem Inneren das Gefühl, nicht ihr ganzes Potential auszuschöpfen. Sie beurteilen sich nach dem, was allgemein als »gut« gilt, und ermahnen sich ständig, eine »gute Ehefrau«, eine »gute Chefin«, eine »gute Mutter« oder eine »gute Angestellte« zu sein.[3] Keine der Rollen, die sie spielen, entgeht dieser Beurteilung. Und sie erreichen ihr Ideal nie. So setzen depressive Frauen ihre eigenen Leistungen herab und schwächen dadurch ihr ohnehin schlechtes Selbstwertgefühl noch weiter. Auf Krisen aller Art reagieren sie mit Verwirrung, Unentschlossenheit und Rückzug. Oder sie reagieren übertrieben, indem sie ein starres und dogmatisches Verhalten an den Tag legen. Sie haben viel mit den Perfektionistinnen gemeinsam.

In unserem Bildungssystem und unserer Gesellschaft, die die Entwicklung der Kreativität bei fast allen Menschen hemmen, wird es Frauen besonders schwer gemacht, Anerkennung für ihre Kreativität zu finden. Angesichts der Tatsache, daß unsere kreativen Bestrebungen in unserer Jugend keine Beachtung finden, ist es kein Zufall, daß so viele von uns depressiv sind. Doppelt so viele Frauen wie

Männer leiden unter Depressionen.[4] Eine depressive Störung kann natürlich vielfältige Ursachen haben, aber eine der am häufigsten übersehenen ist mit Sicherheit gelähmte Kreativität. Wenn wir lernen, unserer Kreativität Ausdruck zu verleihen, haben wir ein Gegenmittel gegen die Depression in der Hand.

Viele der Frauen, die als Klientinnen zu mir kommen, sagen, daß sie ein gewisses Gefühl des Unbehagens verspüren, wenn sie an ihr Leben denken. Janet war ein typischer Fall. Als Karrierefrau Anfang Vierzig hatte sie drei Kinder und führte eine gute Ehe. Sie lebte ein Leben, von dem sie dachte, daß es sie erfüllen müßte, aber das tat es nicht. Sie haßte ihr Leben zwar nicht, aber es war ihr bewußt, daß etwas darin fehlte. Trotzdem war es ihr nicht gelungen, den genauen Grund für ihr inneres Gefühl der Unzufriedenheit festzustellen.

Ich bat Janet, mir von spannenden Dingen zu erzählen, die sie tat, oder von inneren Leidenschaften, die sie zum Ausdruck brachte. Doch in ihrem Leben gab es kaum etwas Spontanes, Spannendes oder Leidenschaftliches. Viel von dem, was sie sowohl zu Hause als auch im Beruf erreicht hatte, hatte sie für andere aus einem Gefühl der Verpflichtung heraus getan. Janet war typisch für so viele Frauen, die zu mir kamen. Sie hatte kein Ventil für ihre Kreativität, und sie war darauf programmiert, sich für andere aufzuopfern. Wenn sie kreativ war, bemerkte sie es nicht einmal. Die erste Herausforderung für Janet bestand darin, ihr eigenes kreatives Tun schätzenzulernen und ihre Kreativität anzuerkennen und zu ehren. Doch sobald sie darin Fortschritte erzielt hatte, befürchtete sie, in ihrem Leben zu viele beunruhigende Veränderungen vornehmen zu müssen, wenn sie ihre Kreativität ausdrückte. Oft ziehen wir das Vertraute dem Unbekannten sogar dann vor, wenn es unbefriedigend ist.

In letzter Zeit höre ich von Frauen zwischen fünfundvierzig und sechzig immer öfter: »Ich bin nicht so glücklich, wie ich dachte, daß ich es in meinem Alter sein würde. Und ich will nicht mehr so leben.« Das letzte Kind, das von zu Hause auszieht, ist oft der Auslöser für diese Gefühle. Oder manchmal ist es auch das Gefühl, im Beruf nicht mehr weiterzukommen. Es ist eine gesunde Entscheidung dieser Frauen, sich mit ihrem Gefühl des Unglücklichseins nicht abzufinden. Es ist unausweichlich, daß wir unserer Kreativität begegnen, sie ermutigen und stärken müssen, wenn wir zu einem glücklichen, zufriedenen Leben gelangen wollen.

Depression mit Kreativität bekämpfen

Die meisten Frauen, denen es geht wie Janet, können ein erfüllteres Leben führen, wenn es ihnen gelingt, mehr Kreativität in ihre aktuellen Lebenssituationen zu bringen. Sie können die Depression aus ihrem Leben verbannen, indem sie ihre Kreativität ausdrücken. Die Suche nach Wegen, um zu Hause und in der Arbeit kreativer zu werden, kann das Leben viel interessanter und spannender machen, ohne es gleich ganz umzukrempeln. Dafür sind die Übungen in diesem Buch gedacht.

Diejenigen unter Ihnen, die Angst vor einer derartigen Veränderung haben, sollten wissen, daß man sein bisheriges Leben nicht vollkommen auf den Kopf stellen muß, um kreativ zu sein. Meiner Erfahrung nach ändern nur einige wenige Frauen ihr Leben von Grund auf, nachdem sie gelernt haben, ihr kreatives Wesen zur Entfaltung zu bringen. Alle diese Frauen sagen, sie seien in ihrem neuen Leben glücklicher als früher. Jetzt, da sie ihren ganz persönlichen Talenten kreativen Ausdruck verleihen, fühlen sie sich wirklich lebendig. Das bedeutet, daß das Ergebnis das Risiko sehr wohl wert war.

Es gibt bestimmte Übungen, die sich besonders gut dafür eignen, sich am eigenen Schopf aus einer Depression zu ziehen und kreativer zu werden. Wenn wir in eine Depression verfallen, kehren wir uns nach innen und saugen Energie auf, ohne sie wieder abzugeben. Das führt dazu, daß diese Energie *implodiert*. (Deshalb sind depressive Menschen auch so anstrengend. Man hat förmlich das Gefühl, daß sie die Energie aus uns heraussaugen, ohne sie zurückzugeben.) Wenn Sie jeden Tag etwas Zeit darauf verwenden, eine enge Beziehung zur Natur herzustellen, hilft Ihnen das, Ihre nach innen gekehrte Energie wieder freizusetzen. Um eins mit der Natur zu werden, müssen wir weit werden und in Beziehung zu den Bäumen und Vögeln treten. Dabei spüren wir, wie wir wachsen und groß werden wie alles dort draußen im Freien. Plötzlich kehrt sich unsere Energie um und strömt wieder nach außen, und die Depression klingt langsam ab.

Körperliche Bewegung, welcher Art auch immer – spazierengehen, schwimmen, Tennis spielen –, ist in dieser Phase entscheidend. Ein zwanzigminütiges Herz-Kreislauf-Training verändert die Gehirnaktivität und zieht uns aus unserer Depression. Regelmäßige körperliche Betätigung ist wichtig für die geistige Gesundheit aller Menschen, die den Großteil ihrer Zeit mit kreativer Arbeit verbringen.

Brauchen Sie die Depression, um kreativ zu sein?

Ich kenne einige Menschen, die von ihrer Kreativität leben und glauben, sie könnten nur in depressivem Zustand schöpferisch tätig sein. Wenn wir uns aber die Funktionsweise unseres Gehirns ansehen, wird offenkundig, daß wir unmöglich gleichzeitig depressiv und kreativ sein können. Während schöpferischer Aktivitäten ist unser Gehirn überaus aktiv. Wenn wir hingegen deprimiert sind, verlangsamt sich unsere Gehirnaktivität. Leute, die behaupten, nur in depressivem Zustand kreativ sein zu können, sagen das wahrscheinlich, weil sie gelernt haben, sich durch die Ausübung ihrer Kreativität aus einer Depression herauszuziehen. Das kann zwar zu Beginn gesund sein, schlägt aber ins Ungesunde um, sobald sich daraus ein fixes Verhaltensmuster entwickelt.

Zwischen dem Gefühl der Depression und der Kreativität kann eine Abhängigkeit entstehen. Die kreativ tätige Frau meint, sie müsse deprimiert sein, um kreativ sein zu können, und deshalb versucht sie nicht einmal, etwas gegen ihre Depression zu tun. Wer in dieser Falle gefangen ist, sitzt auf einer endlosen Achterbahn emotionaler Hochs und Tiefs fest, die schließlich ihren Tribut von der kreativen Ausdruckskraft fordert. Dieser Kreislauf kann unterbrochen werden, indem wir lernen, die Depression zu vermeiden, während wir gleichzeitig etwas für unsere kreative Ausdrucksfähigkeit tun und uns klarmachen, daß *Depression keine Voraussetzung für Kreativität ist*. In uns zu gehen und uns auszuruhen ist etwas, was wir bewußt tun können und was wir nicht mit Deprimiertsein verwechseln sollten!

Es gibt noch ein weiteres Phänomen, das wir behandeln sollten, wenn wir vom Kreislauf von Kreativität und Depression sprechen: die *Homöostase* oder das Gleichgewicht, das das Gehirn zwischen zwei Extremzuständen aufrechtzuerhalten trachtet. Nach einem intensiven kreativen Schub, bei dem normalerweise über eine bestimmte Zeit hinweg kreative Arbeit geleistet wird, sucht das Gehirn nach einem Ausgleich. Wenn ein Projekt beendet ist, kann es sein, daß unser Gehirn überkompensiert und uns in einen Depressionszustand schickt. Das ist ein normaler Teil des kreativen Prozesses, der vorhersehbar und vermeidbar ist.

Regelmäßige körperliche Aktivität während der gesamten Zeit des kreativen Schaffens sorgt für eine bessere Ausgeglichenheit des Gehirns. Wenn ein Projekt abgeschlossen ist, kann auch ein Tapetenwechsel hilfreich sein. Sich ein langes Wochenende auf dem Land zu gönnen kann ausreichen, um erfrischt und mit neuer Energie wieder an die Arbeit zu gehen. Vielleicht tun Ihnen auch eine oder zwei Wochen im Ausland gut. Wofür Sie sich auch entscheiden, das Wichtigste ist, daß Sie sich der natürlichen Schwankungen Ihrer Gehirnaktivität bewußt sind. Mit dem richtigen Maß an Aufmerksamkeit und Planung können wir die Kontrolle über unsere Kreativität behalten.

Wenn wir uns mit dem Kreislauf von Kreativität und Depression vertraut machen, lernen wir damit umzugehen. So können wir Depressionen vermeiden und unsere Kreativität genießen. Wir können auch unsere Kreativität nutzen, um uns aus der Depression herauszuziehen. Indem wir ein kreatives Leben führen, lassen wir der Depression keinen Platz. Wir schöpfen unser Potential in seiner ganzen Fülle aus und werden die Person, die wir wirklich sind.

Wo ist die Leidenschaft geblieben?

Leidenschaft. Sogar unter Erwachsenen löst dieses Wort oft peinlich berührtes Kichern aus. Der Grund dafür ist, daß Leidenschaft mit Lust gleichgesetzt wird. Leidenschaft aber ist viel mehr als Wollust. Wir alle haben mindestens eine naturgegebene Leidenschaft, etwas, das unsere Lebensgeister weckt, wenn wir uns so richtig darauf einlassen. Leidenschaft für etwas zu empfinden bedeutet, das Leben in seiner ganzen Fülle zu spüren und unserem innersten Wesen eine Stimme zu geben. Leidenschaft ist der Ausdruck der uns innewohnenden kreativen Energie, die der Motor unserer kreativen Arbeit ist. Unsere ganz persönlichen kreativen Talente drücken sich in unseren Leidenschaften aus.

Aber wenn wir unseren Leidenschaften keinen Ausdruck verleihen oder wenn wir nicht einmal wissen, wofür wir leidenschaftliche Gefühle hegen, ist es schwer, für irgend etwas anderes im Leben Begeisterung zu entwickeln. Die Tage schleppen sich in ihrer eingefahrenen Routine dahin, zusammengehalten einzig durch ihre Eintönigkeit. Ohne Leidenschaft zu leben bedeutet oft Depression. Leidenschaft will ebenso wie die Kreativität beachtet, gefördert und ausgedrückt werden. Nur dann kann sie alle Bereiche unseres Lebens durchdringen und uns helfen, begeisterungsfähige Menschen zu werden, die ein kreatives Leben führen.

Wer daran arbeitet, seine Kreativität zu entwickeln, wird unweigerlich zu seinen inneren Leidenschaften hingeführt, wenn manchmal auch gegen seinen Willen. Die häufigste Angst meiner Klientinnen ist es, zu entdecken, daß sie für etwas, an dem sie derzeit nicht arbeiten, leidenschaftliche Gefühle hegen. Es ist fast so, als befürchteten sie, ihr Leben auf den Kopf stellen zu müssen, um diesen »neuen« Leidenschaften frönen zu können. Manche Leute organisieren ihr Leben wirklich vollkommen neu, wenn sie lernen, ihre innersten Vorlieben besser zum Ausdruck zu bringen. Aber die meisten kommen zu der Erkenntnis, daß sie bei ihrer derzeitigen Tätigkeit, bei ehrenamtlicher Arbeit oder bei ihren Hobbys genügend Ausdrucksmöglichkeiten haben. Wieder andere lernen das, was sie bereits tun, als Ausdruck ihrer kreativen Leidenschaft zu sehen und zu schätzen.

So werden zum Beispiel Frauen, die zu Hause bleiben, um ihren Familien eine schützende und behagliche Atmosphäre zu bieten, oft geringgeschätzt. Die Leute glauben oft, daß solche Frauen eine Rolle spielen, die andere ihnen aufgezwungen haben, und daß sie etwas anderes tun würden, wenn sie die Wahl hätten. Ihre Arbeit wird von der Gesellschaft grob unterbewertet, und deshalb fällt es auch ihnen selbst schwer, ihre Leistungen zu schätzen. Aber wenn sie entdecken, daß sie Hausfrauen aus Leidenschaft sind und daß diese Tätigkeit es ihnen gestattet, ihre kreativen Energien zum Ausdruck zu bringen, können sie lernen, ihre Arbeit zu schätzen. Und bald fordern sie denselben Respekt auch von anderen ein.

Wir müssen also unsere natürlichen Leidenschaften entdecken. Wir können Leidenschaft an den Tag legen, wenn wir mit anderen diskutieren, Lösungen für Probleme suchen oder anderen Kraft schenken. Die Möglichkeiten sind so vielfältig wie unsere Interessen. Sobald wir unsere

Leidenschaften entdeckt haben und sie zum Ausdruck bringen, haben wir die Motivation für kreative Arbeit gefunden.

Wenn ich Frauen frage, wofür sie sich leidenschaftlich einsetzen, bekomme ich eine Fülle verschiedener Antworten. Eine Beraterin erzählte mir, ihre Leidenschaft gelte der »Ehrlichkeit und Gerechtigkeit, was sich in meiner Arbeit im Bereich der Konfliktlösung ausdrückt«. In ähnlicher Weise sagt eine Autorin, sie sei leidenschaftlich, was Gerechtigkeit und gesunden Menschenverstand anbelange. Eine andere Beraterin meint: »Leidenschaft läßt sich nicht lernen. Sie entsteht, wenn man der Kreativität freien Lauf läßt und wenn man beginnt, ihr zu folgen, ohne sich darum zu kümmern, was sein *sollte,* und ohne aus dem Augenwinkel nach dem Geld zu schielen.« Frauen scheinen ihre Leidenschaften oft mit ihrer Arbeit zu verbinden. Eine Unternehmerin und professionelle Vortragende sagt, sie versuche mit Leidenschaft, »zu lernen, das Leben mehr zu genießen und besser mit anderen zu kommunizieren«. Sie fügt hinzu, daß auch Kolibris eine ihrer Leidenschaften seien.

Leidenschaft kann uns den nötigen Mut geben, um Veränderungen vorzunehmen und diese Entscheidung auch wirklich durchzuziehen. Zum Beispiel müssen manche um die Disziplin kämpfen, die Übungen dieses Buches wirklich zu machen. Wir hegen die besten Absichten, wenn wir uns solche Dinge vornehmen, aber unseren Entschlüssen auch treu zu bleiben erfordert mehr Selbstdisziplin, als wir aufzubringen gewöhnt sind. Unsere Motivation, neue Verhaltensweisen beizubehalten, beziehen wir zu einem Großteil aus einem Gefühl der Leidenschaft.

Dieser Prozeß läuft folgendermaßen ab:

- Indem wir unsere Kreativität entwickeln, entdecken wir Gebiete natürlicher Leidenschaft. Kreativität und Leidenschaft sind zwei Dinge, die zusammengehören. Leidenschaft ist der Funke, der den kreativen Prozeß entfacht und der uns zu verstehen gibt, daß wir für etwas genug Interesse aufbringen, um unsere kreative Energie darin zu investieren. Die Leidenschaft beflügelt uns, und wir beflügeln unsererseits unsere kreativen Energien.

- Diese Leidenschaften suchen nach einer kreativen Ausdrucksmöglichkeit. Sie brauchen ein Ventil. Unsere Leidenschaften auszudrücken ist eine andere Art zu sagen: »Das bin ich. Das ist die Persönlichkeit, die ich bin.« Als wachsende Menschen, die sich verändern, haben wir zu diesem Zweck eine Vielzahl von einzigartigen Möglichkeiten zur Verfügung.

- Wenn wir unsere Kreativität dazu verwenden, unseren Leidenschaften eine Stimme zu geben, machen sich diese Leidenschaften immer lauter bemerkbar. Wie der Geist, der aus der Flasche befreit werden muß, um das tun zu können, was seine Mission ist – Wünsche erfüllen –, brauchen auch Leidenschaften ein Ventil. Sobald wir einen Weg gefunden haben, um eine Leidenschaft auszudrücken, werden sich andere Ventile von selbst öffnen, oder andere Leidenschaften werden sich bemerkbar machen. So wie bei der Kreativität im allgemeinen werden auch unsere Leidenschaften stärker, je mehr Aufmerksamkeit wir ihnen schenken und je besser wir sie hegen und pflegen.

- Das bedeutet, daß unsere Motivation zu kreativer Arbeit aus unseren Leidenschaften entsteht.

Obwohl die Entwicklung von Kreativität mühsam ist und oft auch eine Änderung des Lebensstils erfordert, ist es eine lustvolle Erfahrung, seine Leidenschaften auf kreative Weise auszudrücken. Manches, wie das Aufbringen von Selbstdisziplin, mag beschwerlich sein, aber insgesamt bringt die Arbeit an der Kreativität viel Freude. Der Genuß, den wir dabei empfinden, wird mit der Zeit selbst zu einer motivierenden Kraft für unsere kreative Arbeit.

Unsere Leidenschaften zu kennen und sie auszudrücken gibt uns oft auch den Mut, jene Gefahren auf uns zu nehmen, die so oft mit kreativem Tun verbunden sind. Manchen mögen einige Übungen in diesem Buch vielleicht riskant erscheinen. Wenn wir die Früchte unserer Kreativität dem öffentlichen Urteil preisgeben, gehen wir damit natürlich viele Risiken ein, denn Neues wird oft abgelehnt. Wer versucht, von seiner Tätigkeit als Künstler oder Schriftsteller zu leben, muß sich andauernd anhören, es sei statistisch gesehen so gut wie unmöglich, sich diesen Traum zu erfüllen. Aber wenn wir mit Leidenschaft an unsere kreativen Projekte herangehen, stärken wir unsere Entschlußkraft, uns über solche entmutigenden Kommentare, Einstellungen oder Erfahrungen hinwegzusetzen.

Da gab es einen Politiker, der seiner Leidenschaft trotz neunundzwanzigjähriger Mißerfolge treu blieb. Er ging mit zwei Unternehmen in Konkurs, scheiterte als Kandidat für ein Landesparlament und erlitt einen Nervenzusammenbruch. Er wurde weder, wie er es sich erhofft hatte, zum Sprecher, Wahlmann, Kongreß- und Senatsabgeordneten gewählt, noch wurde er Vizepräsident. Auch eine weitere Kandidatur für den Senat scheiterte. Aber schließlich wurde der zähe Abraham Lincoln zum Präsidenten der Vereinigten Staaten gewählt. Nun ist so viel Hartnäckigkeit zwar außergewöhnlich, aber die meisten von uns können aus ihrer Leidenschaft, ihre kreativen Bedürfnisse auszudrücken, doch ein gewisses Maß an Begeisterung schöpfen.

Die Entdeckung unserer natürlichen Leidenschaften gleicht einer inneren Schatzsuche. Ein Ansatzpunkt, darüber nachzudenken, ist, was wir im Alter von elf oder zwölf Jahren mit Begeisterung taten. Denken Sie an Dinge, die Sie allein oder in Gruppen unternahmen, in der Schule oder in der Freizeit. Die Interessen, die Sie in Ihren frühen Teenagerjahren hatten, können einen Hinweis auf Ihre natürlichen Leidenschaften geben. Betrachten Sie diese Phase Ihres Lebens, noch bevor der heftige Konkurrenzdruck der Pubertät einsetzte.

Ich entdeckte zum Beispiel in diesem Alter die Werke von Jules Verne. Ich las alle Bücher, die ich nur finden konnte. Die Genauigkeit seiner Prognosen, die der wissenschaftlichen Lehre seiner Zeit teilweise widersprachen, faszinierte mich. Ich begann in dieser Zeit auch zu schreiben – Gedichte und ein paar rührselige, kindliche Kurzgeschichten. Eine mögliche Zukunft in Worte zu kleiden, das fasziniert mich immer noch, und ich schreibe noch heute. Ich habe diese Leidenschaften in einen Science-fiction-Roman einfließen lassen. Außerdem leite ich Berufsfindungskurse, in denen ich anderen helfe, über Möglichkeiten für ihre Zukunft nachzudenken. Und ich fühle mich dazu gedrängt, das menschliche Potential und die Zukunft unserer Spezies zu erforschen. Dieses Buch ist ebenso wie meine vielen Artikel und Seminare über menschliches Wachsen aus diesem Interesse heraus entstanden. Meine Leidenschaft für das Schreiben, das Spekulieren und das Konstruieren verschiedener Zukunftsszenarien manifestiert sich auf vielfältige Weise.

Wenn Sie über die Dinge nachdenken, die Sie in Ihrer frühen Jugend taten, sollten Sie sich überlegen, auf welche allgemeine Formel Sie Ihre damaligen Aktivitäten bringen können. Was gefiel Ihnen an der betreffenden Aktivität am besten? Was zog Sie anfangs zu ihr hin? Was tun Sie jetzt, was ihr ähnlich ist? Wie könnten Sie es bewerkstelligen, mehr davon zu tun? Wenn Sie nicht mehr wissen, was Sie in Ihren frühen Jahren am liebsten taten, könnte es hilfreich sein, Ihre Eltern oder Geschwister danach zu fragen.

Leider stießen einige von uns auf Ablehnung, wenn sie sich einer neuen Leidenschaft zuwandten. Wenn Sie plötzlich Interesse am Malen entwickelten, aber noch nicht über das Können verfügten, um Kunstwerke zu produzieren, kann es sein, daß Sie es vorzogen, Ihr Interesse zu unterdrücken, anstatt sich den negativen Kommentaren der anderen auszusetzen. Aber Sie können diese Leidenschaft für das Malen wiederaufleben lassen: Schreiben Sie sich in einen Malkurs ein, kaufen Sie Bilder für Ihre Wohnung, werden Sie Innenarchitektin, lassen Sie sich in den Vorstand des lokalen Kunstmuseums wählen, pflegen Sie Freundschaften zu Künstlern, oder versuchen Sie sich im *Fundraising* für Künstlergruppen. Welches Ventil Sie auch wählen – wichtig ist Ihre Bereitschaft, Ihrer Leidenschaft eine Ausdrucksmöglichkeit zu geben.

Nun kommt also die Frage: Wo liegen Ihre Leidenschaften? Wenn Sie diese Frage beantworten können, herzlichen Glückwunsch. Wenn Sie Hilfe brauchen, um der Sache auf den Grund zu gehen, versuchen Sie es mit der folgenden Übung:

Nehmen Sie ein Blatt Papier zur Hand, und teilen Sie es der Länge nach in zwei Hälften. Über die linke Spalte schreiben Sie die Frage: »Was ist mir in meinem Leben am wichtigsten?« Notieren Sie alle Antworten, die Ihnen einfallen. Nun schreiben Sie über die rechte Spalte: »Was will ich für mich selbst?« Notieren Sie auch hier alle Antworten, die Ihnen einfallen. Nun vergleichen Sie die beiden Seiten. Die identischen Antworten zeigen Ihnen, wo Ihre Leidenschaften liegen.

Sie können an diese Übung auch anders herangehen: Nehmen wir an, Sie hätten soeben erfahren, daß alle Menschen auf der Welt am nächsten Samstag vormittag ihre Tätigkeit einstellen und Ihnen zuhören würden. Alle wären über Satelliten mit Ihnen verbunden, so daß sie Sie hören könnten. (Lassen Sie sich nicht stören, wenn Ihnen das Sprechen vor Menschenmassen angst macht. Stellen Sie sich einfach vor, daß jemand anderer das, was Sie zu sagen haben, laut vorliest.) Was würden Sie der Welt mitteilen? Was haben Sie gelernt, von dem Sie möchten, daß andere es wissen?

Nehmen Sie sich jetzt gleich die Zeit, und schreiben Sie vier bis sieben der Dinge auf, die Ihnen so wichtig sind, daß Sie sie anderen Menschen mitteilen möchten. Denken Sie daran, daß Sie dafür nur fünf Minuten lang Zeit haben. Sie müssen also präzise sein.

Wenn Sie fertig sind, denken Sie einen Augenblick lang über das Geschriebene nach. Welche Dinge sind Ihnen am allerwichtigsten? Das sind Ihre Leidenschaften.

Unsere Leidenschaften zu entdecken ist ein Schritt zu einem kreativeren Leben. Aber das wirkliche Abenteuer beginnt erst, wenn wir Kanäle zur Mitteilung unserer Leidenschaften finden. Dann wird Ihre Kreativität ein Ventil haben, und Sie werden feststellen, daß Ihre Begeisterung immer größer wird. Wenn Sie Ihren Leidenschaften eine Stimme verleihen, steigt Ihre Motivation, Risiken einzugehen und Ihre Kreativität immer weiter zu entwickeln.

Wut: Die Feindin der Kreativität

Wut kann etwas Kraftvolles, aber auch etwas Beängstigendes sein. Mir ist keine Frau bekannt, die in ihrem Streben nach Selbstbestimmtheit nicht mit ihrer Wut konfrontiert worden wäre. Diese Reaktion ist gesund. Wenn wir lernen, konstruktiv mit unserer Wut umzugehen, haben wir damit eine bisher noch nicht angezapfte Kraftquelle zur Verfügung. Aber solange wir diese Meisterschaft nicht erreicht haben, kann die Wut verheerende Auswirkungen auf unser Leben und auf unsere Kreativität haben.

Frauen fällt es normalerweise nicht schwer, Wut zu entwickeln. Laut Irene Claremont de Castillejo, einer Psychologin der Jungschen Schule, schlummert tief im Unterbewußtsein aller Frauen eine namenlose Wut, die seit Tausenden von Jahren von Frau zu Frau weitergegeben wird – seit der Zeit, als die Zivilisation zu einer unpersönlichen, gefühllosen Maschine wurde, die uns von der Natur, von unserer Lebenskraft, abschnitt.[1]

Die Vorstellung, daß jede Frau Wut erbt, die von Generation zu Generation weitergegeben wird, ist eigentlich erschütternd. Aber selbst wenn wir die Vorstellung genetisch bedingter Emotionen ablehnen, sollten wir einen Blick auf unsere gesellschaftlichen Erfahrungen werfen.

Unsere ganzheitliche und weibliche Art, die Dinge zu betrachten, wird oft verächtlich gemacht. Unsere Vorstellungen werden entweder ignoriert oder mit gönnerhafter Herablassung behandelt. Und das ab dem Vorschulalter! Wut ist eine natürliche, gesunde Reaktion der Auflehnung gegen das, was uns von uns selbst trennt, was immer es auch sein mag. Aber wenn wir diese Wut tief in unserem Inneren begraben und ihr keine kreative Ausdrucksmöglichkeit geben, beginnt sie mit Sicherheit eine ungesunde Wirkung zu entfalten.

Zusätzlich zu der natürlichen Wut, die uns allen gemeinsam ist, haben wir auch unsere ganz persönlichen Gründe, Wut anzusammeln. Alle diese Gründe haben ihre Rechtfertigung. Vielleicht basiert unsere Wut auf Erfahrungen aus unserer Kindheit, als wir keine Ermunterung oder Anerkennung für Dinge bekamen, die uns wichtig waren. Andere Gefühle wie Angst, Erniedrigung oder Groll werden oft in Wut kanalisiert. Welche Quelle unsere Wut auch hat – an ihr festzuhalten bedeutet zu stagnieren.

Der Schaden

Die weibliche Psyche gründet sich auf Verbundenheit. Unser weibliches Wesen empfindet, daß alles mit allem verbunden ist. Auch unsere Kreativität drückt sich oft in den Beziehungen zu Hause und im Beruf aus. Aber Wut kann Beziehungen zerstören. Sie trennt uns von anderen Menschen, die sich von ihr eingeschüchtert fühlen oder sich ihr zu entziehen suchen. Sie schädigt auch unsere Beziehung zu uns selbst, vor allem unsere Kreativität. Unaufgelöste Wut sprengt die Fundamente unseres Ich.

Die meisten Methoden, die wir für den Umgang mit starken Gefühlen gelernt haben, sind ungesund. Fehlgeleitete Wut kann uns zum Explodieren bringen, so daß die Gefühlsäußerung in keinem Verhältnis zu ihrem Anlaß steht. Ein

Beispiel einer solchen fehlgeleiteten Wut ist, wenn wir explodieren, weil wir Schlange stehen müssen, oder wenn wir einen anderen Autofahrer anbrüllen, weil er einen vermeintlichen oder tatsächlichen Fahrfehler begangen hat. Viele Frauen schlucken ihre Wut so schnell hinunter, daß sie diese mächtige Emotion in sich selbst nicht wahrnehmen.

Selbstbehauptungstraining ist hier hilfreich, aber wir alle kennen Frauen, in denen es hinter ihrer sorgfältig aufrechterhaltenen Fassade gärt und brodelt. Es kann auch sein, daß wir unseren Ärger mit Absicht für uns behalten und hoffen, daß niemand ihn bemerkt. Da er kein anderes Ventil hat, attackiert er unsere körperliche und emotionale Gesundheit. Nach innen gekehrter Ärger kann zu einer Reihe von psychologischen Problemen führen, unter anderem auch zu Depressionen.

Verdrängte Gefühle können aber auch viele körperliche Leiden verursachen wie Verdauungsbeschwerden, Migräne und sogar Nebenhöhlenentzündungen! Louise Hay hat sich intensiv mit den von Wutgefühlen ausgelösten Erkrankungen befaßt, und sie stieß dabei unter anderem auf Schleimbeutelentzündung, Blasenprobleme, Ohrenschmerzen, Gicht, Hämorrhoiden, Gelbsucht, Bindehautentzündung, Sohlenwarzen und Tetanus.[2] Ihr Körper könnte Ihnen wahrscheinlich eine eigene Liste erstellen, in der zum Beispiel Schulterschmerzen, allgemeine Erschöpfung, Rückenschmerzen, Zähneknirschen oder ständig angestrengte Augen auftauchen würden.

Es sind nicht Logik und Verstand, die uns dazu bringen, uns durch unsere Kreativität zu offenbaren, sondern es sind unsere Gefühle. Aber Wut leitet den Ursprung des

Schaffens weg von unseren anderen Gefühlen, was dazu führt, daß alle Ergebnisse unseres kreativen Tuns wuterfüllt sind. Das Gedicht nörgelt, der Song predigt. Die Botschaft, auf welche Weise sie auch vermittelt wird, deckt die Empfänger mit Tiraden zu, anstatt sie zu stimulieren, und die Produkte unserer Kreativität werden vorhersagbar und langweilig. Die Entwicklung unserer Kreativität als Bestandteil unseres Reifungsprozesses kommt zum Stillstand.

Positive Wut

Es gibt allerdings Möglichkeiten für einen konstruktiven Umgang mit unserer Wut. Denken wir uns zum Beispiel eine Frau, die an ihre Toleranzgrenze stößt, als sie feststellen muß, daß Drogendealer versuchen, ihre Kinder zu verführen. Sie mobilisiert andere, eine Gruppe zu bilden, die Kriminelle aus der Umgebung vertreibt und sie sicherer macht.

Viele Konsumentengruppen entstanden, weil jemand wütend darüber war, wie ein Unternehmen seine Kunden behandelte. Lebensumstände wurden verbessert, Gesetze verändert und Regierungen friedlich abgelöst, nur weil jemand seine innere Wut konstruktiv kanalisierte. Denken Sie einmal darüber nach, wie Sie Ihre Wut in Ihrem eigenen Leben konstruktiv einsetzen könnten.

Wenn wir einen positiven Umgang mit unserer Wut lernen, ist es wichtig, daß wir sie anerkennen und akzeptieren. Wut an sich ist nichts Schlechtes. Nur was wir mit diesem Gefühl *tun*, beeinflußt unser Wohlbefinden. Das ist ein wichtiger Unterschied. Viele Frauen lassen sich von negativen

Bemerkungen und Ermahnungen zum Thema Wut abschrecken. Uns über diese Ermahnungen hinwegzusetzen und unsere Wut zu akzeptieren sind entscheidende Schritte zur Kultivierung unseres kreativen Ich. Menschen, die uns sagen, daß wir keine Wut fühlen oder zeigen sollten, haben meist selbst Angst vor ihrer Wut oder wollen uns in einer Stellung der Machtlosigkeit halten. Den stärksten Frauen, die ich kenne, ist ihre Wut sehr wohl bewußt. Sie sind eine Partnerschaft mit ihr eingegangen und benutzen sie als Hilfsmittel zur Entwicklung eines gesunden Lebensstils.

Wenn wir lernen wollen, unsere Wut auf positive Weise für uns arbeiten zu lassen, müssen wir sie in einem ersten Schritt anerkennen und zur Kenntnis nehmen. Viele von uns haben gelernt, ihre Wut zu verleugnen, weil es sich »für ein Mädchen nicht schickt« oder weil es nicht »nett« ist, wütend zu sein. Wenn wir uns an diese Ermahnung halten, bleiben wir in der Verleugnung stecken. Die folgende kurze Übung soll Ihnen dabei helfen, die Dinge in Ihrem Leben, die Wut in Ihnen auslösen, in ein objektives Bewußtsein zu rücken:

Erstellen Sie zunächst eine Liste mit den Dingen, die Sie wütend machen. Das hilft Ihnen, die Situationen zu erkennen, die Sie mit Wut erfüllen. Denken Sie dabei sowohl an Situationen als auch an das, was die Leute tun oder sagen. Wenn Ihnen ein scheinbar banaler Vorfall einfällt, werten Sie Ihre Gefühle nicht einfach ab, indem Sie sagen: »Ach, das macht mich eigentlich nicht so richtig wütend. Es irritiert mich nur ein wenig.« Kleine Ärgernisse können sich in einer emotionalen Explosion entladen. Die Bewußtma-

chung ist der erste Schritt und die Verbalisierung der zweite.

Manche Frauen fürchten die Intensität ihrer Wut. Eine Klientin brachte eine häufige Befürchtung zum Ausdruck, als sie sagte: »Ich habe Angst, daß ich einfach explodiere, wenn ich all diese Wut spüre, oder daß ich davon so überwältigt werde, daß ich völlig die Fassung verliere.« Ich kenne keine Fälle, in denen sich diese Angst bewahrheitet hat, aber sie kann so stark sein, daß sie eine Frau davon abhält, ihrer Wut Ausdruck zu verleihen. Aufgestauten Gefühlen Luft zu machen, das ist ein entscheidender Schritt in dem Prozeß, psychologischen Ballast abzuwerfen und Negatives in Positives zu verwandeln. Therapeutische Hilfe kann hier nützlich sein, wenn sie Ihnen einen sicheren Ort bietet, wo Sie Ihre Gefühle spüren und ausdrücken können. Sie können es auch mit einer der folgenden Möglichkeiten versuchen:

- Tagebuch schreiben,
- mit einer zusammengerollten Zeitung auf Ihr Kopfkissen oder Ihr Bett einschlagen,
- in einem begehbaren Schrank, in einem geschlossenen Auto oder auf offenem Feld schreien, so laut Sie können.

Die letzten beiden Vorschläge können Ihnen zwar dabei helfen, Ihre Wut loszuwerden, aber sie tragen im allgemeinen nichts zur Lösung des Problems oder zur Herstellung eines positiven Kanals bei. Trotzdem können sie ein notwendiger Schritt in dem Bestreben sein, eine konstruktive Ausdrucksmöglichkeit für Gefühle der Wut zu finden.

Es sollte Ihnen auch bewußt sein, daß Wutexplosionen die Energiefelder Ihres Körpers stören und Sie schutzlos und verwundbar machen.[3] Sie müssen Ihre Wut daher so erleben, daß sie rasch wieder verfliegt, wie zum Beispiel durch Schreien oder Einschlagen auf ein Kissen. Nachher sollten Sie sich zentrieren, etwa mit der folgenden Übung:

Konzentrieren Sie sich auf Ihren Atem. Folgen Sie ihm, wie er in Ihren Körper hinein- und wieder aus ihm hinausströmt. Tun Sie das einige Minuten lang, bis Sie sich ruhig fühlen und Ihre ganze Aufmerksamkeit auf Ihren Atem konzentriert ist. Nun dehnen Sie Ihre Aufmerksamkeit auf Ihren gesamten Körper und den Raum bis etwa fünfzig Zentimeter außen herum aus. Bekräftigen Sie, daß Ihre Energien wieder ins Gleichgewicht kommen. Sie könnten zum Beispiel sagen: »All meine Energiesysteme in und um meinen Körper befinden sich in perfekter Harmonie.« Vielleicht spüren Sie ein Prickeln oder ein Gefühl des Friedens, während sich Ihre Energien wieder ordnen. Dieser wichtige Schritt bewahrt Ihnen Ihre Ausgeglichenheit und schützt Sie vor der Wut oder der Negativität anderer.

Der konstruktive Umgang mit Energie

In Wutgefühlen ist eine enorme Energie enthalten. Sie konstruktiv einzusetzen bedeutet, diese Kraft zu nutzen. Was wir erreichen wollen, ist, die Kraft zu spüren, die in unserer Wut steckt, ohne uns von der Emotion selbst ablenken zu lassen. Die meisten von uns sind es gewöhnt, über Ereignisse, die uns wütend machen, in dumpfes Brüten zu versinken. Aber damit bleiben wir in unserer Emotion gefangen. Überlegen Sie einmal, wie Sie sich fühlen – wie sich Ihr Körper fühlt –, wenn Sie wütend sind, und achten Sie dabei besonders auf die Kraft und die Stärke der Energie. Vielleicht spüren Sie eine Welle der Energie, während sich Ihre Muskeln anspannen. Wenn wir lernen, diese Energie zu nützen, werden wir Veränderungen vornehmen können, die uns selbst zugute kommen.

Am besten orientieren Sie sich dabei an Ihrer Gesundheit und an Ihrem Wohlbefinden. Fragen Sie sich in allen Situationen, in denen Sie spüren, wie die Wut in Ihnen aufsteigt: »Was kann ich jetzt auf der Stelle tun, um gesund zu bleiben?« Oder: »Was ist für mich jetzt die gesunde Reaktion?« Wenn Sie sich von Ihrem Wunsch motivieren lassen, gesunde Entscheidungen zu treffen, können Sie die Energie Ihrer Wut dazu verwenden, aktiv zu werden und weiterzukommen. Vielleicht teilen Sie Ihre Bedürfnisse jemandem mit, anstatt zuzulassen, daß über sie hinweggegangen wird. Jetzt kontrollieren Sie Ihre Wut, statt daß sie Sie kontrolliert. Und Sie nutzen die Energie und lassen sich von ihr zu etwas motivieren, das ansonsten so gut wie unmöglich wäre.

Gleichzeitig setzen Sie die Energie Ihrer Wut in Bewegung, anstatt an ihr hängenzubleiben. So befreien Sie sie für Ihr kreatives Wirken. Sie haben nun eine neue Quelle enormer Energie zur Verfügung. Eine kreative Idee zu haben, das ist eine Sache, aber die Energie und Motivation zu ihrer Umsetzung aufzubringen erfordert eine ganz andere Art von Bemühung. Befreite Wut, die auf ein konstruktives Ziel hingelenkt wird, gibt Ihnen die Kraft, die für viele kreative Aktivitäten notwendig ist.

Ihre Beziehung zu sich selbst und zu anderen wird ebenfalls klarer werden, wenn Sie sich dazu anhalten, gesunde Entscheidungen zu treffen. Auch der Zugang zu Ihrer Kreativität verbessert sich. Sie haben die vollständige Gefühlspalette zur Verfügung, die notwendig ist, um eine Verbindung zu Ihrer kreativen Inspiration herzustellen. Natürlich lassen sich solche Veränderungen nicht über Nacht herbeiführen. Sie vollziehen sich Schritt für Schritt, wenn Sie sich Ihre Wut bewußtmachen und versuchen, konstruktiv mit ihr umzugehen. Vielleicht müssen Sie sich häufig daran erinnern, daß Sie nun die Energie Ihrer Wut dazu benutzen, um sich selbst zu einem gesünderen und kreativeren Leben zu motivieren. Das ist gut so.

Wenn Sie hartnäckig sind, wird die Erfahrung purer Energie zu etwas Natürlichem für Sie werden und das Gefühl destruktiver Wut verdrängen. So stellen Sie Körper und Geist um. Und sobald Sie das geschafft haben, werden Sie Wege finden, Ihre Wut auf positive Weise auszudrücken. Vielleicht machen Sie bestimmte Dinge noch immer wütend, aber Sie werden mit dieser Wut anders umgehen können.

Eine Klientin, die sich in diesem Bereich große Mühe gegeben hatte, berichtete, jetzt weniger oft wütend zu werden. »Früher fraß ich meine Gefühle sofort wieder in mich hinein, wenn ich die Wut in mir aufsteigen fühlte«, sagte sie. »Dann lernte ich, sie in Taten umzusetzen. Nun merke ich, daß ich etwas tun kann, ohne wütend zu werden. Ich kann eine Situation bereinigen, ohne böse zu werden. Das gibt mir viel mehr Energie für die anderen Dinge, die ich in meinem Leben tun möchte!«

Vor sechzig Jahren klagte Virginia Woolf über den Verlust,

mit dem kreativ begabte Frauen leben mußten, weil ihr Genie in einem Sumpf unkontrollierter Wut und Bitterkeit erstickt wurde.[4] Diese Bedrohung existiert auch heute noch. Aber jetzt wissen wir, wie wir ein Gefühl, das uns zu lähmen droht, in eine kraftvolle Unterstützung unserer kreativen Energie ummünzen können.

Verändern wir unser Zeitgefühl

Die Natur weist durch gewisse Ereignisse wie Sonnenaufgang, Sonnenuntergang, Ebbe und Flut oder Sonnenwenden darauf hin, daß die Zeit vergeht. Diese Phänomene sind zwar vorhersagbar, aber man kann nicht immer die Uhr nach ihnen stellen. In der Natur ist Zeit etwas Fließendes, etwas, was sich daraus ergibt, daß ein Ereignis aus dem anderen herauswächst. Frauen mit ihrer engen Beziehung zur Natur haben oft ein fließendes Zeitgefühl. Anders als die Männer betrachten wir Zeit nicht als etwas Lineares und Fragmentiertes, sondern als etwas Zyklisches und Subjektives.[1] Diese Sichtweise wirkt sich sowohl auf unsere Kreativität als auch auf unseren Umgang mit der Zeit aus.

Beim kreativen Schaffen verzerrt sich die Zeit oft. Der Schaffende nimmt vier Stunden wie eine einzige Stunde wahr, oder eine halbe Stunde kann wie vier Stunden empfunden werden. Wenn wir konzentriert an einer Aufgabe arbeiten und das Gefühl haben, schon stundenlang dabeizusein, stellen wir manchmal fest, daß in Wirklichkeit nur sehr wenig »Uhrzeit« verstrichen ist. Dieses Phänomen erklärt, warum eine kreative Arbeit oft in sehr wenig Zeit bewerkstelligt werden kann. Manche Autoren und Künstler produzieren eine solche Fülle von Werken, daß man sich die Frage stellen könnte, ob sie das wirklich alles selbst geschaffen haben. Da die Zeit während des kreativen Prozesses als etwas Subjektives empfunden wird, kann ein Mensch in einer kurzen Spanne objektiver Zeit sehr viel schaffen. Dieses Phänomen können wir kontrollieren und es zu unserem Vorteil arbeiten lassen.

Da wir Frauen aufgrund unseres weiblichen Wesens von Natur aus ein fließendes Zeitgefühl haben, können wir unser Gefühl für die Uhrzeit leicht verändern. Diese Fähigkeit können wir uns in unserem kreativen Schaffen, aber auch in anderen Bereichen unseres Lebens zunutze machen. Wenn wir zum Beispiel viel Arbeit in kurzer Zeit zu bewältigen haben, können wir mit einem erweiterten Uhrzeitsinn mehr schaffen, als es normalerweise möglich wäre. Die Übung, die Ihnen helfen soll, diese Veränderung Ihres Zeitgefühls herbeizuführen, mag Ihnen vielleicht eigenartig erscheinen, aber sie ist sehr wirkungsvoll. Eine meiner Klientinnen, eine Beraterin, für die »der Tag nie genug Stunden hat«, sagte über diese Technik: »Meine Arbeitsweise hat sich vollkommen verändert. Ich bin effizienter *und* entspannter. Was für eine Kombination!«

Setzen Sie sich bequem an einen Platz, an dem Sie mindestens zehn Minuten lang ungestört sind. Schließen Sie die Augen. Nun stellen Sie sich möglichst lebhaft ein Zifferblatt ohne Zeiger vor. Führen Sie sich die Ziffern darauf klar vor Augen, die 12 oben, die 1 rechts daneben, bis zu der 11 links von der

12. Sehen Sie sich die einzelnen Ziffern an und dann die ganze Uhr.

Nun konzentrieren Sie sich auf den Bereich zwischen der 12 und der 4. Vielleicht sehen Sie das Wort Zukunft förmlich neben den Ziffern. Als nächstes konzentrieren Sie sich auf die Ziffern 4 bis 8. Dieser Bereich repräsentiert die Gegenwart. Nennen Sie ihn so – Gegenwart. Nun sehen Sie sich den Bereich zwischen 8 und 12 an. Das ist die Vergangenheit. Nennen Sie diesen Bereich Vergangenheit. Ihre Uhr ist nun zu gleichen Teilen in Zukunft, Gegenwart und Vergangenheit unterteilt.

Jetzt werden Sie mit Hilfe Ihrer Uhr Ihr Zeitgefühl verändern. Konzentrieren Sie sich nochmals auf den Bereich zwischen 12 und 4 – die Zukunft. Erweitern Sie diesen Bereich, so daß die Zukunft nun den Raum zwischen 12 und 6 einnimmt. Die Gegenwart reicht nun von 6 bis 9, und die Vergangenheit von 9 bis 12. Die Zukunft nimmt damit die Hälfte Ihres Zeitgefühls ein. Nun lassen Sie die Zukunft zu ihrer ursprünglichen Position zurückkehren, so daß Zukunft, Gegenwart und Vergangenheit wieder gleich große Teile Ihres Zifferblattes einnehmen.

Jetzt konzentrieren Sie sich auf die Gegenwart, die den Bereich zwischen 4 und 8 einnimmt. Erweitern Sie diesen, so daß er den Raum zwischen 2 und 10 einnimmt. Die Zukunft erstreckt sich nun auf den Raum zwischen 12 und 2 und die Vergangenheit auf den Raum zwischen 10 und 12. Die Gegenwart okkupiert den Großteil Ihres Zeitgefühls. Nun lassen Sie die Gegenwart wieder in ihre ursprüngliche Position

*zurückkehren, so daß Zukunft, Gegenwart und Ver-
gangenheit wieder ausgewogen sind.*

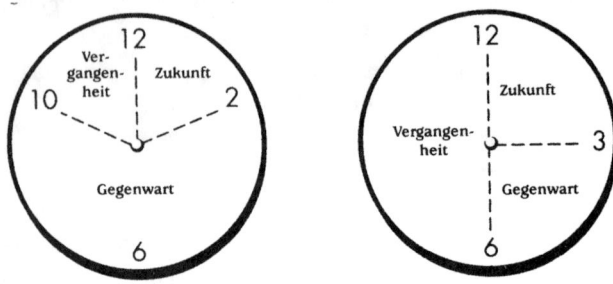

Als nächstes wenden Sie Ihre Aufmerksamkeit der Vergangenheit zu – dem Bereich zwischen 8 und 12. Erweitern Sie
die Vergangenheit, so daß sie den Raum zwischen 6 und 12
einnimmt. Die Zukunft und die Gegenwart sind nun gleich
stark vertreten, wobei die Zukunft zwischen 12 und 3 und
die Gegenwart zwischen 3 und 6 liegt. Nun lassen Sie die
Vergangenheit wieder an ihre ursprüngliche Position zurückkehren, so daß Zukunft, Gegenwart und Vergangenheit auf Ihrem Zifferblatt wieder ausgewogen sind.
Jetzt öffnen Sie die Augen und lenken Ihre Aufmerksamkeit auf sich selbst und auf den Raum, in dem Sie sich befinden.

Eine Uhr nach unseren Bedürfnissen

Spielen Sie so lange mit dem Verschieben der Zahlen, bis
Ihnen das Ausdehnen und Komprimieren der Zeit geläufig
ist. Das können Sie mit ganz wenig Üben leicht schaffen.

Dann können Sie diese neu erworbene Fähigkeit je nach der Aufgabe, die Sie zu erledigen haben, zur Steigerung Ihrer Effizienz, Ihrer Kreativität oder Ihrer Freude án einem Ereignis anwenden.

Wenn Sie zum Beispiel innerhalb begrenzter Zeit viel Arbeit zu erledigen haben, stellen Sie sich einfach das Zifferblatt vor. Sehen Sie die Zukunft, die Gegenwart und die Vergangenheit in einem ausgewogenen Verhältnis vor sich. Dann erweitern Sie die Gegenwart, wie Sie es in der obigen Übung taten, so daß sie den Raum zwischen der 2 und der 10 einnimmt. Nun öffnen Sie Ihre Augen und beginnen zu arbeiten.

Ihr solcherart verändertes Zeitgefühl wird es Ihnen ermöglichen, in weniger Zeit als der von einer »echten« Uhr gemessenen mehr zu erreichen. Sie werden mehr Zeit haben, um kreativ zu sein, nach neuen Möglichkeiten Ausschau zu halten, verschiedene Optionen zu erforschen und Ideen miteinander zu kombinieren. Mit dem Trick, die Gegenwart zu erweitern, überzeugen Sie sich selbst davon, mehr Zeit zu haben, als die Uhr anzeigt. Wenn Sie mit Ihrer Arbeit fertig sind, schließen Sie die Augen, und stellen Sie sich die Uhr nochmals vor. Lassen Sie die Gegenwart wieder in ihre ursprüngliche Position zurückkehren, so daß Zukunft, Gegenwart und Vergangenheit wieder gleichmäßig auf dem Zifferblatt vertreten sind. Wenn Sie vergessen, dieses Gleichgewicht wiederherzustellen, werden Sie feststellen, daß alles, was Sie tun – zum Beispiel nach Hause fahren oder beim Lebensmittelhändler Schlange stehen –, ewig zu dauern scheint! So groß die Versuchung, die Gegenwart einen ganzen Arbeitstag lang zu dehnen, auch sein mag, Sie sollten ihr doch widerstehen. Wenn Sie jeden Tag unter dieser Bedingung arbeiten, laufen Sie Gefahr, rasch auszubrennen. Verwenden Sie diese Technik also nur dann, wenn Sie sie wirklich brauchen.

Sie können Ihre Problemlösungsfähigkeiten verbessern, indem Sie Ihr Zeitgefühl für die Zukunft erweitern, so daß Sie einen besseren Zugang zu künftigen Möglichkeiten erhalten. Erinnern Sie sich an das, was Sie von Natur aus wissen – daß Zeit etwas Fließendes ist und daß Vergangenheit, Gegenwart und Zukunft miteinander verbunden sind. Als nächstes versichern Sie sich, daß Sie ein bestimmtes Problem an irgendeinem Punkt in der Zukunft gelöst haben werden. Wie oben beginnen Sie diese Visualisierung mit dem Bild des Zifferblattes, das zu gleichen Teilen auf Zukunft, Gegenwart und Vergangenheit aufgeteilt ist. Diesmal allerdings erweitern Sie die Zukunft so, daß sie den Raum zwischen 12 und 6 einnimmt. Dann öffnen Sie die Augen und beginnen zu arbeiten. Mit dieser Verschiebung kommen Sie aus der Gegenwart heraus, in der das Problem nicht gelöst werden konnte, und Sie betreten die Zukunft, wo es gelöst werden wird. So bekommen Sie jene neue Sichtweise, die Sie für Ihre kreative Arbeit brauchen. Vergessen Sie nicht, die drei Zeitbereiche wieder in ihre ursprüngliche Position zurückzubringen, sobald Sie die Aufgabe abgeschlossen haben.

Für die Erweiterung der Vergangenheit gibt es in der Freizeit mehr Anwendungsmöglichkeiten als im Alltag. Ich setzte sie zum Beispiel ein, als ich mir den Kölner Dom und einen Maya-Tempel in Belize ansah. Dadurch erhöhte ich meine Sensibilität für diese alten Bauwerke, ihre Geschichte und ihre Menschen und konnte so meine Erfahrung vertiefen. Geschichtsstudenten empfinden vielleicht mehr Begeisterung für ein Thema, wenn sie es mit einem erweiterten Gefühl für die Vergangenheit studieren. Vergessen Sie auch hier nicht, Ihre innere Uhr nach vollbrachter Arbeit wieder ins Gleichgewicht zu bringen. Wenn Sie es nicht tun, werden Sie das vage Gefühl haben, irgendwo etwas vergessen zu haben.

Wenn wir uns unserem weiblichen Wesen mit seinem fließenden Zeitgefühl entspannt hingeben und die Technik der Zeiterweiterung nutzen, können wir Probleme kreativer und gleichzeitig effizienter lösen. Wir können dabei ein Phänomen, das während des kreativen Schaffens oft auftritt, für die Verbesserung unseres Arbeitslebens nutzen. Wir können unser Zeitgefühl aber auch bewußt verändern, um die Produkte unserer Kreativität zu verbessern.

Vergrößern wir das Gefühl
für uns selbst

Eine Künstlerin erzählte mir, sie könne stundenlang ununterbrochen malen, und sie vergesse dabei sogar das Essen. »Wo sind Sie im Geiste, wenn das passiert?« fragte ich sie. »Das weiß ich eigentlich nicht. Ich habe nicht das Gefühl, in meinem Studio oder auch nur in Tucson zu sein. Es ist eine andere Art von Realität.«

Die meisten von uns kennen dieses Gefühl der Zeitlosigkeit aus Situationen, in denen wir unsere ganze Aufmerksamkeit auf eine Arbeit konzentrieren. Dann werfen wir plötzlich einen Blick auf die Uhr oder werden von jemandem unterbrochen und stellen zu unserem Erstaunen fest, daß viel mehr (oder weniger) Zeit vergangen ist, als wir dachten. Dieses Phänomen tritt beim kreativen Schaffen häufig auf. Manchmal, wenn wir uns in einem besonders kreativen Zustand befinden, geht uns noch viel mehr verloren als unser Zeitgefühl – wir verlieren auch unser Gefühl für uns selbst. Das sind die Situationen, in denen Künstler zu essen vergessen.

Den Teil von uns, der sich mit den banalen Dingen des Lebens wie Essen, Putzen, Waschen, Rechnungen zahlen und Lebensmittel einkaufen beschäftigt, nenne ich das »kleine lokale Ich«. Obwohl sich dieses kleine lokale Ich mit vielen grundlegenden Notwendigkeiten beschäftigt, kann es uns dazu bringen, daß wir in unserer täglichen Routine steckenbleiben. Die Vision des kleinen lokalen Ich ist begrenzt. Wenn wir uns von ihm in die Falle locken lassen, nehmen wir die Verbindungen nicht mehr wahr, die zwischen uns und allen anderen Dingen bestehen. Dann laufen wir Gefahr, ein Problem auf seiner eigenen Ebene zu lösen zu versuchen, anstatt unseren Blickwinkel zu ändern und zur eigentlichen Kernfrage vorzudringen. Unsere kreativen Möglichkeiten sind in diesem Fall praktisch nicht existent.

Wenn wir uns – wie die oben zitierte Künstlerin – in einem Augenblick des Schaffens verlieren, verlassen wir die Ebene unseres normalen Ich und begeben uns in einen erweiterten Zustand, in dem es uns leichterfällt, unser kreatives Potential anzuzapfen. Leider machen es uns die an uns Frauen gestellten Erwartungen schwer, unser kleines lokales Ich zu verlassen und uns in einen kreativeren Zustand zu begeben. Schließlich sind wir immer noch für die Routinearbeiten im Haushalt zuständig, wir werden weiterhin als Chauffeurin unserer Kinder eingesetzt, und es wird auch in Zukunft von uns erwartet, daß wir alle Familienangehörigen in ihren emotionalen Bedürfnissen unterstützen.

Ein neuer Bewußtseinszustand

Wenn wir uns zu sehr auf unsere Routinearbeit konzentrieren, lähmen wir unsere Kreativität. Wie wichtig es ist, aus der ermüdenden Alltagsroutine auszubrechen, wird überdeutlich, wenn wir uns die Notwendigkeit vor Augen führen, aus unserem kleinen lokalen Ich herauszuwachsen. Wenn es uns gelingt, Zeitblöcke für unsere kreativen Bestrebungen zu reservieren, fällt es uns leichter, uns auf eine neue Ebene zu begeben, die Dinge aus einem anderen

Blickwinkel zu betrachten und zu einem jenseits des Alltäglichen liegenden, »höheren Ichgefühl« zu finden.

Unser erweitertes Ich gibt uns das Gefühl, Teil eines größeren Ganzen zu werden, in dem wir Zugang zu kreativen
Möglichkeiten haben. Wir haben uns aus unserem gewöhnlichen Bewußtseinszustand hinausbegeben und sind
in einen veränderten eingetreten. Es ist nichts Unheimli-
ches oder Mysteriöses daran, in einen außergewöhnlichen
Bewußtseinszustand einzutreten. Wir tun das mehrmals
am Tag. Wir fahren zur Arbeit, aber wir erinnern uns nicht
an die Einzelheiten der Fahrt. Oder wir gehen wie fernge-
steuert an irgendeinen unbekannten Ort, wo uns die Erkenntnis, daß wir uns über die Geschehnisse der letzten Minuten nicht im klaren sind, mit einem Schlag in die Realität
zurückholt.

Virginia Woolf sagte über dieses Phänomen, das für Frauen
typisch ist: »Und wenn man eine Frau ist, wird man oft von
einer plötzlichen Bewußtseinsspaltung überrascht ... Es ist
ganz klar, daß der Geist ständig seinen Brennpunkt wech-
selt und die Welt in verschiedene Perspektiven bringt.«[1]

Wir können diese natürliche Fähigkeit zu unserem Vorteil
einsetzen. Wenn wir uns willentlich aus unserem normalen
Bewußtseinszustand hinausbegeben, lassen wir unser kleines lokales Ich mit seiner eingeschränkten Sicht der Dinge
zurück und öffnen uns für einen kreativen Zustand. Die
Kreativität ist im allgemeinen in außergewöhnlichen Bewußtseinszuständen beheimatet. Für die Bewerkstelligung
solcher Veränderungen werden oft außergewöhnliche Methoden verwendet.[2] Descartes pflegte in Decken gehüllt am
Kaminfeuer zu sitzen und dort große Werke zu erarbeiten.
Alkohol und Drogen werden seit langer Zeit dazu verwen-

det, das Bewußtsein zu erweitern, auch wenn sie langfristig zur Zerstörung von Fähigkeiten, Talenten und kreativem Potential führen.

Ich begann Mitte der siebziger Jahre damit, verschiedene Zustände der Gehirnwellen zu erforschen – zuerst durch geführte Bildreisen, dann durch Trance. Obwohl mir meine Erfahrung zeigte, daß solche Verlagerungen relativ leicht zu erreichen waren, warnten viele »Experten« vor den Schwierigkeiten, die angeblich mit der Erreichung bestimmter Gehirnwellenzustände verbunden sind. Es überrascht mich, wie viele Leute das immer noch für schwierig halten.

Unser Bewußtsein ändert sich ständig. Unser Gehirn kennt die verschiedenen Bewußseinszustände und ist mit ihnen vertraut. Wir brauchen nichts weiter zu tun, als unser Gehirn zu einer solchen Veränderung aufzufordern und dann ruhig auf die Reaktion zu warten. Je mehr wir üben, desto leichter wird es uns fallen, den gewünschten Bewußtseinszustand zu erreichen.

Wir sprechen im allgemeinen von vier Gehirnwellenzuständen: *Beta* oder der wache Zustand; *Alpha*, der entspannte, meditative Zustand; *Theta*, der tiefe Trancezustand, und *Delta,* der schlafende Zustand. Das ist ein sehr stark vereinfachtes Modell. Ich habe zahlreiche Zustände innerhalb der beschriebenen erlebt, vor allem in Alpha und Theta, aber mir fehlen die Worte, um alle zu benennen. Für unsere Zwecke mag die Unterscheidung der vier oben beschriebenen Zustände genügen. Der kreative Ausdruck ist oft im Alpha- oder Theta-Zustand angesiedelt.

Die folgende Aktivität, die einer Übung von Jean Houston und Robert Masters entnommen ist, soll Ihnen helfen, sich auf diese Gehirnwellenzustände einzustellen und mit Ihrem Gehirn so zu kommunizieren, daß Sie sie erreichen. Sie werden dabei einfach aufgefordert, Ihr Bewußtsein auf etwas zu lenken, was Sie wahrscheinlich ohnehin jeden Tag mehrmals tun! Wählen Sie dafür einen ruhigen Ort, an dem Sie nicht unterbrochen werden können.

Setzen Sie sich in eine bequeme Position, und zentrieren Sie sich, indem Sie sich auf Ihren Atem konzentrieren. Folgen Sie ihm, wie er in Ihren Körper hinein- und wieder hinausströmt.

Verlagern Sie Ihre Aufmerksamkeit auf Ihr Gehirn. Machen Sie sich bewußt, daß dieses wundervolle Organ verschiedene Zustände der Gehirnwellen kennt und weiß, wie es leicht zwischen ihnen hin und her schalten kann.

Beginnen Sie, indem Sie Ihr Gehirn bitten, Betawellen auszusenden, so daß Sie sich aufmerksam und vollkommen wach fühlen. Wiederholen Sie das Wort »Betawellen« mehrere Male. Nun bitten Sie Ihr Gehirn, Alphawellen auszusenden, eine ruhigere Wellenlänge, bei der Sie sich entspannt und meditativ fühlen. Wiederholen Sie das Wort »Alphawellen« so lange, bis Sie eine Veränderung fühlen. Spüren Sie ihr in Ihrem Körper nach. Ihr Atem wird sich etwas verlangsamen. Ihre Muskeln werden sich entspannen, und vielleicht werden Sie von einem Gefühl der Ruhe eingehüllt.

Nun bitten Sie Ihr Gehirn, Thetawellen auszusenden. Das sind langsame Wellen, die zur Trance führen. Thetawellen, Thetawellen, Thetawellen. Nun wird

sich Ihr Körper noch tiefer entspannen. Wenn Sie Ih-
ren Arm heben wollten, könnten Sie das nur mit gro-
ßer Mühe tun. Ihr Atemrhythmus ist langsamer ge-
worden, und Sie fühlen sich sehr ruhig.
Nun bitten Sie Ihr Gehirn, Deltawellen auszusenden,
die Sie benommen machen und leicht einschlafen
lassen. Deltawellen bringen Sie ganz nah an die voll-
kommene Entspannung des tiefen Schlafes.
Nun bitten Sie wieder um Betawellen, die Sie in einen
vollwachen Zustand zurückbringen. Wiederholen Sie
diesen Zyklus mehrmals, damit Sie mit jedem Sta-
dium vertraut werden.

Bei dieser Übung sollten Sie sich ausreichend Zeit nehmen, um den Unterschied zwischen den einzelnen Wellenarten zu spüren. Aber passen Sie auf, daß Sie in der Deltaphase nicht einschlafen! Üben Sie die vier Stadien mehrmals, damit Sie sie klar unterscheiden lernen und mit dem Wechsel zwischen ihnen vertraut werden. Je öfter Sie die Veränderung Ihrer Gehirnwellenzustände üben, desto leichter wird es Ihnen fallen, bei Ihrer kreativen Arbeit auf Alpha- oder Thetawellen »umzuschalten«. Sie können hinter Ihrem Schreibtisch üben, am Computer, in Ihrem Studio oder wo immer sonst Sie Ihrer kreativen Arbeit nachgehen. Bitten Sie Ihr Gehirn einfach, Sie in einen Alpha- oder Thetazustand zu versetzen, und dann gehen Sie ans Werk. In diesen entspannten Zuständen können die Ideen fließen, und außerdem öffnen sich dann Teile des Gehirns, die im normalen Wachzustand nicht zugänglich sind.

Im Thetastadium können wir sogar auf eine Ader purer Energie stoßen, die Quelle für Kunstwerke, die von selbst ohne menschliches Zutun zu entstehen scheinen. Barbara Mettler, die für ihre Arbeit in kreativer Bewegungsimprovisation internationale Anerkennung genießt, beschreibt sich selbst als ein Instrument, das von Kreativität durchströmt wird. Kreative Menschen, bei denen das möglich ist, berichten oft, das Gefühl zu haben, als wären sie nicht die Urheber ihrer kreativen Arbeit, sondern lediglich ein Vehikel für ihre Entstehung. Musiker hören die Musik, bevor sie gespielt wird. Schriftsteller lachen über Dinge, die die Personen in ihren Romanen sagen oder tun, weil sie die Handlung bereits so vor sich sehen, wie sie sie niederschreiben werden. Diese Ebene der Kreativität ist uns jedoch in unserem normalen Bewußtseinszustand oder auf der Ebene unseres kleinen lokalen Ich nicht zugänglich. Aber wenn wir unseren Gehirnwellenzustand verändern oder die ausgetretenen Pfade unserer Alltagsroutine verlassen, öffnen wir uns für dieses erweiterte kreative Potential.

Diese Erfahrungen sind allen Menschen zugänglich, nicht nur den Künstlern unter uns. Es folgt ein Bericht über die Erfahrungen einer Managementberaterin, die der Unternehmensleitung die Ergebnisse einer umfangreichen Studie über Mitarbeiter präsentieren mußte. Da ihre Erkenntnisse eine Kritik der bestehenden Unternehmenskultur und des Managements bedeuteten, hatte sie ein wenig Angst vor der Präsentation.

Das war ihre Beschreibung von sich selbst:

»Ich war körperlich erschöpft und emotional ausgebrannt. Außerdem litt ich unter einem Jet-lag und hatte keine Vorstellung, wie ich die nächste Stunde überstehen sollte. Als ich dann mit der Präsentation

184

begann, hörte ich mir selbst zu, wie ich Dinge sagte und Schlüsse zog, die mir nicht eingefallen waren, als ich meine Unterlagen für die Präsentation zusammenstellte ... Mein Mund bewegte sich, aber die Worte und Gedanken, die herauskamen, waren die einer anderen Person. Ich weiß noch, daß ich mich danach hinsetzte und dachte: ›Eine wirklich tolle Präsentation. Ich möchte wissen, wer sie gegeben hat.‹ Die Rückmeldungen der Zuhörer waren erhebend. Sie akzeptierten die Erkenntnisse, wußten die Empfehlungen zu schätzen und schienen bereit zu sein, positive Maßnahmen zu ergreifen ... Aber ich war auch erleichtert angesichts meiner ersten Erfahrung mit etwas, was ich seitdem mein kreatives Ich nenne – dem beruhigenden Gefühl, daß eine höhere Weisheit da ist, die uns zu Hilfe kommt, wenn wir sie nur lassen.«

Kreative Möglichkeiten können sich uns auch im hyperwachen Betastadium eröffnen. Dieses Stadium erreichen wir, indem wir das Gehirn bitten, auf diesen Zustand »umzuschalten«, oder indem wir uns intensiv körperlich bewegen und dadurch viel Sauerstoff in unsere Lungen pumpen. Das Ergebnis ist ein kontrollierter superwacher Zustand, den wir bewußt herbeiführen können. Sobald das Ziel erreicht ist, empfehle ich, zu einem »normaleren« Zustand zurückzukehren. Wenn Sie dauernd versuchen, in einem hyperwachen Zustand sehr viel zustande zu bringen, kann es sein, daß Sie sich bald ausgebrannt fühlen.

Lassen Sie sich von der Natur helfen

Unsere engen Verbindungen zur Natur können uns lehren, leichter zwischen verschiedenen Bewußtseinszuständen hin und her zu schalten. Die Übung aus »Unsere weibliche Natur verstehen lernen« soll uns zu der Erfahrung hinführen, eins mit der Natur zu werden, so daß alle Grenzen zwischen uns und der Natur aufgehoben sind. In diesem Zustand bleibt unser kleines lokales Ich weit zurück, wir erweitern unser Selbstgefühl und gewinnen einen immer besseren Zugang zu unseren kreativen Energien. Zusätzlich zu der bereits beschriebenen Übung können Sie auch die folgende Zen-Gehmeditation durchführen, um ein Teil der Natur zu werden:

Gehen Sie ins Freie, vorzugsweise an einen Ort, wo Sie auf Gras oder auf der Erde und nicht auf Beton stehen. Nun konzentrieren Sie sich einfach auf Ihre Füße, die mit dem Boden in Kontakt sind. Machen Sie langsam und bewußt einen Schritt nach vorn, und konzentrieren Sie sich auf die einzelnen Teile Ihres Fußes, während er sich zuerst vom Boden hebt und dann wieder mit ihm in Kontakt kommt. Während sich Ihr Fuß nach unten bewegt, um die Erde zu berühren, stellen Sie sich vor, daß der Boden sich hebt, um Ihrem Fuß entgegenzukommen. Spüren Sie, wie sich beim Gehen Fuß und Boden vereinigen, bis Sie nicht mehr sagen können, wo Ihr Fuß endet und wo der Boden beginnt. Nun lassen Sie dieses Gefühl, eins mit der Natur zu sein, Ihren ganzen Körper durchdringen. Vielleicht brauchen Sie fünf Minuten für eine Entfernung, die Sie normalerweise in dreißig Sekunden zurücklegen würden. Diese Erfahrung hat eine extrem langsame, bewußte Qualität.

Wenn Sie sich tagsüber für diese Übung etwas Zeit nehmen, werden Sie sich erneuert und gestärkt fühlen und in Kontakt mit Ihren kreativen Energien kommen. Indem Sie Ihr kleines lokales Ich verlassen, verändern Sie Ihre Sichtweise eines schwierigen Problems, entspannen und zentrieren sich und sehen das Alte auf neue Weise.

Der Sinn dieser Meditation und der oben beschriebenen Gehirnwellenübung besteht darin, uns die Erfahrung eines anderen Bewußtseinszustandes zu ermöglichen, so daß wir die ausgetretenen Pfade unseres Alltags verlassen und uns an außergewöhnliche, unserer kreativen Arbeit zuträgliche Zustände gewöhnen können. Wenn wir mit diesen Veränderungen zu spielen lernen, werden wir erkennen, welche Bewußtseinszustände uns bei unserer kreativen Arbeit die besten Dienste leisten, und wir werden den entsprechenden Bewußtseinswandel herbeiführen können, wann und wo es uns beliebt.

Anmerkungen

Halten Sie's geheim – jedenfalls eine Zeitlang

1   Judy Chicago, *Through the Flower*, Garden City, N.Y.; 1975, S. 142.
2   Julia M. Klein, »Quindlen to exit Times for ›dream‹ life as a novelist«, Knight-Ridder Newspapers, *The Arizona Daily Star*, 23. Sept. 1994, S. 1D und 8D.

Die Rolle der Nährmutter akzeptieren

1   Dr. Jean Houston, Vortrag bei einem Workshop in Los Angeles, Kalifornien, März 1980.

Perfektionismus – der Feind der Kreativität

1   Ellen Sue Stern, *The Indispensable Woman,* New York; 1988, S. 43 u. 73.
2   Ibd., S. 65
3   Ibd., S. 124
4   Ibd., S. 134

Der Kreislauf von Kreativität und Depression

1   E. P. Torrance, *Guiding Creative Talent,* Englewood Cliffs, N.J.; 1962.
2   Jessie Bernard, *Women, Wives, Mothers: Values and Options,* Chicago; 1975.
3   Ruth Formanek und Anita Gurian, Hrsg.: *Women and Depression: A Lifespan Perspective,* New York; 1987, S. 165–167.
4   Susan Nolan-Hoeksema, *Sex Differences in Depression,* Stanford, Kalif.; 1990, S. 18.

Wut: Die Feindin der Kreativität

1   Irene C. de Castillejo, *Knowing Woman,* New York; 1973.
2   Louise L. Hay, *You Can Heal Your Life* (Carson, Kalif.: Hay House, 1994, S. 150–188).
3   Dr. Trevor Creed, Workshop-Vortrag, Tucson, Arizona, März 1990.
4   Virginia Woolf, *Ein Zimmer für sich allein,* 2. Auflage, Berlin 1978.

Verändern wir unser Zeitgefühl

1   Cottle, *Perceiving Time: A Psychological Investigation with Men and Women,* New York; 1976.

Vergrößern wir das Gefühl für uns selbst

1   Virginia Woolf, *Ein Zimmer für sich allein,* Frankfurt/M.,1981.
2   Dr. Jean Houston, Workshop-Vortrag, Los Angeles, Kalifornien, März 1980.

3
Kreativität – ein Bestandteil des täglichen Lebens

Mit Kreativität Probleme lösen

Sechs Abteilungsleiter sitzen um den Tisch – festgefahren. Bei unserem wöchentlichen Mitarbeitertreffen hatten wir erfahren, daß uns ein leitender Manager verlassen würde. Die Firmentradition wollte es, daß bei solchen Anlässen jede Abteilung einen Sketch schrieb, der dann bei der Abschiedsparty präsentiert wurde. Das hätte eigentlich Spaß machen sollen, aber da die Gruppe eine Idee nach der anderen zurückwies, sank das Stimmungsbarometer bedrohlich, und alle kreativen Bemühungen verliefen im Sand.

In dem Versuch, einerseits die Atmosphäre zu verbessern und andererseits den Mangel an Kreativität zu beheben, schlug ich vor, daß wir uns mit unserem inneren Auge den neuen Arbeitsplatz dieses Managers ansehen sollten. So konnten wir die speziellen Merkmale seiner neuen Wirkungsstätte erkunden und in unserem Sketch auf sie anspielen. Mein Plan funktionierte. Wir verließen unsere »fruchtlose« Umgebung und versetzten uns geistig Tausende Meilen weit weg. Bald fanden wir viele Dinge, die wir auf die Schippe nehmen konnten. Wir spürten, wie unser Kreativitätspegel anstieg, und hatten den Sketch in kurzer Zeit fertig. Indem wir uns von der Ebene des Problems weg und – in diesem Fall – geistig an einen anderen Ort begaben, konnten wir die Dinge aus einer neuen Perspektive betrachten. Alle Mitarbeiter schlossen sich bereitwillig an. Sie freuten sich über den frischen Wind und hatten nun Spaß an der Aufgabe.

Unabhängig davon, ob eine Aufgabe ernst ist oder nicht,

kann eine Änderung der Sichtweise den Durchbruch bewirken und eine brauchbare Lösung bringen. Wenn wir versuchen, ein Problem auf seiner eigenen Ebene zu lösen, entstehen unweigerlich weitere Probleme, aber wenn wir uns auf eine andere Ebene als die des Problems begeben, können wir an die Wurzel seiner Ursache vordringen.[1] Leider bleiben die Bestrebungen zur Problemlösung in den meisten Meetings, an denen wir teilnehmen, auf der Ebene des Problems stecken. Wenn wir in unserer Runde nichts unternommen hätten, wären wir vielleicht zu einer Notlösung gelangt, die früher oder später ein anderes Problem aufgeworfen hätte, weil wir anstelle des Problems die Symptome behandelt und die potentiellen Folgen unserer »Lösung« nicht näher untersucht hätten. Klingt das bekannt?

Wenn wir ganzheitliches Denken in den Prozeß der Problemlösung einbauen, können wir das Dilemma einer Notlösung vermeiden. Ganzheitliches Denken macht es uns leichter, geistige Sprünge von einem Punkt zu einem anderen zu tun, ohne einem starren Muster zu folgen. Es versetzt uns in die Lage, scheinbare Gegensätze miteinander zu verbinden und dadurch zu einer einzigartigen und hieb- und stichfesten Lösung eines Problems zu gelangen. Ganzheitliches Denken zeigt uns ein Problem aus einer neuen Perspektive, von verschiedenen Ebenen aus.

Ganzheitliches Denken läßt sich leicht in unsere Problemlösungsgewohnheiten einbauen. Wenn wir uns zum Beispiel in verschiedenen Stadien des Prozesses Bilder vorstellen, begeben wir uns in das Reich des ganzheitlichen Denkens und eröffnen uns die Möglichkeit des Umschaltens auf eine andere Ebene des Problemerlebens. Idealerweise besteht der letzte Schritt der Problemlösung in der Beurteilung des Ergebnisses. Das kann auch der richtige Zeitpunkt für eine Veränderung der Sichtweise sein. Normalerweise mißt die Geschäftswelt den Erfolg oder den Mißerfolg eines Projekts daran, wie nahe es an ein im voraus bestimmtes Ergebnis herankommt. Wenn das gewünschte Ergebnis erreicht wurde, gilt das Projekt als Erfolg. Wenn nicht, wird es als Mißerfolg gewertet. Diese Beurteilung kann die Arbeitsmoral beeinträchtigen und die Bereitschaft schwächen, in Zukunft neue Projekte in Angriff zu nehmen. Wer sich strikt an im voraus festgelegte Ziele hält, nimmt Mittelmäßigkeit in Kauf. Eine prozeßorientierte Sichtweise hingegen mißt den Erfolg eines Projekts daran, wie sehr es sein eigenes Potential ausschöpft. Wer die endgültige Beurteilung aus dieser anderen Perspektive heraus vornimmt, kann einen scheinbaren Mißerfolg als Erfolg sehen.

Den Mitarbeitern von 3M gelang zum Beispiel vor einigen Jahren eine solche Veränderung der Sichtweise, als sie ein Projekt abschlossen, dessen Ziel die Entwicklung der neuesten Version eines Superklebers war.[2] Nach monatelangen Forschungen, die Millionen von Dollar gekostet hatten, waren die Wissenschaftler noch immer nicht bei dem gewünschten Ergebnis angelangt. Das Endprodukt war kein Superkleber, aber die entwickelte Substanz hatte einige interessante Eigenschaften. Sie blieb haften, klebte aber nicht. Hätte man dieses Ergebnis nun anhand des festgelegten Ziels beurteilt, wäre das ganze Projekt als Fehlschlag zu bezeichnen gewesen.

Aber einer der Wissenschafter begab sich auf eine vollkommen andere Ebene und betrachtete das Projekt und sein Ergebnis aus einem neuen Blickwinkel. Als er die nützlichen Eigenschaften des neuen Produkts analysierte, stellte er fest, daß 3M einen ungeheuren Erfolg erzielt hatte. Als das Unternehmen das Potential seines fehlgeschlagenen Superklebers erforschte, stieß es auf ein brandneues und überaus nützliches Produkt. Heute kommt kein Büro mehr ohne Post-it™-Notizblöcke aus, diese »kleinen gelben Zettelchen«, die haften, aber nicht kleben.

Es gibt mehrere Techniken, mit denen man die Ebene des Problems verlassen kann: Eine davon ist, sich bewußtzumachen, daß sich ein Problem auf seiner eigenen Ebene nicht lösen läßt. Wenn wir das eingesehen haben, ist die Sache schon halb gewonnen. Während wir das Problem auf eine einfache Aussage reduzieren, sollten wir uns öfter fragen: »Aus welcher anderen Perspektive könnte ich dieses Problem betrachten?« Wenn der Problemlösungsprozeß auf Grund läuft, können wir untersuchen, was los ist, indem wir uns dazu zwingen, uns auf eine andere Ebene zu begeben. Schon dadurch, daß wir lange Zeit an einem Platz sitzen, kann unsere Fähigkeit zur Problemlösung beeinträchtigt werden. Ein Problem kann stark mit der physischen Präsenz assoziiert werden. Diese Verbindung muß unterbrochen werden, damit die Beteiligten einen kreativeren Ansatz finden können.

Wenn wir uns eine Pause gönnen und uns ein wenig bewegen, um dann auf einen anderen Platz zurückzukehren, gewinnen wir bereits eine neue Sicht des Problems. Oder vielleicht tut es der ganzen Gruppe gut, wenn sie sich in einen anderen Raum oder auch ins Freie begibt. Können Sie sich noch an das letzte Mal erinnern, als Sie sich festgefahren hatten, dumpf über einem Problem brütend, ohne voranzukommen? Bewegung hilft! Machen Sie den Versuch!

Brainstorming ist eine häufig angewendete Technik zur Anregung der Kreativität. Leider wird sie oft falsch angewendet. Die Leute wollen diesen Prozeß schnell hinter sich bringen und lassen sich nicht genug Zeit.

Merken Sie sich die Grundregeln für ein produktives Brainstorming:

Alle Ideen sind zulässig – je ausgefallener, desto besser. Nichts wird abgewertet. Jeder Vorschlag sollte an eine Stelle geschrieben werden, wo ihn alle Teilnehmer sehen können. Der Leiter sollte alle dazu ermutigen, sich lächerlich zu machen und sogar dumm dazustehen. Kreative Inspiration – der *Aha-Effekt* – ist nur einen Schritt vom *Haha* entfernt. Wenn Sie allein an einer Aufgabe arbeiten, wissen Sie, daß Sie auf dem richtigen Weg sind, wenn Sie in diesem Stadium herzhaft lachen. Je weiter Sie die Grenze der Möglichkeiten dehnen (bis zum Absurden), desto mehr potentielle Lösungen stehen Ihnen zur Verfügung. Sorgen Sie auf jeden Fall dafür, daß Sie viele potentielle Lösungen finden – zehn pro Teilnehmer sind ein Minimum. Zehn Leute sollten mindestens hundert Vorschläge auf den Tisch legen. Bei den meisten Brainstorming-Sitzungen sind es viel weniger. Die kreativen Kräfte müssen stimuliert werden, bevor sie zu fließen beginnen.

Eine gute Idee ist es auch, sich mit einem Kind zu beraten. Der kleine Problemlöser kann ohne Beeinträchtigung durch die Vorurteile Erwachsener über die Sache nachdenken. Nun ist es zwar unwahrscheinlich, daß Ihnen an Ihrem Arbeitsplatz ein so junger Berater zur Verfügung steht, aber Sie können Ihre eigenen Kinder oder Ihre Nichten und Neffen fragen. Noch besser ist es, wenn Sie dieses Kind in Ihrem eigenen Inneren ausfindig machen. Fragen Sie die

Kleine, was sie in dieser Angelegenheit tun würde. Damit Sie hören können, was sie zu sagen hat, werden Sie einen Großteil Ihres Erwachsenendenkens ablegen müssen, vor allem Ihre Voreingenommenheit. Die kreativsten Erwachsenen haben oft viele kindliche (nicht *kindische*) Eigenschaften, die ihnen jene neuen Sichtweisen und Erkenntnisse ermöglichen, die einer kreativen Problemlösung zuträglich sind. Viele der Übungen, die Sie in diesem Buch finden, regen das kreative Kind in Ihnen an, das Sie zur Auflösung eines Dilemmas zu Hilfe rufen können.

Es gibt noch eine weitere Methode zur Veränderung der Sichtweise. Dafür brauchen Sie Papier und Farbstifte. Jeder Teilnehmer der Problemlösungsrunde zeichnet das Problem auf, gleichgültig, ob konkret oder abstrakt. Wer Hemmungen hat zu zeichnen, braucht vielleicht ein wenig Ermutigung. Viele Blockaden lassen sich abbauen, wenn die Teilnehmer angewiesen werden, die nicht dominierende Hand zu verwenden oder mit geschlossenen Augen zu zeichnen, so daß sie ihr Bild erst sehen können, wenn es fertig ist. Für diese Zeichnungen sollten die Teilnehmer fünf bis zehn Minuten lang Zeit haben, damit sie sowenig Gelegenheit wie möglich haben, über sie nachzudenken. Nun erklärt jeder seine Zeichnung den anderen Teilnehmern.

Als nächstes geht es darum, wie das bildlich dargestellte Problem gelöst werden könnte. Wichtig ist, für jedes Bild oder für Teile eines jeden Bildes eine Lösung zu finden, wobei viele der Vorschläge in die Zeichnung selbst »eingebaut« werden. Die besten Vorschläge können dann als Grundlage eines Plans zur Lösung des Problems dienen.

Eine weitere wirkungsvolle Methode zur Veränderung der

Sichtweise ist die *geführte Bilderreise*. Der Bestimmungsort dieser Bilderreise ist ein Ort in der Natur, an dem die Lösung eines Problems zu finden ist. Diese Sitzung sollte von einem Gruppenmitglied mit einer besonders beruhigenden Stimme geleitet werden. Die Instruktionen für die Bilderreise könnten etwa folgendermaßen aussehen:

Schließen Sie die Augen, und konzentrieren Sie sich auf Ihren Atem. Folgen Sie Ihrem Atem, wie er in Ihren Körper hineinströmt und wie er ihn wieder verläßt. Tun Sie das zehn Atemzüge lang.

Nun lassen Sie Ihren Atem wieder in seinen Normalzustand zurückkehren.

Stellen Sie sich nun vor, wie Sie durch einen Wald gehen. Sehen Sie sich dabei zu, und fühlen Sie, wie Sie gemütlich auf einem deutlich sichtbaren Weg vor sich hin schlendern und die weiche Erde unter Ihren Füßen spüren. Atmen Sie tief die frische Luft ein. Sehen Sie, wie die Sonnenstrahlen durch die Bäume leuchten. Die Temperatur ist genau richtig, sehr angenehm für einen Spaziergang durch den Wald. Lauschen Sie auf die Geräusche rings um Sie – Vögel singen, ein Eichhörnchen springt von Ast zu Ast, und die Blätter rascheln im Wind.

Während Sie nun durch diesen Wald gehen, wird Ihnen bewußt, daß er etwas ganz Besonderes an sich hat. Das ist ein Ort, an dem Fragen beantwortet, Probleme gelöst und Geheimnisse enthüllt werden. Es ist der Ort, an dem Sie die Lösung Ihres Problems finden werden. (An diesem Punkt sollte der Übungsleiter das Problem noch einmal wiederholen.) Gehen Sie wei-

ter, oder machen Sie eine Pause auf einem Baum-
stumpf oder einem Felsbrocken, und lassen Sie die
Antwort kommen (an dieser Stelle sollten einige Mi-
nuten des Schweigens eingebaut werden).
Manchmal gibt uns die Natur ihre Antworten auf
eine abstrakte Weise. Wenn das bei Ihnen gerade jetzt
der Fall ist, bitten Sie um weitere Informationen über
diese Hinweise, damit Sie wissen, was Sie zu tun ha-
ben. (Hier sollten fünf Minuten Stille vorgesehen
werden.)
Nun ist es Zeit, in den Raum zurückzukehren und die
Informationen mitzubringen, die Sie über unser Pro-
blem erhalten haben. Aber bevor Sie den Wald verlas-
sen, danken Sie ihm für die Hilfe, die er Ihnen zuteil
werden ließ. Nun kehren Sie mit Ihrem Bewußtsein
Schritt für Schritt in den Raum zurück. Konzentrie-
ren Sie sich auf Ihre Atmung, und kehren Sie inner-
halb von fünf Atemzügen in den vollen Wachzustand
zurück. Der erste tiefe Atemzug bringt Sie zurück in
den Raum. Beim zweiten wird Ihnen bewußt, daß Sie
hier in diesem Raum sitzen. Der dritte Atemzug
bringt Sie halb in die Realität zurück. Beim vierten
haben Sie den Wachzustand schon fast erreicht, und
beim fünften sind Sie vollkommen wach und auf-
merksam.

Als nächstes diskutiert die Gruppe darüber, was die einzelnen Teilnehmer aus dieser Erfahrung gelernt haben. Alle
beschreiben ihre Erlebnisse genau. Selbst wenn eine Teilnehmerin nicht genau weiß, was sie gesehen hat, oder
wenn sie meint, ihr Bild sei irrelevant gewesen, muß sie

darüber sprechen. Vielleicht finden andere Teilnehmer dort einen Sinn, wo sie keinen sieht. Auf alle Ideen geht die Gruppe ein, alle Vorstellungen und Lösungen werden offen besprochen.

Erst wenn alle über ihre Erfahrung berichtet haben, sollten die Lösungen auf ihre Effektivität hin analysiert werden. Keine Idee, wie extravagant sie auch sein mag, darf abgetan werden, ohne eingehend in Betracht gezogen worden zu sein. Eine Lösung, die einem Teilnehmer abstrus erscheint, kann für einen anderen vollkommen logisch sein. Die Sitzungsleiterin sollte darauf achten, daß die Diskussion offen und vorurteilsfrei bleibt und daß sich alle gleichmäßig an ihr beteiligen.

Ich gebe zu, daß einige dieser Übungen ungewöhnlich erscheinen mögen, aber sie bewirken auf jeden Fall eines: Sie sorgen für eine Verschiebung eines Problems von der Ebene des Problems selbst auf eine andere Ebene. Dadurch regen sie den kreativen Prozeß an und lassen wirklich innovative Lösungen zu. Die Problemebene zu verlassen wird so leicht, wie mit dem Lift von einem Stockwerk zum nächsten zu fahren.

Auch nicht Meßbares
hat seinen Wert

Die Überzeugung, daß kreatives Schaffen ein greifbares Produkt zur Folge haben muß, beherrscht unsere Vorstellung von Kreativität. Ein Bild, ein Buch oder eine wissenschaftliche Entdeckung sind etwas, was sich leicht messen und mit einem Preisschild versehen läßt. Im zweiten Kapitel dieses Buches: »Zurück zu den Wurzeln: Was ist Kreativität?« habe ich Sie gebeten, Ihre eigene Definition des Wortes »Kreativität« zu finden. Ich habe Sie auch aufgefordert, die nicht greifbaren Produkte Ihrer Kreativität zu benennen, vor allem im Bereich der Beziehungen. Die Kreativität der Frauen drückt sich oft in dieser Weise aus.

Solche nicht greifbaren Dinge anzuerkennen und zu belohnen ist jedoch schwierig, weil ihr Wirken oft nur subjektiv empfunden wird und weil sie sich nicht einfach messen lassen. Wenn wir zum Beispiel die Energie unserer Kollegen zu einer produktiven Gruppe verdichten, setzen wir unser einzigartiges kreatives Talent ein. Die Familie als zusammenhängende Einheit würde ohne unsere Fähigkeiten im zwischenmenschlichen Bereich nicht existieren. Aber derartiges kreatives Wirken ist schwer zu erkennen und zu honorieren. Sehen wir uns einmal genauer an, wie wir unser nicht greifbares, kreatives Wirken erfassen und anerkennen können.

Kreativität in Beziehungen

Amerikanische Unternehmen, Klassenzimmer und Familien kommen ohne den bewußten Einsatz unserer Beziehungskreativität nicht aus. Und wenn wir diese uns eigene Fähigkeit bewußt einsetzen wollen, müssen wir in einem ersten Schritt die kreative Arbeit, die dazu nötig ist, anerkennen und schätzen.

Damit will ich nicht sagen, daß alle Frauen auf jeden Fall gesunde Beziehungen aufbauen. Wir wissen, daß das nicht stimmt. Aber erinnern Sie sich daran, was uns die Göttinnen über unsere kreative Natur sagen – indem wir diese unsere natürliche Eigenschaft zum Ausdruck bringen, können wir konstruktive Beziehungen entwickeln und aufrechterhalten. Und diese Fähigkeit muß wie alle unsere Talente kultiviert werden.

Historisch gesehen üben wir das Gestalten von Beziehungen, das eine Kombination vieler verschiedener Faktoren erfordert, schon seit Generationen. Ein typisches Beispiel dafür ist die Organisation eines Abendessens mit Gästen. Viele von Ihnen werden jetzt sagen. »Wer redet da von Abendessen? Ich mache viel mehr.« Aber genau darauf will ich hinaus: Ich möchte die Kreativität herausstreichen, die wir alle in unserem eigenen Heim zum Ausdruck bringen, denn ich finde, daß wir diese Kreativität nicht länger ignorieren oder banalisieren sollten.

Eine Dinnerparty, für die meisten von uns etwas Alltägliches, demonstriert unsere Fähigkeit, verschiedene Elemente miteinander in Einklang zu bringen und ein funktionierendes Ganzes zu schaffen. Aber wir selbst sind oft die ersten, die die Kreativität abwerten, die dazu erforderlich ist. Sehen wir uns daher das Beispiel der Dinnerparty einmal genauer an.

Wenn wir eine Dinnerparty planen, denken wir als erstes über die Charaktere der Gäste nach und überlegen, wer sich wohl mit wem verstehen könnte. Dieser Teil ist der schwierigste, wenn man bedenkt, wie komplex die Menschen in ihrer Persönlichkeit sind. Erst nachdem wir uns sicher sind, daß die ins Auge gefaßten Gäste eine positive und anregende Gruppe ergeben, machen wir uns an das Erstellen der Einladungsliste.

Als nächstes planen wir das Menü. Wir stellen eine Speisenfolge zusammen, von der wir sicher sind, daß sie in Geschmack, Nährwert und Aussehen zusammenpaßt und bei den Gästen Anklang findet. Dabei sehen und schmecken wir die Speisen in unserer Vorstellung und nehmen je nach unserer Wahrnehmung der Gesamtwirkung Veränderungen vor. Mit unserer Vorstellungskraft probieren wir im Geiste viele verschiedene Kombinationen aus.

Schließlich ist der Tag der Dinnerparty gekommen. Unsere Bemühungen erreichen ihren Höhepunkt, indem wir versuchen, die Interaktion zwischen den Gästen in allen Stadien anzuregen, und dafür sorgen, daß die Einladung glatt verläuft und für alle angenehm ist. Nachdem sich die Gäste verabschiedet haben, bleiben wir, erschöpft von all diesen Koordinations- und Moderationsarbeiten, zurück. Und unser Ehemann oder Partner küßt uns anerkennend und meint, daß wir so etwas öfter tun sollten. Es sah doch alles so mühelos aus!

Als wir Frauen unser Heim verließen, um uns in der Außenwelt zu beweisen, nahmen wir all diese kreativen Fähigkeiten mit uns. Nun wenden wir sie tagtäglich an, ganz gleich, in welchem Bereich wir arbeiten. Aber oft verabsäumen wir es, diese kreativen Talente anzuerkennen oder entsprechend zu schätzen. Denken Sie einmal über Ihren Job oder über die Art und Weise nach, wie Sie Ihre Kreativität einsetzen.

Ein Beispiel ist das Entwickeln einer positiven, produktiven Arbeitsatmosphäre. In den letzten Jahren hat die Geschäftswelt begonnen, sich stärker dafür zu interessieren, wie die Arbeitsumgebung die Produktivität beeinflußt. Einfach ausgedrückt bewirkt eine positive Umgebung eine hohe Produktivität, während sich eine negative Umgebung abträglich auf das Arbeitsergebnis auswirkt. Obwohl jeder Arbeitnehmer Einfluß auf die Arbeitsumgebung nimmt, übt der oder die jeweilige Vorgesetzte – Unternehmensleiter(in), Abteilungsleiter(in) oder Geschäftsführer(in) – den stärksten Einfluß aus. Der Managementstil dieser Person, ihre Bereitschaft, sich mit Konflikten auseinanderzusetzen, ihre Einstellung zur Arbeit und zu ihren Mitarbeitern wirken sich allesamt auf die Arbeitsatmosphäre aus. Die betreffende Person kann bewußt für eine positive Stimmung sorgen, indem sie dieselbe Kreativität einsetzt, von der sie bei der Organisation einer Dinnerparty Gebrauch macht – nur daß man in der Geschäftswelt dafür den Ausdruck »Teamaufbau« verwendet.

Eine Vorgesetzte muß wissen, daß ihre Persönlichkeit die in der Gruppe vorherrschende Atmosphäre stark beeinflußt. Eine Chefin (oder Lehrerin etc.) kann Gefühle wie Ärger, Frustration oder Streß leicht auf den Arbeitsplatz projizieren und die allgemeine Atmosphäre damit negativ beeinflussen. Wenn sie aber in einer Krise ruhig bleibt oder eine allgemein positive Einstellung zeigt, schafft sie ein konstruktives Umfeld, in dem Produktivität und Kreativität gedeihen können. Eine effektive Managerin gestaltet die Umgebung in der beabsichtigten Weise, indem sie selbst ein Vorbild für die erwünschten Gefühle und Verhaltensweisen ist. Selbst wenn Sie nicht Chefin sind, können Sie viel zu einer positiven Umgebung beitragen, indem Sie eine angenehme Arbeitsbeziehung zu Ihren Kolleg(inn)en und zu Ihrer Chefin/Ihrem Chef herstellen. Eine einzelne Person kann in jeder Situation starken Einfluß auf ihre Umgebung nehmen.

Ein Wort der Warnung: Eine solche Atmosphäre herzustellen kann bedeuten, daß Sie Ihre eigene Beziehungsfähigkeit unter die Lupe nehmen müssen. Sie werden sich allfällige Probleme, die Sie mit Mitarbeitern oder Vorgesetzten haben, bewußtmachen und aktiv an sie herangehen müssen. Workaholics und Perfektionistinnen werden sich mit ihrer Sucht konfrontieren und nach konstruktiven Wegen suchen müssen, mit ihrer Arbeit und ihren Kollegen zurechtzukommen.

Bedenken Sie, daß erwachende kreative Energien in einem Bereich auch die Kreativität in anderen Gebieten anregen. Das bedeutet, daß sich unsere weibliche Fähigkeit zur Kultivierung von Beziehungen gleichzeitig mit der Erweiterung unserer kreativen Ausdrucksfähigkeit entfalten wird. Bis dahin brauchen wir uns nicht länger mit der beschränkten Auffassung über kreativen Ausdruck zufriedenzugeben. Dadurch, daß wir die nicht greifbaren Produkte unserer Kreativität schätzen, fördern wir unser kreatives Ich. Diese wichtige Verbindung kommt in einem Kommentar der Schauspielerin, Autorin und Malerin Portia Nelson zum Ausdruck:

»Ich habe das Gefühl, daß Kreativität mein Leben ist ... und im Gegenzug bedeutet *Leben* Kreativität. Ich kenne keine andere Art zu leben ... und damit meine ich ... daß ich so viele verschiedene Dinge tue, daß ich immer auf irgendeine Weise kreativ bin ... Ich habe wirklich das Gefühl, daß alle Bereiche meiner Kreativität auf irgendeine Weise miteinander verbunden sind. Der eine scheint auf dem anderen aufzubauen – jedenfalls ist das bei mir so.«

Macht –
eine Neudefinition

In unserer Gesellschaft sind es meist Frauen, denen Persönlichkeitsentwicklung ein Anliegen ist. Wenn wir persönliche Probleme haben, nehmen wir häufiger professionelle Hilfe in Anspruch als Männer. Wachstumsorientierte Seminare werden im allgemeinen öfter von Frauen als von Männern besucht. Damit will ich nicht sagen, daß wir Frauen uns im Bereich Wachstum eine Führungsrolle anmaßen sollten, aber wenn es stimmt, daß wir eine natürliche Neigung zur Selbstverbesserung haben, können wir diese Neigung zu unserem Vorteil einsetzen. Indem wir bessere Möglichkeiten finden, mit uns selbst zurechtzukommen, entdecken wir auch bessere Möglichkeiten des Umgangs mit anderen. Auf dieser Reise sollte uns alles, was wir tun, in unserer Persönlichkeit bereichern und uns dazu anregen, Macht über uns selbst auszuüben.

Die Kultivierung unserer eigenen Persönlichkeit bringt uns ein gesteigertes Bewußtsein der Macht, die wir über uns selbst haben. Die Therapie, die wir wählen, die Seminare, an denen wir teilnehmen, und die Bücher, die wir lesen, sollten uns dazu ermutigen, unsere Richtung und das Gefühl für unser inneres Ich zu finden. Wir schaffen unser eigenes Ich. Leider kommt es oft vor, daß uns eine Therapie, ein Seminar oder ein Buch Macht wegnehmen, weil sie uns dazu überreden, die Vorstellungen anderer zu übernehmen oder uns von ihnen sagen zu lassen, wie wir uns definieren sollen. Während das Ideal darin besteht, eine eigenständige

Persönlichkeit zu werden, bewirken viele Menschen und Situationen genau das Gegenteil.

Eigenständig werden

Wir können unserer Eigenständigkeit zum Beispiel schaden, indem wir versuchen, »normal« zu sein. Ich leitete einmal einen Kurs mit dem Titel »Die normale Persönlichkeit«. Ein wahrhaft interessantes Thema, da es so etwas wie eine normale Persönlichkeit nicht gibt. Ich ging dabei von Jean Houstons Definition einer »normalen« Persönlichkeit aus – doch wer oder was ist das?[1] In allzu vielen Therapien wird versucht, das Verhalten der Klienten zu »normalisieren«, es zu glätten und von allen scharfen Kanten zu befreien. Durch dieses Streben nach einer bequemen Einheitlichkeit werden sämtliche kreativen Möglichkeiten eliminiert, denn die Kreativität floriert in den Randzonen unseres Lebens. Sie entsteht aus den Problemen, die wir mit unserem eigenen Verhalten oder mit unseren Wahrnehmungen haben, und aus dem Infragestellen des Status quo. Wenn es die Therapie verabsäumt, uns auf diesen Gebieten Anregung zu bieten und uns zu helfen, die Antworten in uns selbst zu finden, hindert sie uns an unserem Wachstum als selbstdefinierte Frau.

Wir geben unsere Macht aus der Hand, wenn wir es einem Therapeuten oder einer Therapeutin gestatten, unsere Träume für uns zu interpretieren, oder wenn wir uns der Behandlung eines Arztes unterwerfen, der uns seine Therapie nicht zu unserer Zufriedenheit erklärt. Wir erobern uns unsere Macht zurück, indem wir mit Therapeuten arbeiten, die uns auf unseren ganz persönlichen Weg führen und denen es wichtig ist, daß die Erklärungen, die sie uns geben, zu unserem Selbstverständnis beitragen. Wir fördern unsere Eigenständigkeit, indem wir Menschen aus dem Weg gehen, die Entscheidungen für uns treffen wollen oder unsere Ideen, Gefühle und unsere Arbeit abschätzig behandeln.

Manchmal entgleitet uns unsere Macht auch durch schlechtes Selbstmanagement, was dazu führt, daß wir unser kreatives Potential nicht ausleben können. Wenn wir das nicht zu Ende bringen, was wir begonnen haben, wenn wir die Dinge, die wir erledigen sollen, bis zur letzten Minute hinausschieben, wenn wir uns weigern, Verantwortung für unser Tun oder unser Nichttun zu übernehmen, unterminieren wir unsere Kreativität. Wenn wir Projekte nicht vollenden und sie auf jemand anderen abschieben, sobald wir uns zu langweilen beginnen oder feststellen, daß wir uns zuviel auf einmal aufgeladen haben, vermitteln wir nach außen die Botschaft, unzuverlässig zu sein. Und wir enttäuschen auch uns selbst. Die Kreativität, die wir in ein Projekt investieren, wird niemals Anerkennung finden, wenn wir die Aufgabe abgeben, bevor wir sie vollendet haben.

»Ich arbeite besser, wenn ich unter Druck stehe« ist die übliche Entschuldigung dafür, mit dem Beginn eines Projekts bis zum letzten Augenblick zu warten. Wir alle haben schon mit Menschen zu arbeiten versucht, die eine Aufgabe bis zum letzten Moment hinausschieben. Das ist nicht leicht, vor allem dann nicht, wenn unsere Arbeit ganz oder teilweise von dem abhängt, was sie zustande bringen. »Ich arbeite besser unter Druck« hört man oft von Menschen mit schlechtem Selbstmanagement. Diese Menschen sind oft unzureichend organisiert, und ihre Arbeit hat wenig Charakteristisches an sich, da sie in Eile fertiggestellt wird. Bestimmte kreative Ideen brauchen Zeit zum »Ausbrüten«, aber sie brauchen auch Zeit, um erforscht, verfeinert und ausgedrückt zu werden. Wenn wir in die Gewohnheit verfallen sind, immer bis zum letzten Augenblick zu warten, müssen wir unser Arbeitstempo ziemlich beschleunigen. Wir müssen unsere Zeit effizient einteilen und gegenüber unseren Kollegen die Verantwortung für unangenehme Situationen übernehmen, die entstanden sind, weil es uns an konstruktiven Selbstmanagementfähigkeiten fehlt.

Verantwortung für unser Tun oder Nichttun zu übernehmen sollten wir im wörtlichen Sinn verstehen: ver-*antwort*-lich sein. Allzuoft werden mit dem Wort *Verantwortung* belastende Konnotationen von »sollen« und »müssen« verbunden – Begriffe, die sich mit Spontaneität nicht vereinbaren lassen. Aber wenn wir das Wort analysieren, sehen wir, daß es darum geht, auf eine Situation aus einer Reihe von Möglichkeiten eine Antwort zu finden. Wir haben Wahlmöglichkeiten in unserem Verhalten. Das ist ein Schlüsselelement der Macht, die wir über uns selbst haben. Wir leben verantwortungsvoll, wenn wir auf Menschen, Situationen und auf das Leben Antworten finden. Wir reagieren nicht länger, indem wir an immer gleichen, hemmenden Verhaltensweisen festhalten. Wir nützen die Wahlmöglichkeiten, die wir in unserem Handeln haben, und beanspruchen die Früchte unserer Kreativität für uns. In ähnlicher Weise versetzt uns unsere Verantwortung für unsere Rolle in einem gescheiterten Projekt in die Lage, auf eine positivere Lösung hinzuarbeiten. Wir fahren uns nicht in der Suche nach einem Sündenbock fest, dem wir die

Schuld für ein »Versagen« in die Schuhe schieben können. Und wir nehmen nicht mehr die ganze Verantwortung auf uns, wenn sie uns nicht zusteht. Wir stehen für unseren Teil gerade und leisten unseren Beitrag zu einem möglichst konstruktiven Ergebnis.

Wenn wir nachdenken, fallen uns sicher viele schlechte Selbstmanagementtechniken ein, die uns davon abhalten, so kreativ zu sein, wie wir es könnten. Vielleicht lassen wir uns von alten Gewohnheiten, die bequem und nicht leicht abzuschütteln sind, in unserem Wachstum hemmen. Manchmal können wir selbst Verhaltensänderungen herbeiführen, und manchmal brauchen wir therapeutische Hilfe. Unser Ziel muß es dabei immer sein, uns zu der Persönlichkeit zu entwickeln, die wir in Wirklichkeit sind, unabhängig von gesellschaftlichen und familiären Erwartungen. Wir müssen zu dem Menschen werden, der wir nach unserer *eigenen, selbstgewählten* Definition sind. Wenn wir uns einmal in diese Richtung in Bewegung gesetzt haben, können wir gar nicht anders, als auch die Persönlichkeit der Mitmenschen zu fördern. Eigenständigkeit ist nämlich ansteckend.

Anderen zu Eigenständigkeit verhelfen

Wir verhelfen anderen zu Eigenständigkeit, indem wir sie dazu ermutigen, ihre eigenen Entscheidungen zu treffen, ihre kreativen Ideen zum Ausdruck zu bringen und ihr Potential weiterzuentwickeln. So werden wir zu einer Chefin, die nach dem Besten in ihren Mitarbeitern Ausschau hält und sie bei der Entwicklung positiver Qualitäten anleitet.

Wir stehen einer Mitarbeiterin, die an der Überwindung unproduktiver Verhaltensweisen arbeitet, unterstützend zur Seite. Und indem wir negative Verhaltensweisen durchbrechen – einige Menschen verwenden ihre schlechten Gewohnheiten als Vorwand dafür, sich nicht zu ändern –, fungieren wir als Vorbild für die Art von Verhalten, die wir uns an unserem Arbeitsplatz oder in unserem Heim wünschen. Das sollten wir nicht als Last empfinden. Die Verbesserung unserer Selbstmanagementfähigkeiten läßt uns kreativer werden und erleichtert unser Leben.

Viele der Techniken, die wir zur Kultivierung unseres Wachstums verwenden können, sind uns auch im Umgang mit anderen nützlich. Positive Verstärkung ist vielleicht die effektivste, wenn auch die meistübersehene Methode zur Förderung des Wachstums. Die wohlverdiente Anerkennung einer bestimmten Leistung hebt die Freude an der Arbeit und regt zu mehr Qualität an. Ich ermutige meine Klientinnen, Aufzeichnungen darüber zu führen, wie oft sie den Menschen, mit denen sie in ihrem täglichen Leben Kontakt haben, aber auch sich selbst konstruktive Rückmeldungen geben! Solche Rückmeldungen sollten einfach und gleichzeitig aufrichtig sein. Ein oder zwei Sätze, die sich auf ein bestimmtes Verhalten beziehen, wie zum Beispiel: »Mir gefällt Ihr Auftreten bei Meetings. Sie sind kooperativ und sorgen dafür, daß etwas weitergeht«, teilen der betreffenden Person mit, daß Sie sie beachten und ihre Arbeit zu schätzen wissen. Lehrerinnen und Mütter können sich derselben Technik bedienen. Kolleginnen können einander unterstützen, indem sie die Erfolge der anderen anerkennen. Wann haben Sie das letzte Mal das kreative Bemühen eines anderen Menschen anerkannt oder gewürdigt?

Von Mitarbeitern, die in ihren positiven Verhaltensweisen regelmäßig unterstützt werden, ist eher zu erwarten, daß sie sich mit kreativen Ideen an ihre Vorgesetzten wenden. Wenn man den konstruktiven Verhaltensweisen Aufmerksamkeit zollt und sie verstärkt, verlieren die negativen an Bedeutung. Diese Art von Unterstützung können wir sowohl anderen als auch uns selbst zuteil werden lassen und so allen zu einem kreativeren Leben verhelfen.

Als wir Frauen Anfang der siebziger Jahre Managementpositionen zu übernehmen begannen, wurden wir von unseren Vorgesetzten in unserem beruflichen Weiterkommen oft behindert. Sie gaben uns keine Rückmeldungen über Verhaltensweisen, die für unser Fortkommen schädlich waren, weil sie fürchteten, der Voreingenommenheit beschuldigt zu werden. Aber um wachsen zu können, brauchen wir alle Informationen über unser Verhalten, und wir brauchen Unterstützung, damit wir uns ändern können. Wenn wir anderen Menschen keine Rückmeldungen über unproduktive Arbeitsgewohnheiten geben, schaden wir damit möglicherweise sowohl unseren Mitarbeitern als auch unserer Effektivität als Managerinnen.

Wenn Sie jemand anderem Feedback über seine negativen Verhaltensweisen geben, sollten Sie ein definitives Ziel vor Augen haben, wie zum Beispiel eine positive Veränderung der Arbeitsgewohnheiten. Indem Sie spezifische, konkrete Beispiele für das negative Verhalten der betreffenden Person anführen, können Sie ihr helfen, sie zu erkennen. Sagen Sie zum Beispiel: »Sie sind dreimal zu spät zur Arbeit gekommen. Das ist inakzeptabel.« Wichtig ist es auch, die Person und ihr Verhalten voneinander zu trennen. Wir sagen unserer Mitarbeiterin nicht, daß *sie* inakzeptabel ist, sondern daß *ihr Verhalten* inakzeptabel ist.

Teilen Sie keine Streicheleinheiten aus, während Sie über eine negative Verhaltensweise sprechen. Positives Feedback mit negativem zu vermischen ist verwirrend und kann eine Verwässerung der Botschaft bewirken, daß die kritisierte Person bestimmte Verhaltensweisen ändern muß, um eine bessere Leistung zu erzielen. Ein Satz wie: »Ich bin zuversichtlich, daß Sie sich auf diesem Gebiet verbessern können« erhöht die Wahrscheinlichkeit einer Verhaltensänderung. Die meisten Menschen reagieren gut auf Feedback über ihr Verhalten, wenn Sie ihnen gleichzeitig sagen, daß Sie ihnen bei einer Verhaltensänderung helfen werden.

Auch wenn Sie nicht in einer Managementposition arbeiten, gibt es in Ihrem Leben zweifellos viele Bereiche, in denen Sie Managementfähigkeiten brauchen: Sekretärinnen managen ihre Arbeitsbereiche (und manchmal auch die ihrer Vorgesetzten); Lehrer managen Klassen; Krankenschwestern managen Patienten und ihre Pflege; Mütter managen Haushalte, Kinder und (manchmal) einen Partner. Wie die Details auch aussehen mögen, die Tätigkeit bleibt in ihren Grundzügen dieselbe. Indem wir versuchen, die besten Anlagen in anderen und in uns selbst zu verstärken, ermutigen wir kreatives Verhalten. Die Arbeit oder die häusliche Umgebung wird gesünder und emotional sicherer, so daß alle Beteiligten ihre einzigartige Persönlichkeit entfalten können.

Während wir persönlich weiterwachsen und einen kreativeren Umgang mit uns selbst erlernen, können wir unser Wissen zur Verbesserung unserer Beziehungen zu Mitarbeitern, Schülern, Kollegen oder Kindern einsetzen. Dabei fühlen wir uns zu Dingen und Personen hingezogen, die unsere Entwicklung und unsere Eigenständigkeit als Menschen fördern, und weisen alles zurück, was unserer Eigenständigkeit abträglich ist. Wir widersetzen uns der »Normalität«, die unsere rauhen Kanten abschleift, und wir werden kreativer in unserer Interaktion mit anderen. Unsere Fähigkeit des Umgangs mit anderen verbessert sich, während wir einen besseren Umgang mit uns selbst erlernen.

Setzen Sie Ihre Vorstellungskraft ein

Unsere Vorstellungskraft ist etwas Mächtiges. Sie kann unsere körperliche Befindlichkeit sowohl in Richtung Gesundheit als auch in Richtung Krankheit beeinflussen. Studien an erfolgreichen Menschen haben gezeigt, daß diese sich oft vorstellen, ein angestrebtes Ziel bereits erreicht zu haben. Je geschickter wir im Umgang mit den verschiedenen Arten der Visualisierung sind, desto besser können wir uns für kreative Möglichkeiten öffnen. Das menschliche Gehirn arbeitet mit Bildern – und deshalb trainieren wir unser Gehirn und verbessern gleichzeitig unsere Kreativität, wenn wir unsere bildliche Vorstellungskraft einsetzen.

Diejenigen unter uns, die in den vierziger und fünfziger Jahren aufwuchsen, konnten ihre Vorstellungskraft nur heimlich anwenden. Die Psychologen waren damals davon überzeugt, daß es ungesund für uns sei, uns Spielkameraden vorzustellen, weil dies angeblich zur Verwirrung darüber führte, was real war und was nicht. Wir wurden von Eltern und Lehrern ermahnt, mit dem Tagträumen aufzuhören, als ob auch das zu einer Entwicklungsstörung führen würde. Viele von uns hielten aber an ihren Gewohnheiten fest und lernten, wann ihre phantasierten Freunde herauskommen durften und wann sie sie versteckt halten mußten. Wir hielten unsere innere Vorstellungskraft lebendig, während wir nach außen hin den Anschein erweckten, den Worten des Lehrers mit hingebungsvoller Aufmerksamkeit zu folgen. Aber die Geschichten in unseren Köpfen waren meist interessanter als alles, was wir in der Schule lernten, und phantasievoller als Fernsehen und Kino zusammengenommen!

Die sechziger Jahre brachten eine Explosion auf dem Gebiet der Gehirnforschung, die dazu beitrug, die negative Einstellung zur Verwendung unserer bildlichen Vorstellungskraft zu revidieren. Heute ist klarer, wie wichtig der Einsatz unserer Vorstellungskraft ist. Fast hinter jedem kreativen Akt steht irgendeine Art von Bild. Bei Frauen muß etwas in ihrem Inneren geschehen, damit die kreativen Säfte zu fließen beginnen. Manchmal ist es ein externes Bild wie eine Naturszene oder eine verbale Beschreibung, das die Schaffende so stark berührt, daß ihre Aufmerksamkeit gefesselt wird. Dann beginnt sie diesen Eindruck in sich aufzunehmen und ihn mit einem inneren Bild zu kombinieren, und schon entsteht ein neuer Gedanke oder ein neues Gefühl. Wenn sie mit dem Ergebnis zufrieden ist, wird sie diesem – ihren kreativen Talenten entsprechend – eine Form geben. Klingt das vertraut?

Vorstellungskraft – was ist das?

Wenn wir uns etwas vorstellen, setzen wir unsere fünf Sinne sein. Wir können visuelle Vorstellungen (Sehvermögen) haben, auditive (Gehör), kinästhetische (ein Gefühl im Körper, vor allem in den Muskeln), gustatorische (Geschmackssinn) und olfaktorische (Geruchssinn). Bei den meisten Menschen überwiegt eine bestimmte Art der Vorstellung – und zwar jene, die zu verwenden ihnen am leichtesten fällt. Die auditive Vorstellung ist für Musiker typisch, während die kinästhetische Vorstellung bei Tänzern und Athleten überwiegt. Viele Maler arbeiten mit visueller Vorstellung. Aber ganz gleich, welche Art der Vorstellung bei uns überwiegt – wir können die Nutzung der anderen Vorstellungsarten üben.

Wenn Sie Ihre Vorstellungskraft einsetzen, ist es wichtig, zu wissen, um welche Art es sich handelt. Wenn Sie zum Beispiel bei der Übung am Ende dieses Abschnitts nur Schwarz sehen und die Szene eher fühlen als erblicken, reagieren Sie kinästhetisch. Ärgern Sie sich nicht, weil Sie das Bild nicht optisch vor sich haben oder weil Sie es deutlicher hören als sehen oder fühlen. Wenn Sie mit Ihrer Vorstellungskraft arbeiten oder spielen, erhöht sich die Wahrscheinlichkeit, daß Sie dabei auch die anderen Arten trainieren und sich einen besseren Zugang zu Ihren kreativen Möglichkeiten verschaffen.

Es kann beunruhigend sein, von einer Art der Vorstellungskraft zur anderen überzugehen, erklärte mir eine Teilnehmerin eines meiner Seminare einmal.

Sie kam nach einer Übung zu mir, deren Ziel es war, die Teilnehmerinnen in Kontakt mit ihrer inneren Göttin zu bringen. Die Frau war entsetzt über sich, weil sie das Gefühl hatte, die Übung »abgeblockt« zu haben. Ihre normalerweise dominierende visuelle Vorstellungskraft funktionierte nicht – sie sah nichts. Ich hatte aber beobachtet, daß sie sich nach der Übung eine ganze Seite Notizen machte. Aus diesen Notizen ging hervor, daß sie tatsächlich eine tiefe Verbindung zu einer Göttin gespürt hatte. Ihre Eindrücke waren sogar sehr klar. Ich erklärte ihr, daß sie die Übung mit ihrem kinästhetischen Sinn wahrgenommen hatte – sie hatte sie nicht gesehen, sondern mit ihrem Körper gespürt.

Ich gratulierte ihr dazu, daß es ihr gelungen war, eine neue Nähe zu diesem Teil ihres inneren Ich herzustellen. Daraufhin hörte sie auf, sich selbst wegen des vermeintlichen »Abblockens« zu kritisieren, und begann allmählich, sich über das Erreichte zu freuen.

Die Kraft der Vorstellung

Das erste Mal erforschte ich die Kraft der Vorstellung während eines Kurses in Psychosynthese, einer therapeutischen Richtung, die stark mit geführten Phantasiereisen arbeitet. Ich lehrte zu dieser Zeit Englisch an einer High-School und fand diese Art des Arbeitens besonders hilfreich. Während andere Lehrer sich damit abmühten, ihren Schülern das Beschreiben beizubringen, lud ich meine Schüler zu geführten Phantasiereisen ein, bei denen sie die Geschichte, die ich erzählte, in ihrem Inneren nacherleben konnten. Ich gab den Rahmen vor, den sie mit Hilfe ihrer Vorstellungskraft mit Details füllen konnten, oder ich erzählte nur den Beginn einer Geschichte und wies sie an, sie selbst zu vollenden. Da bei dieser Erfahrung alle Sinne mit einbezogen waren, konnten sie die ganze Fülle ihrer Vorstellungen erkunden, bevor sie zu schreiben begannen. Das Problem lag nicht darin, daß den Schülern nichts eingefallen wäre, sondern ganz im Gegenteil darin, daß die Zeit zu knapp war, um alles zu Papier zu bringen.

Ein weiterer Vorteil der Arbeit mit der Vorstellungskraft besteht darin, daß die Schüler dadurch ihr Repertoire an verfügbaren Lernstilen erweitern. Unser bevorzugter Lernstil entspricht ja unserer dominierenden Vorstellungsart. Wenn ich also ein visueller Typ bin, lerne ich am leichtesten, wenn ich etwas sehe. Wenn ich ein auditiver Typ bin, lerne ich am besten, indem ich höre. Solange der im Unterricht verwendete Lehrstil und mein Lernstil übereinstimmen, ist alles in Ordnung. Aber wenn ich ein visueller Typ und meine Lehrerin eher dem auditiven Stil zuneigt, werde ich wahrscheinlich Probleme haben. Vielleicht wird man mich sogar als langsame Schülerin abstempeln. Aber je mehr Arten der Vorstellung ich entwickle, desto mehr Lernstile kann ich mir zu eigen machen.

Viele meiner Schüler an der High-School gehörten Minderheiten an. Unter ihnen waren mexikanische Amerikaner, Afroamerikaner und Amerikaner asiatischer und indianischer Abstammung. Ich stellte fest, daß die meisten von ihnen keine auditorischen oder visuellen Lerntypen waren, so wie die dominierende Kultur es erwartete. Ihre Vorstellungskraft war kinästhetischer Natur. Sobald ich mit geführten Phantasiereisen begann, die dem Rechnung trugen, gelangten sie zu einem neuen Selbstwertgefühl, und sie lernten ihre Fähigkeiten zu schätzen.

Ich kann mich noch an das blanke Erstaunen eines Schülers erinnern, der bei diesen Übungen sechs Monate lang kinästhetische Erfahrungen gemacht hatte und dann plötzlich zur visuellen Vorstellung überging. »Ich konnte es sehen!« rief er aus. Er hatte seine innere Vorstellungswelt gemeinsam mit seiner externen Welt des Lernens erweitert.

Obwohl die Vorstellungskraft mit unseren fünf Sinnen zu tun hat, entdeckten die Forscher Stanislav Grof, Jean Houston und Robert Masters, daß die Vorstellung auf verschiedenen Ebenen der menschlichen Psyche angesiedelt ist.[1,2,3] Zunächst wurden vier Ebenen definiert. Grof, ein

Freudianer, assoziierte diese Ebenen mit dem Geburtstrauma, während Houston und Masters sie mit den Arten unserer Erfahrung in Verbindung brachten.

Houston und Masters meinen, daß die erste Ebene, die sensorische, aus der Erfahrung eines Menschen mit der äußeren Welt entsteht wie ein Gemälde, das so realistisch ist wie ein Foto. Die zweite, die psychologische Ebene, formt sich aus der Erfahrung eines Menschen mit sich selbst. Die dritte Ebene ist die mythologische, und auf ihr drückt sich die Vorstellung in universellen Symbolen wie Mandalas und Spiralen aus, die weltweit zu finden sind. Die letzte und tiefste Schicht unserer Vorstellung ist schließlich die integrale Ebene, auf der sich alle anderen Ebenen vereinigen. Hier werden die individuellen Erfahrungen eins mit allem, was existiert. Grof, Houston und Masters entdeckten, daß ein Mensch Zugang zur universellen Weisheit findet und zu einer gesünderen, integrierteren und ausgeglicheneren Persönlichkeit wird, sobald er diese vierte Ebene erlebt. Diese Gefühle der kosmischen Einheit entsprechen Abraham Maslows Beschreibungen von Spitzenerfahrungen einer selbstverwirklichten Persönlichkeit.

Seit ihren frühen Forschungen hat Jean Houston innerhalb dieser Schichten noch viele weitere gefunden. Ich erinnere mich an eine Übung, in der sie die Seminarteilnehmer auf mehr als fünfzig Vorstellungsebenen führte!

Das bedeutet, daß wir mit Hilfe unserer Vorstellungskraft eine unglaubliche Vielfalt in unserem Inneren erschließen können. Die Fülle an innerem Wissen und Erfahrung ist der Schlüssel zur schöpferischen Tätigkeit, unabhängig davon, wie wir diese Kreativität anwenden. Natürlich erfordern die meisten Aufgaben, an die wir auf kreative Weise herangehen, keine Reise in den innersten Bereich unserer Psyche. Aber das Wissen, wie wir alle Teile unserer Vorstellung aktivieren und anwenden können, erweitert unser Repertoire an Möglichkeiten und bringt uns in Verbindung mit unseren kreativen Fähigkeiten.

Lernen Sie, Ihre Vorstellungskraft zu verwenden

Für viele der in diesem Buch enthaltenen Übungen müssen Sie innere Bilder verwenden. Es gibt unterhaltsame Möglichkeiten, Ihre Vorstellungskraft zu üben. Warum nicht gleich beginnen: Schließen Sie die Augen, und stellen Sie sich Ihre Lieblingsspeise vor. Riechen Sie das Essen. Sehen Sie es an. Schmecken Sie es, und lassen Sie sich Ihren Lieblingsgeschmack und Ihr Lieblingsaroma förmlich auf der Zunge zergehen. Sitzen Sie an einem Tisch? Befinden Sie sich in Gesellschaft anderer Leute? Wenn ja, welche Gespräche werden geführt? Was hören, sehen, riechen, spüren und schmecken Sie rund um Ihre Lieblingsspeise?

Die folgende Übung, eine Art Vorstellungs-Aerobic, dauert ein wenig länger. Sie soll Ihnen zu einer intensiveren Erfahrung der Phantasiestimulation verhelfen. Es ist eine gute Idee, die Anweisungen auf Band aufzunehmen, so daß Sie sich die Instruktionen anhören können und merken müssen. Lassen Sie sich für diese Übung Zeit.

Setzen Sie sich in einem ruhigen Raum bequem hin. Schließen Sie Ihre Augen, und konzentrieren Sie sich auf Ihre Atmung. Folgen Sie Ihrem Atem, wie er in

*Ihren Körper hineinströmt und wieder aus ihm hin-
ausströmt. Tun Sie das ein paar Minuten lang, bis
Sie das Gefühl haben, zentriert und fokussiert zu
sein.*

*Nun stellen Sie sich vor, auf einem Waldweg dahin-
zuspazieren. Es ist ein deutlich erkennbarer Weg. Die
Luft ist angenehm warm. Spüren Sie beim Gehen die
warme Walderde unter Ihren Füßen. Sehen Sie, wie
das Sonnenlicht durch die Äste der Bäume bricht.
Spüren Sie die warme Luft auf Ihrem Gesicht und auf
Ihren Armen. Hören Sie, wie die Vögel zwitschern
oder wie ein Eichhörnchen durch die raschelnden
Blätter von Ast zu Ast springt und dann schnell einen
Baumstamm hinaufhuscht.*

*Sie gehen weiter durch den Wald, und der Weg wird
immer undeutlicher. Sie fühlen sich ganz entspannt
und genießen Ihren Spaziergang. Bald können Sie
den Weg kaum mehr erkennen. Sie gehen weiter, Ihre
Umgebung in sich aufnehmend, und ein Gefühl der
Zufriedenheit durchflutet Sie. Nun bemerken Sie,
daß Sie an den Waldrand gekommen sind. Vor Ihnen
liegt eine wunderschöne, in warmes Sonnenlicht ge-
tauchte Wiese mit dichtem, weichem Gras. Sie gehen
auf die Wiese und spüren ein Gefühl der Ruhe und
des Friedens. Fühlen Sie das schwammartige Gras
unter Ihren Füßen, während Sie diese Wiese erforschen. Saugen Sie die süße, klare Luft ein. Lauschen
Sie auf das Zwitschern der Vögel oder auf die Geräusche anderer Tiere. Hören Sie, wie Wasser sanft von
einem Felsen fällt und in einen Bach mündet, der
durch die Wiese fließt.*

Sie sehen sich um und entdecken einen Picknickkorb.
Als Sie ihn öffnen, finden Sie darin einige Ihrer Lieb-
lingsspeisen. Es ist offenkundig, daß dieser Korb für
Sie bestimmt ist, und so greifen Sie herzhaft zu. Sie
sitzen auf dem weichen Gras, vielleicht an einen
Baumstamm oder an einen Felsen gelehnt, atmen die
frische Luft ein, lauschen auf das sanfte Plätschern
des Wasserfalls und genießen die Speisen, die so
herrlich schmecken, wie Sie es erwartet hatten. Ge-
nießen Sie Ihr Picknick weiter, und nehmen Sie sich
so viel Zeit, wie Sie brauchen.
Wenn Sie zu Ende gegessen haben, nehmen Sie alle
sensorischen Eindrücke dieses Ortes in sich auf. Sie
wissen, daß Sie jederzeit hierher zurückkehren kön-
nen, wenn Ihnen danach ist – um Ihre Vorstellungs-
kraft zu trainieren oder einfach um sich zu entspan-
nen.
Nun atmen Sie fünfmal tief durch. Wenden Sie sich
bewußt diesem Atmen zu. Jeder Atemzug bringt Sie
näher zum vollen Wachzustand. Mit dem fünften
Atemzug sind Sie vollkommen wach und nehmen den
Raum, in dem Sie sitzen, mit Ihrem vollen Bewußt-
sein wahr.

Diese Übung eignet sich nicht nur ausgezeichnet für die
Anregung der inneren Vorstellungskraft und die Eröffnung
neuer Zugänge zur Kreativität, sondern sie ist auch eine
ausgezeichnete Entspannungsübung. Und Kreativität kann
nur in entspanntem Zustand und nicht unter Streß gedeihen.

Vom Haha zum Aha!

Haben Sie heute schon gelacht? Wenn nicht, ist es vielleicht an der Zeit, eine kleine Lachpause einzulegen. Wie? Nun, das ist ganz einfach: Nehmen Sie sich einen Augenblick Zeit, und erinnern Sie sich an etwas Lustiges, das Ihnen irgendwann einmal passiert ist. Ein Ereignis wird oft komisch, wenn es eine andere Wendung nimmt als ursprünglich gedacht. Oder denken Sie an einen Witz, an eine humorvolle Szene eines Films oder einer Fernsehsendung oder vielleicht auch an einen Cartoon. Was können Sie hier und jetzt tun, was Sie zum Lachen bringen könnte?

Lachen ist eine wichtige Fähigkeit des Menschen. Aber haben Sie sich je gefragt, warum wir lachen? Wenn wir etwas als komisch empfinden, vollziehen wir im Geist einen Sprung von einem Gedanken zu einem anderen. Ein plötzlicher Richtungswechsel, ein unvorhergesehener Schwenk von einer Betrachtungsweise zur anderen, bringt uns zum Lachen. Kreativität erfordert ähnliche geistige Richtungsänderungen und Sprünge.

Wie jede Fähigkeit will die geistige Agilität geübt werden. Dabei hilft uns der Humor. Lachen ist Training für den Geist, weil wir dabei schnelle geistige Sprünge vollziehen und die Grenzen unseres Denkens dehnen und unseren Ideen mehr Raum geben. Viele Menschen gehen an den Akt des Schaffens mit zu großem Ernst heran. Sie wollen die »richtige« Art des Kreativseins finden.

Im Gegensatz dazu ermutige ich die Leute herumzualbern, während sie versuchen, ihre Kreativität zu erweitern. Kreative Menschen haben zum Leben und zu seinen Problemen oft eine kindlich unschuldige Einstellung. Wenn wir albern sind, kultivieren wir unseren Sinn für Humor, und das Lachen bringt uns näher zu einem Zustand der gesegneten Unschuld – näher zu unserer Kreativität.

Wenn wir unseren Humor zur Steigerung unserer Kreativität einsetzen wollen, müssen wir dafür sorgen, daß wir etwas zu lachen haben. Die Kinderbuchautorin Byrd Baylor erzählte mir einmal von einem jungen Mann, den sie nach einer Rede vor einer Studentengruppe kennengelernt hatte. Er war entsetzt darüber, daß Baylor ihre Arbeit – seiner Ansicht nach – nicht ernst nahm, während er selbst dies sehr wohl tat. »Ich erklärte ihm, daß es mir mit dem Schreiben ernst ist, seit ich acht bin. Aber ich nehme *mich selbst* nicht ernst.« Mit dieser Einstellung kann Byrd ihre Schreibkunst ständig verfeinern, während sie in ihre Bücher eine Art kindlichen Staunens einfließen läßt.

Der Sinn für Humor kann auf vielfache Weise gefördert werden. Es ist eine gute Aufwärmübung für die Flexibilität, die wir für unsere kreativen Bestrebungen brauchen, an einen Witz oder an eine komische Stelle eines Films oder einer Fernsehsendung zu denken. In einem Witzbuch zu lesen, bevor wir an einer Problemlösungssitzung teilnehmen oder mit einem anspruchsvollen kreativen Projekt beginnen, kann uns in die richtige Stimmung bringen. Tragen Sie doch immer ein Witzbuch bei sich! Ich habe mir zum Beispiel angewöhnt, ständig Karteikarten greifbar zu haben. Auf diesen notiere ich lustige Gedanken, die mir während des Tages einfallen, oder komische Dinge, die anderen Leuten passieren. Manchmal finde ich in der Zeitung einen Artikel, den ich unterhaltsam finde. Dann schneide ich ihn aus und klebe ihn auf eine Karte. Diese Karten kommen mir zugute, wenn ich etwas zum Aufschreiben oder zum Schmunzeln brauche. Es ist mir vollkommen egal, ob andere dasselbe komisch finden wie ich – schließlich ist es *mein* Witzbuch. Wenn ich das Gefühl habe, festgefahren zu sein und mich weit von meiner Kreativität entfernt zu haben, verschafft mir das einen schnellen Zugang zu etwas, das mir meine Perspektive zurechtzurücken hilft und mich in einen kreativen Modus versetzt.

Wir alle kennen die Meetings mit dumpfer Atmosphäre, in denen eine konstruktive Problemlösung durch phantasielose Vorschläge verhindert wird. Solche Meetings können wir mit einem Witz aufheitern – vielleicht sogar mit einem, der auf unsere Kosten geht –, und wir können die anderen dazu ermutigen, dasselbe zu tun. So kann sich die Gruppe durch Lachen aus ihrer Lethargie reißen. (Witze, die auf einen anderen Teilnehmer des Meetings oder auf seine Ideen oder Vorstellungen abzielen, sind nicht zu empfehlen.) Wenn wir zusehen, daß geistige Sprünge und kindliche Unschuld uns zum Lachen bringen, ergeben sich von selbst phantasievolle Lösungen.

Vielleicht sollten alle Meetings mit lustigen Geschichten oder Witzen beginnen, um die Kreativität der Gruppe zu stimulieren. Gruppenmitglieder, die sich Witze schlecht merken, könnten einen Cartoon oder einen Ausschnitt aus ihrem persönlichen Witzbuch mitbringen. Wenn eine Brainstorming-Sitzung zu versanden droht, können wir die Stimmung der Gruppe mit dem Griff zum Lächerlichen vielleicht in eine andere Richtung lenken.

Wenn wir lachen, verlieren wir unsere Hemmungen – zumindest vorübergehend. Dadurch können wir uns von unserer gedanklichen Routine befreien und die Dinge aus einer neuen Perspektive betrachten. Der Humor ist ein Aufwärmtraining für unsere geistige Flexibilität und versetzt uns in die Lage, kreative Sprünge zu tun. Anders ausgedrückt: *Haha* bringt uns zum *Aha!*

Spontaner werden

Kreativität entsteht aus dem Ungeplanten und Unerwarteten. Der Zufall, durch den wir etwas entdecken, während wir eigentlich nach etwas anderem Ausschau halten, begegnet uns oft während des kreativen Schaffens. Einer Forscherin bei 3M gerät versehentlich eine Chemikalie auf ihren Leinenschuh – und sie entdeckt Scotchgard[1]. Die Avantgardetänzerin Mary Wigman bringt ihre Freude ihren Kolleginnen gegenüber zum Ausdruck, indem sie in die Hände klatscht, und schon ist ein neuer Tanz geboren.[2] Ist Ihnen so etwas schon einmal passiert? Sie arbeiten an etwas und bewegen sich scheinbar in eine Richtung, und plötzlich sehen Sie eine vollkommen neue Idee vor sich.

Natürlich können wir den Zufall nicht planen, aber wir können ihm ein wenig auf die Sprünge helfen. Und wir können uns selbst dazu anhalten, ihn zu beachten. Eine Möglichkeit wäre, mit Hilfe unserer ganzheitlichen Wahrnehmung soviel Vielfalt wie möglich in uns aufzunehmen, mehrere Möglichkeiten nebeneinander bestehen zu lassen und sie zu neuen, wenn auch manchmal ausgefallenen Ergebnissen zu kombinieren. Eine weitere Möglichkeit ist, der Spontaneität in allen Bereichen unseres Lebens mehr Raum zu geben.

Die lebendige, dynamische Energie der Kreativität kommt unter der Last der Routine zum Stillstand. Methodisches Verhalten zieht vorhersagbare Gedanken nach sich. Kreativität bedeutet, aus dem Konventionellen auszubrechen. Aber unsere Gewohnheiten sind im »alten« Teil unseres Gehirns eingeprägt, und es erfordert eine erhebliche Anstrengung, sie zu verändern. Wenn wir zum Beispiel einmal Fahrrad fahren gelernt haben, werden wir von diesem Zeitpunkt an immer fahren können, ganz gleich, wieviel Zeit verstrichen ist, seit wir das letzte Mal auf einem Rad gesessen haben. Wir müssen nicht über jede Bewegung nachdenken, wenn wir Auto fahren oder duschen oder uns die Zähne putzen. Diese Routinehandlungen sind in unserem Gehirn eingeprägt. Gewohnheiten sind etwas Nützliches, ja sogar Notwendiges, aber sie können auch zu eingefahrenem Routinedenken führen.

Die traditionelle Erziehung, die darauf besteht, daß Regeln eingchalten werden (Konzept zuerst!), und allem mißtraut, was sich nicht messen läßt, gewöhnt uns unsere Spontaneität ab. Zu den Dingen, die sich nicht messen lassen, gehören Gefühle und die uns angeborene Weisheit, zwei wichtige Bestandteile unserer Kreativität. Wir können nicht erwarten, daß wir beim Lösen von Problemen plötzlich spontan kreativ sind, wenn wir in den anderen Bereichen unseres Lebens starren Regeln folgen. Das bedeutet, daß viele von uns ihre eingefahrenen Denk- und Verhaltensmuster verlassen müssen.

Damit will ich nicht sagen, daß wir niemals etwas planen oder Listen erstellen, sondern statt dessen ein chaotisches Leben führen sollten. Ich möchte Sie nur dazu ermuntern, etwas weniger starr an Ihrer täglichen Routine festzuhalten. Wir können uns beibringen, mit gutem Gewissen den »alten« Teil unseres Gehirns zu umgehen, in dem der Wunsch nach jener kreativitätshemmenden Gleichförmigkeit beheimatet ist. Zunächst sollten wir nur kleine Veränderungen anstreben, keine umwälzenden, deren radikale

Neuheit uns ängstigt. Damit Sie das Gefühl kennenlernen, das mit dem Durchbrechen von Gewohnheiten verbunden ist, können Sie die folgende kleine Übung machen:

Greifen Sie mit Ihren beiden Händen ineinander, und umklammern Sie sie. Stellen Sie fest, welcher Daumen oben ist. Nun öffnen Sie Ihre Hände und wiederholen das Ganze, achten jedoch darauf, daß diesmal der andere Daumen oben ist. Wie fühlt sich diese neue Ordnung an?

Die meisten Leute sprechen dabei von einem »seltsamen« oder »unangenehmen« Gefühl. Die Veränderung ruft zwar kein starkes Unbehagen hervor, aber das vage Gefühl, daß etwas anders ist als sonst. Das ist das Gefühl, das sich beim Durchbrechen unserer Routine einstellt. Wenn Sie sich in einer bestimmten, der Kreativität abträglichen Denkweise festgefahren haben, überlegen Sie sich, wodurch Sie das Gefühl hervorrufen könnten, »daß der falsche Daumen oben ist«. Dazu einige Vorschläge:

Suchen Sie sich Gewohnheiten, die Sie durchbrechen können. Wenn Sie normalerweise frühstücken, bevor Sie duschen, kehren Sie diese Reihenfolge um. Ändern Sie die Vorgehensweise beim Duschen. Wenn Sie normalerweise von oben nach unten duschen, beginnen Sie nun unten, und arbeiten Sie sich nach oben vor. Oder ändern jedesmal die Reihenfolge, indem Sie sich abwechselnd den rechten Arm, das linke Bein, den Hals, den linken Arm, den Rücken, das rechte Bein, den Rumpf, das Gesicht und das Haar zuerst waschen.

Wählen Sie für Ihre Fahrt zur und von der Arbeit eine andere Route als bisher. Benutzen Sie Seitenstraßen. Machen Sie Schluß mit der Gewohnheit, jeden Tag dieselben Dinge zu sehen oder auch nicht zu sehen.

Bei regelmäßig stattfindenden Meetings sitzen wir meist an unserem gewohnten Platz. Diese Platzorientierung gibt uns der »alte« Teil unseres Gehirns vor, den wir überlisten müssen, um kreativer zu werden. Wenn wir uns bei jedem Meeting an einen anderen Platz setzen, wird uns das gelingen. Natürlich verdrängen Sie jemand anderen, wenn Sie einen neuen Platz wählen, aber Sie können sich selbst und anderen versichern, daß eine solche Veränderung der Kreativität aller Anwesenden zugute kommt!

Überlegen Sie sich, wie Sie eingefahrene Denk- und Verhaltensmuster durchbrechen können. Gehen Sie zu einer anderen Zeit zum Mittagessen. Stellen Sie Ihr Büro um, oder ordnen Sie Ihren Schreibtisch neu. Setzen Sie sich auf die andere Seite Ihres Schreibtisches. Oder wenn Sie sich wirklich festgefahren fühlen, können Sie auch in einen anderen Teil Ihres Büros oder in einen anderen Raum ziehen.

Auch in Ihrem Privatleben kann es unterhaltsam sein, spontaner zu werden. Machen Sie einen kurzen Spaziergang durch Ihre Nachbarschaft. Unternehmen Sie eine Fahrt ins Blaue, und erforschen Sie Teile Ihrer Stadt oder der Umgebung, die Sie nicht oder kaum kennen. (Nehmen Sie eine aktuelle Karte mit – für alle Fälle.)

Versuchen Sie, Dinge »aus der Lust des Augenblicks heraus« zu tun, vor allem, wenn Sie ein Mensch sind, der die Aktivitäten des Tages normalerweise sorgfältig plant. Probieren Sie ein Restaurant aus, das Sie noch nicht kennen. Besuchen Sie ein Konzert, in dem ein für Ihre Ohren ungewohntes Programm gespielt wird. Widmen Sie einen Tag der Woche Ihrer Spontaneität.

Durch die Überwindung der Routine und der gewohnten Verhaltensmuster gewöhnen Sie sich an Neues. Sie lernen, Ihr »altes« Gehirn zu überlisten, das Sie in stumpfem Routinedenken festzuhalten versucht. Von der Spontaneität in Ihrem Leben wird auch Ihre Kreativität profitieren.

Das Gewöhnliche wird zum Außergewöhnlichen

Eine meiner Klientinnen beklagte sich einst darüber, ihre intensive Ausbildung an der Kunsthochschule habe die Art und Weise, die Dinge zu sehen, für immer verändert. Sie könne, so sagte sie, nicht aus dem Fenster ihres Studios blicken und eine einfache Wüstenszene vor sich sehen. Himmel, Erde, Kakteen, Felsen und gelegentlich vorbeifliegende Vögel oder vorüberhuschende Eidechsen nehme sie nur als Nuancen von Licht, Farbe, Perspektive und Linien wahr. »Das ist einerseits ein Fluch und andererseits ein Segen«, sagte sie. Doch eine Künstlerin muß die Dinge auf eine sehr lebhafte Weise wahrnehmen.

Die meisten von uns entwickeln nie ein »künstlerisches Auge«, doch eine kreative Lebensweise fördert unsere Fähigkeit, das Gewöhnliche auf außergewöhnliche Weise wahrzunehmen. Dabei geht es nicht darum, neue Landschaften zu sehen, sondern die bekannten Landschaften auf neue Weise zu erleben.

Dieses Buch enthält viele Übungen, die Ihre bisherige Sichtweise auf den Kopf stellen sollen. So habe ich Sie zum Beispiel im vorhergehenden Kapitel »Spontaner werden« dazu ermutigt, Ihre eingefahrenen Denk- und Verhaltensmuster zu durchbrechen. Wenn Sie auf einer anderen Route zur Arbeit fahren, sehen Sie Dinge, die Sie normalerweise nicht sehen, und wenn Sie sich beim nächsten Meeting an einen anderen Platz setzen, gewinnen Sie automatisch eine neue Sichtweise dieses Meetings.

Kreative Erkenntnisse erhält man, wenn man das Gewöhnliche auf eine außergewöhnliche Weise wahrnimmt. Für Kinder ist das ganz natürlich. Für sie ist ein Löffel immer viel mehr als nur ein Eßwerkzeug. Sie können damit die Erde umgraben, ihre Zunge nach unten drücken oder den Löffel als Musikinstrument verwenden. Die Möglichkeiten sind zahllos. Der ursprüngliche Zweck des Löffels muß außer acht gelassen werden, damit neue Verwendungszwecke erforscht werden können. Solange wir den Löffel lediglich als Eßgerät betrachten, sind uns seine anderen Verwendungsmöglichkeiten verschlossen. Unsere kreative Vorstellungskraft ist durch unsere Voreingenommenheit gelähmt.

Daher Jean Houstons erstes Gesetz: »Konzeption ruiniert die Perzeption.«[1] Anders ausgedrückt: Die Art des Konzepts, mit dem wir an ein Problem, eine Aufgabe oder Herausforderung herangehen, ist entscheidend für die Perzeption, das heißt die Wahrnehmung dieses Problems. Und die Form der Wahrnehmung entscheidet wiederum darüber, wie wir ein Problem zu lösen versuchen. Wenn es uns nicht gelingt, unsere Kreativität in das Konzeptstadium einfließen zu lassen, werden wir keine kreative Lösung für unser Problem finden. Wenn wir hingegen unsere Sichtweise schon im Anfangsstadium auf den Kopf stellen, lassen wir unsere Kreativität mit einfließen.

Die folgende Übung soll Sie dazu ermutigen, die übliche Sichtweise eines Gebrauchsgegenstands außer Kraft zu setzen und sich neue Verwendungsmöglichkeiten für ihn einfallen zu lassen. Die Übung funktioniert besser, wenn mehrere Leute teilnehmen, so daß alle die Ideen der anderen weiterspinnen können. Lassen Sie sich für diese Übung mindestens eine halbe Stunde lang Zeit, und sorgen Sie dafür, daß Sie ungestört sind. Legen Sie sich einen Gummiring bereit, bevor Sie beginnen.

Schließen Sie die Augen, und konzentrieren Sie sich auf Ihre Atmung. Achten Sie bei jedem Atemzug auf das Ein- und Ausatmen. Tun Sie das einige Minuten lang, bis Sie sich entspannt und zentriert fühlen.

Nun stellen Sie sich vor, daß Sie auf einem Planeten eines anderen Sonnensystems leben – auf einem Planeten, dessen Bewohner andere Galaxien erforschen. Sie sind Anthropologin, die bereit ist, eine neu entdeckte Welt zu besuchen. Ihre Aufgabe dabei ist es, möglichst viel über die Kultur, die Sitten, die Religion, das politische und wirtschaftliche System und den aktuellen Stand der Technologie in Erfahrung zu bringen.

Sie besteigen gemeinsam mit anderen Mitgliedern des Forschungsteams das Raumschiff. Für den kurzen Flug lassen Sie sich auf einem bequemen Sitz nieder. Durch das Fenster des Raumschiffs sehen Sie während Ihrer Reise andere Planeten und Sterne.

Nach kurzer Zeit sind Sie an Ihrem Bestimmungsort angekommen – auf einem blauen Planeten, dem der Sonne in seinem Sonnensystem drittnächsten, von seinen Bewohnern Erde genannt. Ihr Raumschiff landet an einem bereits ausgewählten Ort, und Sie werden in einen Raum eines Erdlinggebäudes geführt. Hier wird Ihnen ein Objekt übergeben, das von früheren Forschern gefunden wurde und von dem man meint, daß es für den gesamten Planeten lebenswich-

tig sei. Anhand dieses Objekts sollen Sie und die anderen Anthropologen möglichst viel über die Erde und ihre Bewohner herausfinden.

Nun öffnen Sie Ihre Augen, und formulieren Sie anhand des Objekts – das heißt des Gummirings – Annahmen über die Erde und ihre Bevölkerung. Schließen Sie dabei möglichst viele Aspekte mit ein. Fragen Sie sich, wofür dieses Objekt dienen könnte. Was sagen Ihnen diese Funktionen über die Bewohner der Erde? Wofür könnte dieses Objekt symbolisch stehen? Was repräsentiert es in bezug auf Religion, Kultur, Wirtschaft, Technologie oder Politik?

Alle Ideen über den Gummiring werden angenommen, solange der »echte« Verwendungszweck ausgeschlossen ist. Je ausgefallener die Idee, desto besser. Bleiben Sie möglichst lange bei dieser Übung, und erforschen Sie, wie weit Sie die Grenzen Ihrer Vorstellung spielerisch erweitern können.

Sobald Ihr Ideenreservoir erschöpft ist, legen Sie den Gummiring an die Stelle, an der Sie den Großteil Ihrer kreativen Arbeit verrichten. Jedesmal, wenn es Ihnen schwerfällt, einen kreativen Zugang zu einem Problem oder zu einer Aufgabe zu finden, nehmen Sie den Gummiring in die Hand, und kehren Sie zu der unvoreingenommenen Einstellung der Anthropologin von dem fernen Planeten zurück. Lassen Sie Ihre eingefahrenen Vorstellungen links liegen, und regen Sie Ihre Kreativität an.

Der Phantasieteil dieser Übung, bei dem Sie sich selbst als Anthropologin aus einer anderen Welt erleben, die durch das All zur Erde fliegt, hilft Ihnen, Ihre festgefahrenen Annahmen zu überwinden. Schon das Aufheben des Gummirings und das Spekulieren über seine möglichen Verwendungszwecke wird Ihnen schwerfallen, wenn Sie nicht zuvor etwas getan haben, um Ihre Sichtweise zu verändern. Indem Sie spielerisch das Überwinden Ihrer vorgefaßten Meinungen üben, versetzen Sie sich in die Lage, das Alte »auszuschalten« und neue Möglichkeiten zu erforschen. Gewöhnliche Dinge des Alltags geben unterhaltsame Übungsobjekte ab. Das Duschen wird zu einem heiligen Ritual, das dazu dient, die Verbindung zwischen dem Menschen und den Kräften der Natur, in diesem Fall dem Regen, wiederherzustellen. Ein Overhead-Projektor wird zu einem mächtigen Instrument, das so stark ist, daß es nur in Gruppen benützt werden darf und das die Menschen Demut lehrt, indem es unwichtige Informationen größer und wichtiger macht, als sie sind.

Es erfordert Übung, gewöhnliche Gegenstände oder Themen auf außergewöhnliche Weise sehen zu lernen. Manchmal ist es hilfreich, Fragen zu stellen: Ich weiß, welche allgemeinen Vorstellungen ich über dieses Thema habe. Wenn ich diese Vorstellungen beiseite schiebe, wie würde ich es dann sehen? Welche anderen Möglichkeiten oder Anwendungen könnte es für dieses Problem geben? Wenn ich nicht wüßte, was ich weiß, was würde ich dann denken?

Wenn wir unsere eingefahrenen Denk- und Verhaltensmuster überwinden und uns bei Herausforderungen die Sichtweise eines Künstlers aneignen, lernen wir eine neue Art zu sehen. Wir verlassen unser enges Gesichtsfeld und erschließen neue Quellen der Kreativität.

Burnout verhindern

Der Streß hat seinen Preis

Wir alle wissen, daß Streß uns psychisch und physisch schaden kann. Viele von uns versuchen, Streß mit Entspannung, Visualisierung und Biofeedback zu bekämpfen, während wieder andere den Beruf oder Arbeitsplatz wechseln oder sogar in einen anderen Teil des Landes ziehen. Diese vielseitigen Bemühungen sind von unterschiedlichem Erfolg gekrönt. Ein relativ streßfreies Leben würde die meisten von uns glücklicher, gesünder und empfänglicher für die uns innewohnende Kreativität machen. Wenn sich der Streß hingegen über einen längeren Zeitraum in uns ansammelt, hat dies schwerwiegende Auswirkungen. Dauerstreß führt zu Burnout. Dieses Wort wird oft fälschlich für alles – von Müdigkeit über starke Spannung bis hin zu einer ernsthaften energetischen Erschöpfung – verwendet. Wenn wir uns nach einem längeren Urlaub entspannt fühlen und erfrischt zur Arbeit zurückkehren, bedeutet das, daß wir unter einer Müdigkeit litten, die viele Ursachen haben konnte. Vielleicht ernährten wir uns nicht richtig, litten unter Schlafmangel, hatten Aufregungen zu bewältigen, oder unsere innere Uhr war von langen Reisen oder wechselnden Schichten durcheinandergebracht. Doch wir konnten uns erholen und mit neuer Kraft zu unserer Arbeit zurückkehren, waren also nicht ausgebrannt. Falls der Streßauslöser in unserer Arbeit zu finden ist, wird die Erholung allerdings nur von kurzer Dauer sein.

Von echtem Burnout spricht man dann, wenn wir alle Quellen unserer Lebensenergie angezapft und erschöpft haben. Sobald dies der Fall ist, wird es uns nicht mehr gelingen, den Schaden zu reparieren. Wenn wir von anderen bestimmen lassen, wer und was wir sein sollen, wenn wir unser wahres Ich verleugnen und uns nicht zu einer reifen, selbstbestimmten Persönlichkeit entwickeln, verdammen wir uns selbst zu einem Leben voll extremen Stresses und zu potentiellem Burnout.

Ich erhielt einmal einen dringenden Anruf einer Klientin, die sich selbst an den Rand des Burnouts manövriert hatte. Ein paar Stunden nach dem Anruf saß Becky bei mir in der Praxis und erzählte mir schluchzend, wie sie sich von ihrer Arbeit über das Maß des Erträglichen hatte stressen lassen. Sie bekleidete eine Stelle, für die sie hart gearbeitet hatte und auf die sie ein Jahr zuvor befördert worden war. Sie war außergewöhnlich tüchtig, und ihr Chef verlangte ständig mehr von ihr. Obwohl sie ihm wiederholt gesagt hatte, daß sie nicht noch weitere Pflichten auf sich nehmen konnte, übertrug er ihr immer mehr Aufgaben, von denen einige eigentlich in den Bereich einer untergeordneten Kollegin gefallen wären.

Die Situation meiner Klientin war ähnlich jener, die viele Frauen an ihrem Arbeitsplatz erleben. Unsere Domäne ist seit jeher das Heim, wo wir für alles verantwortlich sind. Wir werden also zu dem Glauben erzogen, daß wir für alles, was getan werden muß, zuständig sind. Diese Einstellung übertragen wir auf unseren Beruf, wo wir nun ebenfalls denken, alles tun zu müssen und tun zu können. Becky erfüllte diese Erwartungen, indem sie ihre innere Auflehnung gegenüber den ständig steigenden Anforderungen ihres

Chefs ignorierte. Sie sagte immer ja, ganz gleich, wieviel er ihr auflud. Die volle Tragweite ihrer Situation wurde ihr erst bewußt, nachdem sie einen entspannenden Urlaub genossen hatte. Das mag zwar widersprüchlich klingen, kommt aber relativ häufig vor.

Unser Verstand kann uns vielleicht sagen, daß sie nach einer Woche vollkommener Ruhe besser mit ihrer Arbeit hätte zurechtkommen müssen. In Wirklichkeit führte ihr diese Regenerationsphase aber nur den Schaden vor Augen, den sie durch ihre Arbeit und die Situation, in der sie gefangen war, erlitten hatte. Der Gegensatz zwischen dem Gefühl, sie selbst sein zu dürfen, und ihrer ungesunden realen Situation wurde zu groß. Am fünften Arbeitstag nach ihrem Urlaub entschloß sie sich endlich zu einem Hilferuf. Nach drei weiteren Urlaubswochen und einer Intensivtherapie hatte sie einige entscheidende Erkenntnisse gewonnen.

Erstens wußte sie nun, daß sie zwanghaft daran litt, ständig ihre außergewöhnliche Kompetenz unter Beweis zu stellen. Deshalb gelang es ihr auch nicht, ihrem Chef ihre Proteste über die übermäßige Arbeitslast mitzuteilen. Zweitens hatte sie das Gefühl, alles selbst machen zu müssen. Dadurch war sie unfähig, in der Arbeit zurückzustecken oder Aufgaben zu delegieren, wenn neue hinzukamen. Und drittens gelangte Becky in der Therapie zu der Erkenntnis, daß sie ein außergewöhnlich kreativer Mensch war, der ein ständiges Ventil für seine Kreativität brauchte. Ironischerweise hatte ihr ihre Arbeit zu Beginn mehr Möglichkeiten für den Ausdruck ihrer Kreativität geboten, als dies zum Schluß der Fall war. Je mehr Aufgaben hinzukamen, desto weniger Zeit blieb ihr für die kreativen Aspekte der Arbeit, weil diese als weniger wichtig galten und an eine Assistentin delegiert wurden.

Schließlich brachten sie die fehlenden Ausdrucksmöglichkeiten für ihre Kreativität an den Rand eines Burnouts. Ich spreche in diesem Fall von einem Fast-Burnout, weil Becky sich nach anderthalb Jahren der Arbeit in einem Bereich, in dem sie ihre Kreativität ausleben konnte, erholte.

Bei einem echten Burnout kann es sein, daß sich die betreffende Person nie wieder erholt. Da alle Energie aus ihr herausgesaugt wird, bleiben ihr keine Ressourcen, um sich zu verändern. Müdigkeit und Erschöpfung werden immer größer. Da ihr die Energie fehlt, bringt sie auch keine Motivation und Begeisterung auf. Vielleicht beginnt sie sogar ihre Fähigkeit anzuzweifeln, Entscheidungen treffen zu können.

Sie war es ja, die die zum Burnout führenden Entscheidungen traf! Nun fühlt sie sich gelähmt. Wer aus einer solchen Situation herauskommen möchte, braucht viel Zeit und professionelle Hilfe.

Ich kann mich an eine Studentin erinnern, die mir erzählte, daß sie fünf Jahre vor unserem Gespräch einen mentalen Zusammenbruch erlitten hatte. Sie gab daraufhin ihren Beruf auf und begab sich in psychiatrische Behandlung. Seit damals konnte sie sich selbst nicht mehr vertrauen. Es fiel ihr extrem schwer, Entscheidungen zu treffen, und manche schob sie jahrelang vor sich her. Als wir ihre Geschichte erforschten, zeigte sich, daß diese junge Frau wie so viele andere Burnout-Opfer einer Arbeit nachging, die für sie nicht geeignet war. In diesem Fall hatten die Eltern den Beruf für sie gewählt. Sie fühlte sich darüber hinaus von anderen familiären Verpflichtungen belastet, die ihr keine Zeit ließen,

ihren persönlichen Wünschen und Bedürfnissen nachzu-
spüren.

Wenn wir einer Arbeit nachgehen, die nicht »unsere« ist –
wie die Lehrerin, die eigentlich Schriftstellerin werden
wollte, die Buchhalterin, die eine gute Therapeutin abgege-
ben hätte, die Hausfrau, die sich in ihrem tiefsten Inneren
als Architektin fühlt, die Ministerin, die als Führungskraft
in einem Unternehmen besser aufgehoben wäre –, laufen
wir Gefahr, unsere Energieressourcen auf fatale Weise zu
plündern. Ärger, Wut und Depression können allesamt
Symptome eines bevorstehenden Burnout sein, so wie sie
ein Hinweis darauf sein können, daß wir unserem kreativen
Ich keine Ausdrucksmöglichkeiten geben.

In den vorhergehenden Kapiteln dieses Buches haben wir
einige der negativen Möglichkeiten erforscht, wie sich unterdrückte Kreativität Ausdruck verschaffen kann: Depression, Ärger, Alkoholismus, Unentschlossenheit, geringes
Selbstwertgefühl. Im allergünstigsten Fall führt eine gelähmte Kreativität »nur« zu Streß, der allerdings seinerseits
zu Burnout führen kann. Diese schwerwiegende Situation
können wir vermeiden, indem wir dafür sorgen, daß unsere
persönlichen kreativen Fähigkeiten Ausdrucksmöglichkeiten bekommen.

Das Gegenmittel gegen Streß

Wenn ich mit Frauen über ihre Burnout-Erfahrungen spreche und sie frage, was sie zur Verhinderung solcher Situationen tun, bekomme ich ziemlich ähnliche Antworten. Die
Frauen erklären oft, zu viele Dinge auf einmal zu tun, zu

vielen Wünschen und Erwartungen gleichzeitig gerecht werden zu wollen und zu viel Aufmerksamkeit auf geschäftliche Dinge und auf das Planen und Organisieren zu verwenden. All das zehrt an ihrer kreativen Energie. Oft wird als Lösung vorgeschlagen, sich mehr Zeit zu nehmen, um sich zu entspannen und das Gleichgewicht wiederherzustellen. Die Tänzerin Mary Ann Brehm sagt: »Ich versuche, das richtige Tempo für meine Aktivitäten zu finden und meine Bedürfnisse nicht aus den Augen zu verlieren, in ein Gleichgewicht zu kommen und mir Ruhe und Zeit für die Integration zu verschaffen. Das heißt, Zeit zum Genießen zu finden, Zeit, um nachzudenken und die Früchte meiner Kreativität und meiner Leistungen zu ernten, bevor ich mir etwas Neues auflade.« In ähnlicher Weise sagt Andrea Gold, die Präsidentin einer Redneragentur: »Ich muß in allem, was ich tue, Maß halten – einen Ausgleich zwischen körperlichen, geistigen, emotionalen und spirituellen Aspekten finden.«

Wenn wir unserer Kreativität in allen Lebensbereichen Ausdruck verschaffen, tun wir etwas für unsere Gesundheit und öffnen uns, so daß die kreative Energie ständig in uns fließen kann. Auf diese Weise kann übermäßiger Streß gar nicht erst entstehen. Gewöhnliche Hausarbeiten werden zu Projekten, die unseren kreativen Ausdruck anregen. Routineaufgaben geben uns die Zeit, die wir brauchen, um über komplexere Probleme nachzudenken und eine Vielfalt an Lösungen in Betracht zu ziehen. Wir neigen von Natur aus zu Jobs und Berufen, die unsere Stärken fordern und Ausdrucksmöglichkeiten für unsere persönliche Kreativität bieten. Unter solchen Umständen brennen wir nicht aus. Wenn meine Klientinnen spüren, wie sie von kreativer

Energie durchströmt werden und wie diese kreative Energie alle Aspekte ihres Lebens durchdringt, haben sie oft das Gefühl, physisch leichter zu werden. Positive Energie verdrängt das Negative, das den ganzen Tag lang auf uns einprasselt und zu Streß, Krankheit und Gleichgültigkeit führt. Schon die täglichen Nachrichten sind eine reichhaltige Quelle für Negativität. Wer im Verkehrsstau steckt, überträgt seine eigenen negativen Gefühle oft auf den nächsten Fahrer. Unglückliche, deprimierte und zornige Menschen laden ihre negative Energie auf uns ab, und wir übernehmen diese negative Energie, ohne es zu wollen. Unser Streßpegel steigt, wir bewegen uns auf den Burnout zu und entfernen uns immer weiter von unserem kreativen Ich. Vielleicht übertragen wir auch einige unserer negativen Gefühle auf andere und beginnen, auf Kollegen ungeduldig zu reagieren, unfreundlich zu unseren Kindern zu sein oder nahestehende Menschen vor den Kopf zu stoßen. Dieser Teufelskreis läßt sich durchbrechen, indem wir unsere kreative Energie zum Fließen bringen. Immer wieder erzählen mir Frauen, daß ihre Kreativität durch zwei wesentliche Dinge gelähmt wird: durch Streß einerseits und durch den Umgang mit negativen, gereizten Leuten andererseits. Es ist also wichtig, die Negativität von uns fernzuhalten und unseren Körper von ihr zu befreien.

Einen Kanal für positive, kreative Energie zu schaffen erfordert – wie jede Verhaltensänderung – Übung. Die folgende einfache Reinigungstechnik hilft Ihnen, sich von allen Spuren der Negativität zu befreien, die Sie in sich angesammelt haben, und verhindert, daß Sie erneut Negativität in sich aufnehmen.

Sie können diese Übung im Sitzen oder im Stehen machen, aber nicht im Liegen. Ihre Füße müssen Bodenkontakt haben.

Schließen Sie die Augen, und stellen Sie sich vor, daß durch Ihre Fußsohlen weißes Licht oder klares Wasser in Ihren Körper strömt und auf der Vorderseite Ihres Körpers in Ihnen hochsteigt. Folgen Sie dem weißen Licht oder dem Wasser auf der Reise durch Ihren Körper, und spüren Sie, wie es jede Negativität und jeden Streß mit sich nimmt und ein Gefühl der Entspannung hinterläßt. Wenn das Licht oder das Wasser ganz oben in Ihrem Kopf angekommen ist, lassen Sie es an der Hinterseite Ihres Kopfes, über Schultern und Rücken zu Ihren Fußsohlen zurückfließen. Spüren Sie, wie es auf seiner Reise Negativität und Streß mit sich nimmt. Lassen Sie die Negativität durch Ihre Fußsohlen entweichen, und stellen Sie sich vor, daß sie von dem Licht/Wasser weggespült wird.

Diese Übung fällt Ihnen möglicherweise leichter, wenn Sie sie mit Ihrem Atem koordinieren. Beim Einatmen ziehen Sie das Licht/Wasser in Ihren Körper und an seiner Vorderseite hoch. Beim Ausatmen bewegt sich das Licht/Wasser über den Rücken in Richtung Fußsohlen, und Sie lassen die Negativität los, die es mit sich nehmen soll.

Wiederholen Sie diesen Zyklus so lange, bis Sie sich entspannt und von Ihrem Streß befreit fühlen. Wenn Sie diese einfache Technik in einer ruhigen Umgebung durchführen, können Sie sich rasch reinigen, sobald Sie sich angespannt

fühlen. Danach können Sie noch einen Schritt weiterge-
hen.

*Sobald Sie frei von Spannungen sind, können Sie
kreative Energie in Ihren Körper rufen. Stellen Sie
sich vor, wie sie durch Ihre Fußsohlen aufsteigt oder
durch den Scheitel Ihres Kopfes in Ihren Körper
strömt. Vielleicht assoziieren Sie Ihre kreative Energie auch mit einer Farbe, spüren eine Struktur oder
hören einen Ton. Benutzen Sie beliebige Bilder, um
das Gefühl lebhafter zu machen. Lassen Sie die kreative Energie durch Ihren Körper strömen, von den Füßen in die Hände und durch den Kopf.*
*Jetzt können Sie diese Energie in jeden beliebigen Teil
Ihres Körpers leiten. Wenn Sie an der Lösung eines
Problems arbeiten, können Sie Ihre kreative Energie
in Ihren Kopf lenken. Wenn Sie versuchen, auf innovative Weise an Beziehungen heranzugehen, lenken
Sie die kreative Energie zu Ihrem Herzen. Wenn Sie
malen oder bildhauern, leiten Sie sie in Ihre Hände.
Sobald Sie einen solchen gelenkten Fluß Ihrer kreativen Energie hergestellt haben, können Sie zu arbei-
ten/zu spielen beginnen.*

Sie werden die Negativität, der Sie jeden Tag begegnen,
nicht mehr aufnehmen, wenn Sie bereits von kreativer
Energie erfüllt sind. Und es ist viel weniger wahrscheinlich,
daß Sie Ihren eigenen Streß oder Ihre negative Energie an
andere weitergeben, wenn Sie von einem Fluß der Kreativität durchströmt werden. Kreativität wird möglich, wenn
wir entspannt und offen sind für unsere kreative Energie.

Ein schöpferisches Leben, in dem wir unsere Stärken in allen Bereichen auf innovative Weise anwenden, bedeutet ein Leben in Gesundheit.

Lieben Sie Ihr kreatives Ich

Wie sieht die ideale Beziehung aus? Nun, ihre Kennzeichen könnten Dinge wie gegenseitiges Mitgefühl, Interesse am anderen, Anteilnahme, Pflege der Beziehung, Liebe, Spaß und Leidenschaft sein. Wir möchten gehört werden, und wir möchten, daß unser Partner uns seine intimen Gefühle und Sorgen mitteilt. Gesund wäre ein Gleichgewicht zwischen Abhängigkeit und Unabhängigkeit, so daß wir uns als die Persönlichkeit unterstützt fühlen, die wir sind, und gleichzeitig jemanden haben, an den wir uns anlehnen können. Ein gleichmäßiger Austausch von Geben und Nehmen, von Nähren und Genährtwerden wäre ein Wesensmerkmal einer solchen Beziehung. Obwohl ihre Entwicklung Zeit und Mühe bräuchte, wäre der Lohn überreichlich.

Dieses Buch soll Ihnen helfen, in eine ideale Beziehung zu Ihrer Kreativität zu treten.

Kreativität ist dazu da, unser Leben schöner, unterhaltsamer und interessanter zu machen. Sie gibt uns die Werkzeuge, die wir brauchen, um mit Herausforderungen fertig zu werden und Probleme zu bewältigen, aber sie bietet uns auch eine Ausdrucksmöglichkeit für einen einzigartigen Bereich unserer Persönlichkeit. Aber wir können nicht einfach einen inneren Schalter umlegen und erwarten, daß unsere Kreativität sozusagen wie auf Knopfdruck zu sprudeln beginnt. Wir müssen in eine Beziehung zu unserer Kreativität treten, indem wir unser Verhältnis zu unserem kreativen Ich so kultivieren, wie wir es bei jeder anderen Partnerschaft tun würden, die uns wichtig ist.

Wir müssen wissen, was unsere Kreativität anregt und was wir selbst tun können, um diesen Prozeß zu erleichtern, und wir müssen das auf einer ganz intimen Ebene verstehen. Wenn wir uns an mystische Vorstellungen über Kreativität oder an die Idee klammern, daß sie einigen wenigen begabten Menschen vorbehalten ist, können wir unserem kreativen Ich nicht nahekommen. Niemand kann Intimität zu jemandem herstellen, der von Wolken des Mysteriums umgeben ist oder auf einem Sockel steht. Die Interaktion mit unserer Kreativität bedeutet, einem gesunden, vibrierenden Teil unseres Ich zu begegnen. Diese Interaktion kann zu einem der wichtigsten Teile unseres Lebens werden, da sie alle Leidenschaft, Spannung, Angst, Enttäuschung, aber auch alle Belohnungen in sich trägt, die für jede andere Beziehung charakteristisch sind. Und ihre Entwicklung kann demselben Weg folgen.

Die Adaption von Susan Campbells Fünf-Stufen-Modell für Beziehungen, das sie in ihrem Buch *The Couple's Journey: Intimacy as a Path to Wholeness* präsentiert, kann uns den Rahmen für die Entwicklung einer Beziehung zu unserer Kreativität vorgeben.[1] Sie kann uns zeigen, wie wir zu einer tiefen Beziehung zu unserem kreativen Ich gelangen. Vielleicht werden Sie viele der Merkmale der einzelnen Phasen erkennen.

Romantische Verklärung

Im ersten Stadium, dem Stadium der romantischen Verklärung, fasziniert uns die Vorstellung, ein großes Kunstwerk oder einen Bestseller zu schaffen oder an einer revolutionären technischen Entwicklung beteiligt zu sein. Wir sind verliebt in unsere Kreativität. Vielleicht sind wir in der Illusion verhaftet, daß wir einfach deshalb kreativer sind, weil wir es sein wollen. Besonders wichtig in diesem ersten Stadium ist die Begeisterung für den Vorsatz, kreativ tätig zu sein oder ein kreativeres Leben zu führen. Diese Begeisterung kann uns über viele Probleme hinweghelfen und uns zu einer ausgeglichenen Beziehung zu unserem kreativen Ich geleiten.

Die Verliebtheit in unsere Liebe zur Kreativität macht uns auf unsere Möglichkeiten aufmerksam. Sie öffnet uns für die reine Freude am Schaffen und bringt uns in Verbindung mit unseren Leidenschaften. Mit einer solchen Begeisterung fällt es uns leicht, uns voller Optimismus kopfüber in unser Vorhaben zu stürzen. Leider verblassen viele dieser Gefühle, sobald wir mit der »Realität« konfrontiert werden.

Machtkampf

Das zweite Stadium ist das schwierigste: der Machtkampf. Wenn sich die Romanze abzunützen beginnt und die harte Arbeit einsetzt, meinen wir vielleicht, unser kreatives Schaffen und das endgültige Werk in eine vorgefertigte Form zwingen zu müssen. Aber der Schaffensprozeß sucht sich seinen eigenen Weg, und schon stehen wir vor einem Konflikt. Statt daß wir nun unser kreatives Ich dazu ermutigen, auf natürliche Weise mit uns zu kommunizieren, versuchen wir möglicherweise, uns an den vermeintlich »richtigen« Weg zu halten, oder wir lassen nur konkrete

Produkte gelten, so daß wir einen großen Teil unserer Arbeit ignorieren. Auf diese Weise versäumen wir es nicht nur, unserer eigenen kreativen Natur Ausdruck zu verleihen, sondern wir entwickeln auch eine negative Einstellung zu unserer Kreativität, weil sie unsere Erwartungen nicht erfüllt. Kommt Ihnen diese Art von Dilemma bekannt vor?

Unsere Aufgabe bei der Lösung dieses inneren Konflikts besteht darin, die ganz besonderen Wege und Produkte unserer Kreativität anzuerkennen. Wir müssen lernen, unserem Weg zu vertrauen und zu akzeptieren, daß unsere Kreativität für unser Wohlbefinden da ist und nicht umgekehrt. Das kommt uns in allen Bereichen zugute, da wir nach einem Gleichgewicht zwischen unserer kreativen Arbeit und anderen Aspekten unseres Lebens streben. Wir versuchen nicht mehr, unsere Kreativität in bestimmte Ideen und Formen zu zwingen, und unser kreatives Ich lernt, mit uns zurechtzukommen und zu arbeiten. Vielleicht müssen wir Illusionen aufgeben und uns darüber klarwerden, daß aus uns nie eine Bestsellerautorin wird, während uns gleichzeitig bewußt wird, daß wir eine Begabung dafür haben, anderen etwas beizubringen. In diesem Machtkampf erkennen wir, wer wir sind, und lernen, wie wir durch den Ausdruck unserer kreativen Begabung unsere Individualität unterstützen können. Wir schließen Frieden mit unserem kreativen Ich und treten in eine erfüllte Partnerschaft mit ihm ein.

Stabilität

Die nächste Phase ist die der Stabilität. In dieser Phase können wir Veränderungen in Angriff nehmen, indem wir unser kreatives Ich und seine Manifestationen akzeptieren. Die Widersprüchlichkeit der Kreativität liegt zum Teil darin, daß sie in einer Atmosphäre der Sicherheit floriert, von der aus wir Risiken in Kauf nehmen und die Veränderungen in Angriff nehmen können, die mit dem Ausdruck unserer Kreativität einhergehen. Je genauer wir unsere einmalige Art des kreativen Schaffens kennen, desto besser verstehen wir, welche Bedingungen wir dafür brauchen. Manchmal kann unsere Kreativität durch die Disziplin angeregt werden, die man braucht, um mehrere Stunden ununterbrochen an einem Projekt zu arbeiten, ein anderes Mal jedoch müssen wir uns auf eine weniger bewußte Ebene zurückziehen, indem wir uns körperlich betätigen oder einen Film ansehen.

In diesem dritten Stadium geht es darum, unsere Kreativität und uns selbst auch dann zu fördern und zu pflegen, wenn das bedeutet, uns einem inneren Konflikt zu stellen und an diesem Konflikt bis zu seiner zufriedenstellenden Lösung zu arbeiten. Während im Stadium des Machtkampfs viele Blockierungen auftreten, werden diese Blockierungen in der Phase der Stabilität aufgelöst. Wenn wir einen so soliden Boden unter uns haben, können wir uns weiterbewegen.

Bekenntnis

Das Bekenntnis zu unserer kreativen Arbeit ist das vierte Stadium. Meist geht es mit dem Gefühl einher, im Ausdruck unserer einzigartigen Persönlichkeit wirklich diejenige sein zu können, die wir sind. Wir wollen uns selbst oder unsere Kreativität nicht mehr in ein konformes Verhaltensmuster hineinzwingen und haben die Veränderung als eine Konstante anerkannt. Das feste Vertrauen in unsere Kreativität ermöglicht es uns, darauf zu bauen, daß sie unsere Lebensqualität verbessern wird. Je besser wir diesem einzigartigen Teil unseres Ich Ausdruck geben und ein kreatives Leben zu führen lernen, desto stärker wird uns bewußt werden, daß dieser Ausdruck auch die Menschen in unserer Umgebung dazu motiviert, kreativer zu sein.

Dieses Bekenntnis zu uns selbst als kreatives Wesen bedeutet, daß wir voll am Leben teilnehmen, die Verantwortung für unsere Erfolge übernehmen und aus unseren unvermeidlichen Fehlern lernen. In dieser Phase tun sich uns ständig neue Ausdrucksmöglichkeiten für unsere Kreativität auf.

Gemeinsames Schaffen

Im fünften Stadium, der Phase des gemeinsamen Schaffens, vereinigen sich alle Lektionen, die wir in den vorhergehenden vier Stadien gelernt haben. Wir wissen jetzt, daß wir verschiedene Möglichkeiten haben, mit den Ereignissen in unserem Leben umzugehen und auf sie zu reagieren. Wir schaffen uns unsere Erfahrung selbst. Aus diesem

Blickwinkel betrachtet können wir bewußt die Entscheidung treffen, unsere neuen Erkenntnisse in die Welt zu tragen. Kreativ tätige Frauen sprechen oft davon, daß sie der Welt etwas Schönes geben möchten. Diese Frauen sind in dieses letzte Stadium der Beziehungsreise eingetreten und leisten durch die Früchte ihrer Kreativität einen bewußten Beitrag zur Entwicklung der Menschheit. Das sind keine Fanatikerinnen, die darauf aus sind, die Welt nach ihren Überzeugungen zu formen, sondern es sind Frauen, denen bewußt ist, daß die Welt ihre Arbeit möglicherweise ablehnen wird, weil sie ein Stachel im Fleisch des Status quo ist. Gleichzeitig wissen sie, daß sie anderen ihr einzigartiges, wahres Ich vermitteln müssen, um ihr volles menschliches Potential auszuschöpfen.

Kommunizieren Sie mit Ihrem kreativen Ich

Praktisch alle Übungen in diesem Buch sind dazu da, Ihre Beziehung zu Ihrer Kreativität zu verbessern. Dialogtechniken sind besonders nützlich für die Eröffnung der Kommunikation und die Verbesserung des Verständnisses zwischen Ihnen und Ihrem kreativen Ich. Ziel der folgenden Übung ist es, den Beginn einer langen, innigen Beziehung herzustellen. Am Anfang des Dialogs sollten Sie mit einer offenen Frage beginnen und die Frage »Warum?« vermeiden.

Ihr Dialog könnte etwa so beginnen:

Ich: Was kann ich tun, um dich stärker in mein tägliches Leben einzubinden?

Kreatives Ich: Mich zur Kenntnis nehmen, wenn ich etwas tue.

Ich: Und wie soll ich das machen?

Kreatives Ich: Sag einfach: »Das war eine sehr kreative Idee, die du da hattest, Diane.«

Ich: Das klingt mir zu einfach.

Kreatives Ich: Mach die Dinge nicht komplizierter, als sie sind. Anerkennung ist etwas Einfaches.

Legen Sie das Buch nun zur Seite, und sprechen Sie mit Ihrem kreativen Ich. Eröffnen Sie die Kommunikation, um die Reise, die Sie begonnen haben, fortzusetzen.

Lassen Sie sich Zeit, damit der Dialog zu fließen beginnen kann. So vermeiden Sie das Gefühl, bewußt Fragen und Antworten zu konstruieren.

Für diese Übung brauchen Sie vielleicht zehn bis fünfzehn Minuten, vielleicht aber auch mehr. Manchmal wird der Dialog flüssig verlaufen, manchmal wird er zäh sein. Je öfter Sie die Möglichkeit wahrnehmen, mit Ihrem kreativen Ich zu sprechen und ihm zuzuhören, desto eher werden Sie das Gefühl haben, daß Ihnen Ihre Kreativität zur Verfügung steht. Sie können Ihrer Kreativität sagen, was Sie von ihr wollen, und sie fragen, was sie im Gegenzug von Ihnen erwartet. Diese Technik können Sie in jeder Phase Ihrer Beziehung anwenden.

So wie die Entwicklung jeder intimen Beziehung erfordert auch der Aufbau einer positiven Vereinigung mit Ihrem kreativen Ich Zeit, Geduld und Mühe. Da aber die Kreativität unser Leben verbessert, bringt jede Anstrengung, die wir in die Verbesserung dieser Beziehung investieren, eine Vielfalt an Vorteilen. Letzten Endes wird unser Leben nicht mehr so strikt in einen kreativen und einen alltäglichen Bereich geteilt sein, und ein immer größerer Teil unserer Erfahrungen wird von Kreativität geprägt sein. So wird in uns das Gefühl entstehen, ein ganzheitlicher Mensch zu sein, der ein kreatives Leben führt.

Lassen Sie Ihre Träume
kreativ sein

Manchmal sind unsere Träume mysteriös, manchmal sind sie beängstigend. Aber keine Angst, es handelt sich ja *nur* um Träume. Wir reagieren auf vielfältige Weise auf die Welt, die während des Schlafes zu uns kommt. Die Psychoanalytiker Sigmund Freud und C. G. Jung verwendeten einen Großteil ihrer beruflichen Arbeit darauf, die Schlafrealitäten ihrer Patienten zu erforschen. Es gibt eine Fülle von Büchern und Seminaren zu diesem Thema, die uns alle versprechen, das Geheimnis unserer Träume zu entschlüsseln und uns dadurch in die Lage zu versetzen, unser Leben zu verbessern. Welche Beziehung haben Sie zu Ihren Träumen?

Trotz des großen Interesses, das wir an unseren Träumen haben, kursieren jede Menge falscher Vorstellungen über unsere Traumwelt. Damit wir unsere Träume zur Verbesserung unserer Kreativität nutzen können, müssen wir einige wesentliche Dinge über sie wissen.

Die Realität der Träume

Erstens: Jeder Mensch träumt. Manchen Leuten fällt es zwar schwer, sich an ihre Träume zu erinnern, aber das läßt sich lernen. Wenn jemand sagt, sich nicht erinnern zu können, geträumt zu haben, dann war der letzte Traum oft ein Alptraum, der so beängstigend war, daß der Träumer sich nicht erinnern möchte.[1] Dieser Angst können wir entgegenwirken, indem wir uns bewußtmachen, daß Träume uns oft Botschaften vermitteln, die uns in unserem Leben nützlich sind. Wenn wir diese Botschaften ignorieren, werden Träume oft ungemein beängstigend und extrem – bis sie unsere Aufmerksamkeit erregen.

Vielleicht können wir uns auch schwer an unsere Träume erinnern, weil sie nicht intensiv genug sind, um sich in den Speicher unseres Gehirns einzuprägen.[2] Wir erinnern uns an ein Ereignis, weil es elektrische und chemische Veränderungen in unserem Gehirn auslöst. Die Erlebnisse, die wir im Wachzustand haben, lösen diesen Speicherungsprozeß leichter aus als unsere Träume. Wir müssen unsere Träume also mit einer elektrischen Ladung versehen, und das werden wir mit Hilfe der Übungen dieses Abschnitts lernen.

Zweitens: Niemand kann uns sagen, was unsere Träume zu bedeuten haben. Ich zucke zusammen, wenn ich jemanden sagen höre: »Meine Therapeutin hat mir erklärt, mein Traum bedeutet ...« Oder: »Dieses Traumbuch übersetzt mir meine Träume.« Die Sprache unserer Träume ist eine Bildsprache, zusammengesetzt aus Symbolen, die auf mehrfache Weise interpretiert werden können. Alle unsere Lebenserfahrungen, von unseren religiösen Überzeugungen bis zu den Büchern, die wir lesen, und den Filmen, die wir sehen, beeinflussen unsere persönliche Bilderwelt. Dazu kommt, daß wir auch kulturellen und universellen Bildern ausgesetzt sind. Natürlich können wir Hilfe in Anspruch nehmen, um mit alldem klarzukommen, aber letzten Endes können nur *wir* bestimmen, was uns unsere Träume zu sagen versuchen.

Drittens: Während manche Menschen viel Zeit und Mühe

darin investieren, die Bildsprache ihrer Träume zu entschlüsseln, werten andere ihre Träume als bedeutungslos
oder sogar nutzlos ab. Wenn ich im Thesaurus meines
Computers nachsehe, sagt er mir, daß das Gegenteil von
Traum *Realität* sei. Unsere Sprache legt uns nahe, daß
Träume nicht real sind und daß keine Wahrheit in ihnen
enthalten ist. Aber Träume sind eine um nichts weniger
reale Erfahrung als irgendein Erlebnis, das wir im Wachzustand haben. Wer einmal mit rasendem Herzen aus einem
Alptraum hochgeschreckt ist oder nach dem Aufwachen
genau dieses körperliche Unbehagen verspürt hat, das auch
im Traum da war, der kann bestätigen, wie »real« Träume
sind. Da wir außerdem wissen, was für ein leistungsstarkes
und komplexes Organ das menschliche Gehirn ist, ist die
Vorstellung, daß es in etwas Sinnloses Arbeit investieren
würde, mehr als absurd.

Interpretieren Sie Ihre Träume auf Ihre Weise

Wenn wir in eine Beziehung zu unseren Träumen treten
wollen, fangen wir am besten damit an, daß wir alte Vorurteile und Fehlvorstellungen über Träume über Bord werfen.
Unsere Träume sind dazu da, unser Leben zu verbessern.
Durch ihre Symbolsprache vermitteln sie uns Informationen über uns selbst, die auf andere Weise nur schwer zu beschaffen wären. Träume sind ein wichtiger Bestandteil unserer Psyche, der alle Teile unseres Lebens, vor allem unsere
Kreativität, beeinflussen kann.
Viele Techniken zur Erforschung unserer Träume sind »ar-
chäologischer« Natur. Das heißt, sie verlangen von uns, in

die Traumwelt hinabzusteigen und dort herumzugraben. Manchmal wird aus den Bildern eine Bedeutung sogar förmlich herausgezwungen. Manche Ansätze zum Umgang mit unseren Träumen empfehlen, beängstigende Bilder physisch zu attackieren, ja sogar, sie zu töten. Dadurch sollen wir uns stärker fühlen. Aber unsere Traumbilder kommen aus unserer Psyche, und das bedeutet, daß sie ein Teil von uns sind. Deshalb bin ich gegen alle gewalttätigen Methoden des Umgangs mit unserer Traumsymbolik, denn diese Methoden zerstören die Kommunikation, anstatt sie zu erleichtern.

Anstelle des »archäologischen« Ansatzes bevorzuge ich eine anthropologische Sichtweise der Traumrealität: Träume sind eine andere Kultur mit eigener Sprache, die es zu verstehen gilt. Diese Einstellung ermutigt uns, unsere Traumwelt so zu respektieren, wie wir eine andere Gesellschaft respektieren würden, die wir zu verstehen suchen.

Die Sprache dieser internen Kultur ist die Bildsprache. Wie bereits gesagt, kann unsere Symbolik drei verschiedene Ebenen haben: eine persönliche, eine kulturelle und eine universelle. Über die letzten beiden Ebenen gibt es einige exzellente Bücher. Wenn es Ihnen ernst mit dem Vorhaben ist, mit Ihrer Traumwelt zu kommunizieren, sollten Sie sich unbedingt eines davon kaufen. Diese Bücher sagen uns nicht, was bestimmte Traumbilder bedeuten – als ob es für ein Traumbild nur eine einzige mögliche Interpretation gäbe –, statt dessen stellen sie eine Fülle von Interpretationsmöglichkeiten zur Auswahl. Das Buch, das ich verwende, widmet dem Symbol der Biene, das in vielen Kulturen auf der ganzen Welt zu finden ist, zum Beispiel anderthalb Spalten.[3]

Aber wenn ich wissen will, was eine Biene symbolisiert, schlage ich nicht gleich in meinem Traumbuch nach. Ich muß zuerst versuchen, das Bild unter einem persönlichen Gesichtspunkt zu betrachten und zu verstehen. Eine der besten Methoden dazu ist, in den Dialog mit dem Bild zu treten, so wie wir in anderen Übungen dieses Buches mit den verschiedenen Aspekten unseres kreativen Ich gesprochen haben. Die Frage: »Warum bist du in meinem Traum?« sollten wir vermeiden, denn auf sie bekommen wir bestenfalls vage Antworten. Wir können einleitend die Frage stellen, welchem Zweck das Bild oder das Symbol in dem Traum dient oder wofür es steht. Ein schriftlicher Dialog könnte etwa so aussehen:

Ich: Biene, was sagst du mir in dem Traum?
Biene: Fleißig, fleißig, fleißig. Du bist so fleißig wie eine Biene.
Ich: Das ist aber wirklich abgedroschen.
Biene: Abgedroschen, aber wahr. Du mußt ein wenig zurückschalten.

Wenn Ihnen die Worte automatisch aus der Feder fließen, wissen Sie, daß Sie eine Beziehung zu dem Bild gefunden haben, und sobald Sie das Bild erfaßt haben, verstehen Sie den ganzen Traum besser.

Es kann aber auch ein mündlicher Dialog sein. Wenn Sie sich Ihren Traum lebhaft in Erinnerung rufen, können Sie mit jedem Teil Ihres Traums direkt in Verbindung treten. Diese Aktivität hat große Ähnlichkeit mit dem Tagträumen.

Setzen Sie sich bequem hin, und konzentrieren Sie sich auf Ihren Atem. Bei jedem Atemzug entspannen Sie sich mehr.

Nun beginnen Sie, sich an Ihren Traum zu erinnern. Sehen Sie ihn so, als ob Sie ihn zum ersten Mal erlebten. Wenn Sie auf den Teil gestoßen sind, mit dem Sie sprechen möchten, halten Sie den Traum einfach an, und konzentrieren Sie sich auf ihn. Verwickeln Sie ihn in ein Gespräch, und stellen Sie Fragen, die Ihnen helfen, das betreffende Symbol zu verstehen. Dabei spielt es keine Rolle, ob es etwas ist, das im allgemeinen nicht spricht, wie zum Beispiel eine Wand oder eine Biene. Daß dieses Symbol in Ihrem Traum aufgetaucht ist, hat einen Grund: Es möchte Ihnen eine Botschaft vermitteln. Indem Sie mit ihm sprechen, öffnen Sie sich selbst für ein tieferes Verständnis.

Wenn Sie das Gefühl haben, der Dialog sei nun beendet, danken Sie dem Symbol dafür, mit Ihnen gesprochen zu haben. Konzentrieren Sie Ihre Aufmerksamkeit nun wieder auf Ihren Atem, und kehren Sie langsam in den Raum zurück.

Wenn mein Dialog zu Ende ist und ich das Gefühl habe, die Bedeutung des Bildes immer noch nicht zu kennen, schlage ich in meinem Symbolbuch nach. Darin finde ich vielleicht viele mögliche Interpretationen, daher achte ich sorgfältig darauf, wie ich auf die verschiedenen Möglichkeiten reagiere. Meistens sticht eine aus den vielen heraus, von der ich einfach das Gefühl habe, daß es die richtige ist.

Wenn wir uns nicht an unsere Träume erinnern können, müssen wir lernen, ihnen Beachtung zu schenken. Wir können uns vor dem Einschlafen zum Beispiel bekräftigend sagen: »Ich werde mich beim Erwachen an meine Träume erinnern.« Wiederholen Sie diesen Satz mehrere Male, bevor Sie einschlafen. Wenn wir uns ein Traumtagebuch anschaffen und es auf das Nachtkästchen legen, stärkt dies unseren Wunsch, mit unseren Träumen zu kommunizieren. Schreiben Sie alles in dieses Tagebuch, woran Sie sich aus der Traumwelt erinnern, auch wenn es nur ein ganz vages Gefühl ist. Manchmal bewirken eine oder zwei Zeilen, daß wir uns an einen größeren Zusammenhang erinnern. Wenn wir unseren Traum in der ersten Person im Präsens festhalten, können wir die Lebhaftigkeit der Erfahrung heraufbeschwören. Ein Eintrag könnte etwa so aussehen:

Ich bin in meinem Büro, sitze an meinem Schreibtisch. Ich habe das Gefühl, die einzige Person in dem Raum zu sein. Ich sehe oder spüre nicht, daß Kollegen da sind. Eine Biene beginnt um meinen Kopf zu schwirren. Zuerst fühle ich mich bedroht...

Die Gefühle festzuhalten ist wichtig, um die Gesamtwirkung eines Traums zu verstehen. Nach einem längeren Zeitraum kann Ihr Traumtagebuch Ihr persönliches Wachstum widerspiegeln, Sie können aus ihm neue Einsichten in Ihr Verhalten gewinnen und manchmal sogar zukünftige Ereignisse vorhersagen.

Sobald sie eine starke Beziehung zu ihrer Traumwelt hergestellt haben, beginnen die meisten Leute, so zu träumen, daß ihnen während des Träumens bewußt ist, daß sie träumen. Anders ausgedrückt: Ich träume, ich sei in meinem Büro und würde von einer Biene umschwirrt. Dabei ist mir aber bewußt, daß ich träume. Mit diesem Bewußtsein können wir die Geschehnisse in unserem Traum ordnen und die Ereignisse und das Ergebnis lenken.

Lassen Sie Ihre Träume für sich arbeiten

Die Facetten unserer Beziehung zur Traumwelt sind faszinierend und aufschlußreich. Unsere Träume können aber auch einen enormen Beitrag zu unserer Kreativität leisten. Ist es Ihnen schon einmal passiert, daß Sie die Lösung eines Problems plötzlich vor Ihren Augen sahen oder daß Sie im Schlaf ein vollendetes Bild erblickten? So etwas geschieht normalerweise, nachdem man eine Zeitlang an einem Projekt gearbeitet und versucht hat, ein Problem zu lösen, ein Bild zu skizzieren oder die Handlung und die Personen eines Romans zu entwerfen. Aber die Auflösung kann uns unerwartet treffen. Wir wissen nicht, wann uns diese Hilfe zuteil werden wird. Eine meiner Klientinnen, eine Künstlerin, erzählte mir, daß sie ihre Bilder skizziert, bevor sie sie auf die Leinwand bringt, aber wenn sie die vollendete Arbeit in einem Traum sieht, weiß sie auch, wie sie die Farben auf dem Bild einsetzen muß. Obwohl ihr das »Traumbild« nicht alle Details des vollendeten Bildes zeigt, gibt es ihr genügend Information, um mit dem Bemalen der Leinwand beginnen zu können. Viele von uns haben ähnliche Erfahrungen gemacht: Wir haben an einem Problem – oft mathematischer Natur – so lange gearbeitet, bis wir es schon fast aufgeben wollten. Dann, im Schlaf, ist die Antwort plötzlich da.

Eine Journalistin erzählte: »Seit meiner Kindheit denke ich vor dem Einschlafen über kreative Probleme nach. Wenn ich erwache, weiß ich oft die Lösung, oder ich habe eine Idee, die mir zumindest den richtigen Weg weist.« Als ich die Unternehmerin Andrea fragte, was sie zur Förderung ihrer Kreativität tue, antwortete sie, das Überschlafen eines Problems weise »den Weg zu einer höheren Quelle«. Eine Universitätsprofessorin sagte, daß Träume ihre Kreativität anregten, und sie fügte hinzu: »Ich habe großartige Träume.«

Der logische, rationale Teil unseres Gehirns ist nicht besonders kreativ. Ihn zu umgehen, um uns Zugang zu unserer Kreativität zu verschaffen, ist oft schwierig, wie wir weiter vorn in diesem Buch bereits festgestellt haben. Aber während des Schlafes ruht auch unser logisches Denken, so daß kreativere Ideen die Oberhand gewinnen können. Wenn wir dieses Phänomen jedoch nutzen wollen, müssen wir zuvor unsere Hausarbeiten machen: das Thema recherchieren, die Skizze anfertigen, uns Notizen über Handlung und Charaktere machen. Dann können sich im Lauf der Zeit diese Informationen mit unseren kreativen Ressourcen verbinden und den Traum als Medium verwenden.

Als ich an meiner Dissertation arbeitete, versuchte ich fieberhaft, ein Modell für weibliche Kreativität zu finden. Ich wußte, daß das vierstufige, lineare Modell nicht der weiblichen Erfahrung dieses wundervollen Prozesses entsprach. Aber selbst nach einigen Wochen der Forschung konnte ich mit keinem geeigneten Modell aufwarten. Schließlich erschien mir die Antwort in einem Traum, in dem mir eine

Göttin eine abgeflachte Spirale zeigte. Sie griff in die Mitte der Spirale und zog sie hoch. Es wurden keine Worte gewechselt, aber als ich erwachte, wußte ich, daß die Spirale ein Symbol für die weibliche Kreativität war. Je mehr ich mich mit der Spirale beschäftigte, desto mehr konnte ich mit ihr anfangen. Das Bild war mir in einem Traum gezeigt worden, und ich brauchte es nur noch für meine Zwecke zu verwenden.

Arbeiten Sie mit Ihren Träumen

Ja, unsere Träume können uns den Weg zu unserem kreativen Ich weisen. Aber wir müssen zuerst die Pumpe betätigen und dann die Antwort in eine brauchbare Form bringen. Unsere Traumwelt kann hilfreich sein, aber sie kann nicht die ganze Arbeit für uns übernehmen.

Die Hilfe, die unsere Träume uns geben können, muß nicht dem Zufall überlassen bleiben. Wenn wir mit unseren Träumen kommunizieren, können wir sie so lenken, daß wir aus ihnen erfahren, was wir wissen möchten. Wichtiger als die Entschlüsselung der Bedeutung ist dabei der Aufbau einer Beziehung zur Traumwelt. Wie bei den weiter vorn beschriebenen Übungen benutzen wir die Bildersprache, um mit unseren Träumen in Kontakt zu treten. Statt darauf zu warten, daß ein Traum uns ein Bild vorlegt, und dann seine Bedeutung herauszufinden versuchen, können wir unserer Traumwelt auch vorschlagen, für bestimmte Dinge spezielle Bilder zu verwenden. So könnte zum Beispiel die Farbe Rot bedeuten, daß wir uns bei einem Problem auf dem falschen Weg befinden, während Grün bedeutet, daß wir auf dem richtigen Weg sind. Wir können diese Symbole in einem schriftlichen Dialog oder auch durch ein direktes Gespräch mit unserer Traumwelt aushandeln. Das funktioniert am besten, wenn wir uns in einem veränderten Bewußtseinszustand befinden, wie beispielsweise beim Meditieren oder während des Einschlafens oder Erwachens.

Mit anderen Worten: Wir sprechen direkt mit unserer Traumwelt und schlagen ihr vor, daß bestimmte Symbole für bestimmte Dinge in unserem Leben stehen sollen. Ein schriftlicher Dialog könnte so aussehen:

Ich: Traumwelt, ich brauche deine Hilfe.

Traumwelt: Ja, was ist los?

Ich: Manchmal weiß ich nicht, ob ich auf dem richtigen Weg bin. Ich bin oft unsicher, ob ich die richtige Entscheidung treffe oder ein Problem richtig anpacke.

Traumwelt: Wie kann ich dir helfen?

Ich: Versuchen wir, eine Form der Kommunikation zu finden. Ich vertraue deiner Weisheit in diesen Dingen. Wenn ich dich also bei der Lösung eines Problems um deine Hilfe bitte und du mir die Farbe Rot zeigst, weiß ich, daß ich auf dem falschen Weg bin. Grün bedeutet, daß ich es richtig mache.

Traumwelt: Ja, das kann ich tun. Rot ist falsch, Grün ist richtig.

Ich: Ja. Ich danke dir.

Sich ein kräftiges Rot und Grün vorzustellen ist hilfreich. Sie brauchen ein solches Gespräch nicht unbedingt aufzuschreiben, sondern es genügt, wenn Sie es stumm führen.

Auf diese Weise können Sie Ihre Traumwelt um Hilfe bitten. Gehen Sie beim Einschlafen das Problem, das Sie zu lösen versuchen, einfach noch einmal durch, und bitten Sie Ihre Traumwelt um Hilfe. Sie kann Ihnen dann anhand von Farben oder anderen aussagekräftigen Symbolen zu erkennen geben, ob Sie auf dem richtigen Weg sind.

Wir können auch auf andere Weise um Hilfe bei einem bestimmten Problem bitten. In der Zwielichtzone zwischen Wach- und Schlafzustand können wir das Problem noch einmal durchgehen und unsere Traumwelt um eine Lösung bitten. Wir können auch Hilfe beim Schreiben oder einer anderen Art des kreativen Schaffens anfordern. Gleichzeitig sollten wir uns suggerieren, daß wir uns beim Erwachen an unsere Träume erinnern werden, und unsere Träume in ein Traumtagebuch eintragen. Wir brauchen nicht zu warten, bis unsere Traumwelt auf unsere kreativen Bedürfnisse reagiert, sondern wir können um das, was wir brauchen, bitten, und zwar dann, wenn wir es brauchen.

Ich arbeitete häufig mit dieser Methode, während ich einen Science-fiction-Roman schrieb. Ich bat meine Traumwelt jeden Abend, mir die Story einzugeben. Am Morgen begann ich zu schreiben, meist nur mit dem Gefühl, daß meine Träume meiner Bitte nachgekommen waren. Ich sah fast nie bewußt vor mir, was ich schreiben würde, bevor ich es schrieb. Nach dem Mittagessen machte ich ein kleines Schläfchen, und wieder bat ich meine Träume um eine Fortsetzung der Geschichte, die mich für den Rest des Arbeitstages beschäftigen würde. Wie am Morgen erwachte ich auch zu Mittag mit dem Gefühl, die notwendigen Informationen bekommen zu haben, aber die Details traten erst beim Schreiben zutage.

Wenn es uns gelingt, ein bildliches Kommunikationssystem mit unserer Traumwelt einzurichten, verbessert sich unsere Fähigkeit, ein solches System auf kreative Weise zu nutzen. Für manche von uns mag es auch ausreichen, auf ihre Träume zu achten, ein Traumtagebuch zu führen und im Bedarfsfall um Hilfe zu bitten. Sobald wir beginnen, uns für unsere Träume zu interessieren, entwickeln auch sie ein Interesse an uns. Dann bereichern sie unser Leben und schenken uns mehr Kreativität.

Talente wollen
kultiviert werden

»Du bist ein so begabter, so unglaublich talentierter Mensch! Warum machst du nichts aus deinen Talenten?« Klingt das vertraut? So positiv solche Bemerkungen gemeint sein können, so negativ kann oft ihre Wirkung sein. Eine ausgeprägte Begabung, was auch immer das genau ist, kann sich zu einer enormen Last entwickeln, vor allem, wenn wir das Gefühl haben, unsere naturgegebenen Fähigkeiten nicht zu nutzen. Wenn wir kein Ventil für den Ausdruck eines Talents finden, ist es so, als existierte dieses Talent gar nicht.

Wir mögen künstlerisch begabt sein, aber nur wenn wir lernen, wie man Ölfarben auf die Leinwand bringt, wenn wir perspektivische Studien anfertigen, wenn wir Licht und Farbe studieren und diese Fähigkeiten ständig weiterentwickeln, werden wir eine gute Malerin werden. Schriftsteller müssen viel über die Sprachstruktur wissen. Sie müssen aber auch interessante Charaktere schaffen und die Vorstellungskraft des Lesers anregen können, so daß dieser auf die zu Papier gebrachten Worte reagiert. Wer seinem Managementtalent zum Durchbruch verhelfen will, muß lernen, verschiedene Arbeitsstile durch verschiedene Motivationstechniken zu beeinflussen, die Energie von Gruppen so zu lenken, daß zusammenhängende Einheiten entstehen, und schwierige Probleme sofort bei ihrem Auftreten anzusprechen. Ganz gleich, welche Talente uns von der Natur mitgegeben wurden – wir müssen unsere Ausdrucksmöglichkeiten und unsere Kreativität ausbauen, damit wir diese Talente zum Leben erwecken.

Idealerweise beginnen wir bereits in der Kindheit damit, an unseren Talenten zu arbeiten. Während einige von uns das Glück hatten, Eltern zu haben, die durch entsprechenden Unterricht für die Förderung unserer Begabungen sorgten, waren andere auf sich allein gestellt. Viele Eltern haben kein Geld für Kurse, die über den Schulunterricht hinausgehen. Vielleicht findet man auch keinen guten Lehrer: manche Lehrer lähmen und verzerren ein Talent eher, als daß sie es fördern und entwickeln. Leider werden sehr viele, von Natur aus kreative Menschen in der Schule nie so gefördert, daß sie das gesamte Potential ihres Talents ausschöpfen können.

Außerdem ist Talent allein nicht genug. Dasselbe gilt für Leidenschaft, Disziplin oder Kreativität. Zusätzlich zu diesen Dingen müssen wir auch lernen, uns auszudrücken, und dazu müssen wir uns gewisse Fähigkeiten aneignen. Talente, die wir in der Kindheit nicht fördern, lassen sich in der Erwachsenenzeit oft nur noch schwer entwickeln. Manche »Experten« behaupten sogar, daß Talente, die in der Kindheit vernachlässigt werden, tot sind und später nicht mehr zum Leben erweckt werden können. Ich bin nicht dieser Meinung. Natürlich stimmt es, daß wir als Erwachsene ein Talent nie mehr so ausbauen, wie wir hätten tun können, wenn wir von Kindesbeinen an damit gearbeitet hätten. Trotzdem können wir den Produkten unseres kreativen Ausdrucks als reife Erwachsene eine Klarheit und Zielgerichtetheit geben, die unter jungen, »begabten« Erwachsenen kaum zu finden ist. Wir können unsere Kreativität auch gemeinsam mit den erlernten Fähigkeiten ausbauen und damit unseren naturgegebenen Fähigkeiten Tiefe geben.

Entwickeln Sie Ihre Fähigkeiten
auf Ihre eigene Weise

Wenn wir versuchen, unsere Fähigkeiten zu verbessern, müssen wir gleichzeitig auch den Ausdruck unseres einzigartigen kreativen Wesens fördern. Katastrophen treten ein, wenn wir den männlichen Schaffensprozeß nachahmen, wozu wir oft versucht sind. Das lineare Modell, das beim Mann vorherrscht, dominiert als *die* vorherrschende Art, zu denken oder kreativ zu sein. Es ist die Vorgehensweise, die uns oft beim Lernen nahegelegt wird. Die Aufforderung »Mach es so« vermittelt die Botschaft, daß es nur eine Möglichkeit gibt, eine bestimmte Wirkung zu erzielen. Daraus schließen wir, daß wir das lineare Vorgehen imitieren müssen. Obwohl das Nachahmen durchaus eine brauchbare Technik sein kann, um sich eine Fähigkeit anzueignen, kann es verheerende Auswirkungen auf ein Talent haben, wenn man beim Ausdrücken dieses Talents die Vorgehensweise anderer imitiert.

Ironischerweise erhöht eine umfassende formale Bildung auf einem Gebiet die Wahrscheinlichkeit, daß wir eine für uns unnatürliche Vorgehensweise imitieren. Meine Klientinnen lernen in vielen Sitzungen, die »richtige« Methode des kreativen Schaffens zu *ver*lernen. Shirley ist ein typischer Fall. Die talentierte Künstlerin nahm bereits als Kind Malunterricht und schloß ihren formellen künstlerischen Bildungsweg mit einem akademischen Titel ab. Sie gibt schon seit vielen Jahren Kunstunterricht, oft als einzige Frau der Abteilung. Als sie mit ihren männlichen Kollegen darüber diskutierte, wie ein Bild entsteht, stellte sie fest, daß sich diese über ihren Schaffensprozeß einig waren und davon ausgingen, die »richtige« Methode zu verwenden. Shirley erzählte: »Die Männer sprachen darüber, wie sie ein Kunstwerk schufen, und sie schienen alle über die Vorgehensweise einer Meinung zu sein, denn alle gingen sehr methodisch vor. Da ich nichts anderes kannte, nahm ich an, daß ich es wohl auch so machen müßte. Heute ist mir klar, daß ich keine Vorstellung davon habe, wie ich etwas schaffe ... oder was meine natürliche Methode des Schaffens ist.«

Obwohl Shirleys Kunst eine technisch sehr hohe Qualität hat, mangelt es ihr meiner Meinung nach an den Gefühlen, die man in weiblicher Kunst meist findet. Shirleys wichtigste Aufgabe ist es nun, ihrem eigenen, ganz persönlichen Stil zum Durchbruch zu verhelfen und die übernommenen, für sie unnatürlichen Methoden fallenzulassen.

Wir dürfen Fehler machen

Eine weitere Gefahr beim Erlernen neuer Fähigkeiten liegt in den Erwartungen, die wir selbst an unsere Leistungen stellen. Den meisten Kindern sind Fehler während des Lernens gleichgültig. Wenn wir nicht bereit gewesen wären, Fehler zu machen, würden wir immer noch auf dem Boden herumkrabbeln! Aber als Erwachsene haben wir viele Jahre hinter uns, in denen wir uns auf einem bestimmten Gebiet Fachwissen angeeignet haben. Wenn wir etwas Neues ausprobieren, stellen wir oft unrealistisch hohe Erwartungen an unsere Fähigkeiten, und wir messen uns an unseren Leistungen in anderen Bereichen. Wir erwarten, daß wir bei etwas Neuem genauso gut sind wie bei etwas, was wir schon seit Jahren praktizieren. Aber wir müssen bereit sein, das Risiko des Fehlermachens einzugehen und während des Lernens unterhalb des von uns gewünschten Niveaus zu arbeiten.

Wenn wir uns beim Lernen erlauben, Fehler zu machen, machen wir es möglich, daß sich ein natürlicher Kreativitätsfluß mit unseren neu erworbenen Fähigkeiten vermischt. Die Herausforderung für uns besteht darin, daß wir uns gestatten, ein wenig zu bummeln und uns zu neuen Erkenntnissen tragen zu lassen, ohne den Prozeß dadurch zu unterbrechen, daß wir unmittelbare, wundervolle Ergebnisse erwarten. (Das wird im Kapitel »Bringen Sie Ihre innere Kritikerin zum Schweigen« genauer diskutiert.) Während dieses Lernprozesses sollten wir uns auf unsere Fortschritte konzentrieren, auf das, was wir erreicht haben, und nicht auf das, was wir noch nicht können. Wir sollten mit Begeisterung an das spannende Vorhaben herangehen, ein seit langem schlafendes Talent zum Leben zu erwecken.

Motivieren wir uns durch kleine Belohnungen: Blumen, ein Abendessen in einem besonderen Restaurant, eine neue Bluse – irgend etwas, mit dem wir unseren Fortschritt feiern. Manchmal ist es empfehlenswert, sich einen Vergleichspunkt zu suchen, so daß wir unsere Entwicklung schätzen und messen können. Wenn wir ein Tagebuch über die Aktivitäten führen, frühere Arbeiten noch einmal durchsehen oder unsere alten Tonbänder anhören, können wir uns unsere langfristigen Fortschritte vor Augen führen.

Zur Akzeptanz unserer neuen Leistungen trägt es auch bei, wenn wir uns eine erreichbare Kompetenzebene zum Ziel setzen.

Sie brauchen Ihr Talent nicht zu Ihrem Beruf zu machen

Ich habe den Eindruck gewonnen, daß viele Erwachsene, die ihre naturgegebenen Talente zu entwickeln beginnen, glauben, sie müßten nun von diesem Talent leben können. Ich verrate Ihnen ein kleines Geheimnis: Sie können Ihre naturgegebenen Fähigkeiten nur zu Ihrem Vergnügen und zu Ihrer Freude pflegen! Sie können Ihrem Hang zur Musik nachgehen, indem Sie einfach im Auto oder unter der Dusche singen. Oder Sie können ein Instrument erlernen oder Ihre Gedichte vertonen, ohne dabei die Vorstellung im Hinterkopf zu haben, eine berühmte Komponistin werden zu müssen. Ihre Motivation kann einzig die Freude sein, Ihren kreativen Talenten endlich Ausdruck zu verleihen.

Sobald Sie sich entschlossen haben, sich die Fähigkeiten anzueignen, die Sie für den Ausdruck Ihrer Talente brauchen, müssen Sie sich über den Weg zur Umsetzung Ihres Ziels klarwerden. Natürlich können Sie reguläre Universitätskurse belegen, aber Privat- und Volkshochschulkurse sind vielleicht besser geeignet. Probieren Sie verschiedene Möglichkeiten aus, um die beste für Sie herauszufinden.

Dieses Buch will Ihnen zeigen, wie Sie mehr aus Ihren kreativen Möglichkeiten machen können. Dieses Ziel bedeutet für jeden von uns etwas anderes, doch eines gilt für alle: Wir müssen eine Brücke zwischen unseren naturgegebenen Talenten und unserer Kreativität bauen. Diese Brücke trägt den Namen *Entwicklung unserer Fähigkeiten.* Indem wir unsere Fähigkeiten ständig verbessern und neue Kanäle für unsere Kreativität schaffen, eröffnen wir uns die Möglichkeit, unsere naturgegebenen Fähigkeiten uneingeschränkt zum Ausdruck zu bringen. Wenn wir die Energie befreien, die in unseren ungenutzten Talenten gebunden ist, gewinnen wir mehr Begeisterung für den kreativen Ausdruck in anderen Bereichen unseres Lebens. So können wir unseren Streß mindern und mehr Lebensfreude gewinnen.

Treibsand oder Felsen?

Kreativität ist etwas, was sich nur schwer studieren läßt. Der Grund liegt in der Subjektivität. Wenn wir uns auf einen Kreativitätstest stützen, erfahren wir daraus nur, ob die betreffende Person durch diesen Test als kreativ eingestuft wird oder nicht. Wir erfahren nicht, ob sie ihre Kreativität im täglichen Leben *ausdrückt*. Wir können mit kreativen Menschen sprechen und uns die Beschreibungen ihrer kreativen Prozesse anhören – doch die Essenz der kreativen Erfahrung entzieht sich jeder Verbalisierung. Wie können wir also zu einem Verständnis unserer Kreativität gelangen?

Um mit diesem Dilemma fertig zu werden, halten wir Ausschau nach Erfahrungen, die kreativen Frauen gemeinsam sind. Ein allgemein verbreitetes Gefühl ist das der Unsicherheit, vor allem in den ersten Phasen der Entwicklung des kreativen Ich. Eine meiner Klientinnen beschrieb dieses Gefühl sehr gut, als sie klagte: »Mir ist bewußt, daß ich auf dem richtigen Weg bin, aber manchmal weiß ich nicht, ob ich Treibsand oder einen Felsen unter mir habe.« Es ist normal, daß wir uns beim Experimentieren mit unserer Kreativität unsicher fühlen, aber diese Zweifel können uns an einer vollen Entfaltung unseres Schaffensprozesses hindern. Zweifel sind etwas, was von innen oder von außen kommen kann.

Wenn wir die Früchte unseres Schaffens anderen zur Beurteilung vorlegen, werden wir vielleicht mit Menschen und Ereignissen konfrontiert, die unsere Unsicherheit verstärken. Die Kreativität stellt ihrer Natur nach den Status quo in Frage. Sie bezweifelt die Richtigkeit der etablierten Vorgehensweisen und stellt die übliche Ordnung der Dinge oft auf den Kopf. Die daraus resultierende Veränderung kann Menschen irritieren und sogar verängstigen. Der Initiator der Veränderung, der kreative Mensch, wird oft mit einer Mischung aus Respekt, Neid, Argwohn und Mißtrauen betrachtet. Und trotzdem verdankt unsere Zivilisation ihren Fortschritt der Denkarbeit kreativer Menschen.

Kein Wunder, daß sich eine kreative Persönlichkeit in ihrem Inneren unsicher fühlen kann. Die Bereitschaft, Risiken einzugehen, samt den damit einhergehenden Fehlgriffen, bildet einen inhärenten Teil des kreativen Prozesses. Die Tatsache, daß eine Frau persönliche Gefühle mit ihrer Arbeit verbindet, bedeutet Auslieferung. Es gibt keine Garantie für Erfolg und Akzeptanz.

Unsicherheit kann zu Angst werden – einer Angst vor dem Unbekannten, während wir einen neuen Teil unseres Ich erforschen; einer Angst vor dem Ausgeliefertsein, wenn wir unsere inneren Gefühle preisgeben, oder einer Angst vor Erfolg. Wenn wir beim Auftreten solcher Gefühle mit unserem kreativen Ich in Verbindung bleiben, können wir trotz ihrer Existenz vorankommen.

Wenn wir zum ersten Mal den Antrieb fühlen, unserer Kreativität Ausdruck zu verleihen, gibt es keine Unsicherheit. Wir haben uneingeschränktes Vertrauen in uns selbst und unsere Arbeit. Wir stehen auf einem soliden Felsen. Aber sobald wir auf Hindernisse stoßen oder uns von anderen entmutigen lassen, kann unsere Selbstsicherheit ins Wanken geraten. Dann stellen wir unsere kreativen Fähigkeiten in Frage und verlieren das Vertrauen in unseren kreativen Schaffensprozeß. Der sichere Felsen verwandelt sich in Treibsand.

Der Schlüssel zur Überwindung unserer Selbstzweifel liegt in unserem persönlichen Schaffensprozeß. Viele Frauen sagen mir, daß Selbstvertrauen für ihren kreativen Erfolg entscheidend ist. Sie lernen, sich darauf zu verlassen, daß ihnen ihr persönlicher kreativer Prozeß bei Bedarf Ideen liefert und daß ihnen ihr Unterbewußtsein bei der Lösung von Problemen hilft. Sie wissen auch, daß sie erst dann mit einer Arbeit an die Öffentlichkeit gehen sollten, wenn sie sich emotional von ihr gelöst haben. Lillian, eine Beraterin, drückte es so aus: »Ich verlasse mich auf mein eigenes, tief verankertes Selbstvertrauen! Wenn ich kreativ bin, gibt mir das stets ein inneres Gefühl der Ruhe und Zufriedenheit.«

So viel Vertrauen gewinnt man nicht von heute auf morgen. Und leider lehrt uns unsere tempoversessene Gesellschaft, daß Probleme in dreißig Minuten gelöst werden sollten – unter Berücksichtigung von Werbepausen! Die Entwicklung von Vertrauen in unsere kreativen Fähigkeiten braucht aber Zeit.

Ganz gleich, um welchen konkreten Kreativitätsbereich es geht: Der beste Ansatzpunkt ist die anfängliche Inspiration, die der Auslöser für unsere kreative Begeisterung war. Denken Sie an den Augenblick, als Sie mit Ihrem ganzen Wesen, mit dem Kopf und mit dem Herzen, sagten: »Ja, genau das ist es, was ich tun will.« Mit dieser Erinnerung fangen Sie das Vertrauen ein, das den Zündfunken für den Prozeß lieferte. Die folgende Übung hilft Ihnen, sich dieses Gefühl in Erinnerung zu rufen:

*Schließen Sie die Augen, und zentrieren Sie sich. At-
men Sie einige Minuten lang tief ein und aus. Lassen
Sie externe Gedanken und Sorgen aus Ihrem Kopf
und Ihrem Körper ziehen.*

*Nun lassen Sie sich von Ihrem Atem zu dem Augen-
blick tragen, in dem Sie das erste Mal die Inspiration
für die Arbeit oder das Projekt spürten, das Sie jetzt
in Frage zu stellen beginnen. Führen Sie sich diese
Arbeit oder dieses Projekt so lebhaft wie möglich vor
Augen. Sehen, hören, riechen, schmecken und spüren Sie die Inspiration.*

*Lassen Sie dieses Gefühl Ihren ganzen Körper durch-
strömen, von den Zehen und Fingerspitzen bis ganz
oben in Ihren Kopf. Bleiben Sie so lange bei dem Gefühl, bis Sie sicher sind, daß Sie es immer noch spüren, wenn Sie die Augen öffnen. Lassen Sie sich viel
Zeit, so daß die Begeisterung Ihren Körper erfüllen
kann.*

*Nun öffnen Sie langsam die Augen und machen sich
Ihre Umgebung bewußt, während Sie bei den opti-
mistischen Gefühlen verharren. Wenn Sie spüren,
daß diese nachlassen, schließen Sie die Augen, und
rufen Sie sie zurück. Machen Sie das so lange, bis Sie
Ihre kreative Arbeit mit gestärktem Selbstvertrauen
wiederaufnehmen können.*

Wenn Angst ein Thema für Sie ist, denken Sie an eine Ach-
ter- oder eine dunkle Geisterbahn. Warum haben so viele
Menschen Spaß an solchen Attraktionen, obwohl sie sich
dabei vor Entsetzen fast die Seele aus dem Leib kreischen?
Die Angst vor Erscheinungen in der Dunkelheit, die Angst,

nach unten zu rasen und sich dabei wild in die eine oder andere Richtung zu drehen, verwandelt sich in Spannung. Diese beiden Gefühle – Angst und Spannung – sind im wesentlichen identisch. Sie werden einfach aus einem unterschiedlichen Blickwinkel wahrgenommen. Außerdem bedeutet Spannung Unterhaltung! Natürlich meine ich hier nicht die Angst, nachts allein eine dunkle Allee entlangzuspazieren, denn hierbei gründet sich die Angst auf körperliche Verwundbarkeit. Ich spreche von jenen Ängsten, die mit Veränderungen verbunden sind. Gemeint ist ein emotionaler Zustand, der wahrgenommen werden kann, ohne daß er lähmend wirkt.

Das bedeutet, daß sich bei Herausforderungen Angst in Spannung verwandeln kann. Versuchen Sie, die folgenden Sätze zu ergänzen, um sich über Ihre Ängste klarzuwerden. Schreiben Sie den Satz ab, sooft Sie ihn brauchen:

> *»Ich befürchte ...« Oder: »Ich habe Angst vor ...«*
> *Als nächstes tauschen Sie in dem Satz, den Sie geschrieben haben, das Wort »Angst« gegen »Spannung« aus.*
> *»Ich bin gespannt auf ...« Oder: »Ich empfinde eine freudige Spannung, wenn ich an ... denke.«*
> *Schreiben Sie auch alle anderen Gefühle und Gedanken auf, die bei dieser Übung aufgewirbelt werden.*

Vielen Leuten widerstrebt die Vorstellung, für irgend etwas Beängstigendes Begeisterung zu empfinden. Aber lassen Sie sich Zeit, um sich an diesen Gedanken zu gewöhnen. Wenn es Ihnen einmal gelungen ist, Ihre Ängste in Gefühle der Spannung und der Begeisterung zu verwandeln, werden Sie Ihren Weg mit neuer Energie und neuem Vertrauen fortsetzen können. Es geht darum, der Angst ins Auge zu blicken und sich zu fragen: »Wo verbergen sich in dieser Angst die Spannung und die Begeisterung?«

Wenn es Ihnen gelingt, mit Ihrer Kreativität zu kommunizieren, wird Ihr Vertrauen in Ihren Kreativitätsprozeß steigen. Eine Möglichkeit, das zu erreichen, besteht darin, mit Ihrem kreativen Ich zu sprechen. Dafür möchte ich Ihnen einen schriftlichen Dialog vorschlagen. Dialoge helfen uns, Zugang zu Teilen unseres Ich zu finden, die wir besser kennenlernen möchten. Diese Technik wird auch in der Traumarbeit oft verwendet. Zugegebenermaßen sind solche Dialoge etwas eigenartig, aber sie können viel bewirken.

Die nächste Übung wird Ihnen zunächst vielleicht ein wenig ausgefallen erscheinen. Schließlich wurden wir von wohlmeinenden Menschen unser ganzes Leben lang ermahnt, nicht mit uns selbst zu sprechen. Dennoch ist diese Art des inneren Dialogs sehr wirkungsvoll. Sie werden mit Ihrem kreativen Ich sprechen und ihm alle möglichen Kennenlernfragen stellen. Die einfachste Methode besteht darin, den Dialog aufzuschreiben und die Sprecher klar zu benennen. Ob Sie Papier und Stift, Schreibmaschine oder Computer verwenden, spielt keine Rolle.

Beginnen Sie, indem Sie eine Frage aufschreiben, die Sie Ihrem kreativen Ich stellen wollen. Vermeiden Sie dabei Fragen, die mit »Warum?« beginnen, weil die Antworten auf diese Fragen meist nur Rationalisierungen sind. Ihr Dialog könnte etwa so aussehen:
Ich: Kreatives Ich, es fällt mir schwer, dir zu vertrauen. Was kann ich tun?

*Kreatives Ich: Entspann dich, und hör auf, so viel von
dir zu erwarten. Denk daran, daß wir eine sehr positive gemeinsame Geschichte haben.*

*Ich: Da hast du recht, die haben wir. Bitte gib mir ei-
nen Rat, wie ich mich entspannen und dabei auch für
dich etwas tun kann.*

*Kreatives Ich: Es wäre gut, wenn du dir von Zeit zu
Zeit eine Pause gönnst.*

*Setzen Sie den Dialog so lange fort, bis Sie zufrieden
sind. Wenn Sie den Dialog abschließen, danken Sie
Ihrem kreativen Ich für das Gespräch.*

Es kann sein, daß Ihnen das zuerst eigenartig vorkommt
und Sie das Gefühl haben, die Antworten zu erzwingen.
Bleiben Sie aber dabei. Irgendwann werden Sie den Punkt
erreichen, an dem Ihr kreatives Ich Ihnen die Worte in die
Feder diktiert, und dann wird der Dialog von selbst zu fließen beginnen. Je öfter Sie Ihr kreatives Ich in ein Gespräch
verwickeln, desto besser wird die Beziehung sein, die Sie
mit diesem ungeheuer kraftvollen Teil Ihrer Persönlichkeit
eingehen.

Durch die Nutzung unserer Kreativität bauen wir Vertrau-
en zu ihr auf. Ich kann Ihnen zwar Richtlinien geben,
wie Sie eine Beziehung zu Ihrer Kreativität herstellen,
Blockaden durchbrechen und die dem kreativen Prozeß innewohnenden Fallen umgehen können – aber wie die
Beziehung in ihren Einzelheiten aussieht, liegt ausschließlich an Ihnen. Sie werden die Details kennenlernen, wenn
Sie Ihre Kreativität ausdrücken.

Je stärker das Vertrauen ist, das Sie in Ihre Kreativität setzen, desto verläßlicher wird sie sein. Die Kreativität ge-

deiht, wenn sie beachtet wird und entsprechend Ausdrucksmöglichkeiten findet.

Ehrlichkeit gegenüber sich selbst ist eine weitere Eigenschaft kreativer Frauen, die das Vertrauen stärkt. Wir müssen unser Inneres so ausdrücken, daß es für uns richtig ist. Wie mir eine Frau sagte: »Ich vertraue darauf, daß ich verstehe, was kommt, und daß es für mich stimmt.« Kommerzielle Überlegungen kommen später, wenn überhaupt. Wenn wir uns in unserer Arbeit die Integrität erhalten, vertrauen wir unseren Bemühungen und unserem kreativen Prozeß als Erweiterung unseres wahren Ich, und das ist ein sicherer Weg.

Anmerkungen

Mit Kreativität Probleme lösen

1   Dr. Gay Luce, Workshop-Vortrag, Los Angeles, Kalifornien, März 1980.
2   »Spurs for Innovation«, *Nation's Business*, Juni1986, S. 42–45.

Macht – eine Neudefinition

1   Dr. Jean Houston, Workshop-Vortrag, University of California in Santa Cruz, August 1978.

Setzen Sie Ihre Vorstellungskraft ein

1,2,3 Stanislav Grof, *Realms of the Human Unconscious*, New York, 1975.
Jean Houston: »Through the Looking-Glass: The World of Imagery«, *Dromenon 2* (Winter 1979), S. 17–23.
–, und R.E.L. Masters, *The Varieties of Psychedelic Experience*, New York, 1952.

Spontaner werden

1   »Spurs for Innovation«, *Nation´s Business*, Juni 1986, S. 42–45.
2   Brewster Ghiselin, Hrsg., *The Creative Process*, New York, 1952.

Das Gewöhnliche wird zum Außergewöhnlichen

1   Dr. Jean Houston, Workshop-Vortrag, University of California in Santa Cruz, August1978.

Lieben Sie Ihr kreatives Ich

1   Susan Campbell, *The Couple´s Journey: Intimacy as a Path to Wholeness*, San Luis Obispo, Kalif., 1983.

Lassen Sie Ihre Träume kreativ sein

1   Harriet Skibbins, Workshop-Vortrag, Marin, Kalifornien, Mai1981.
2   Dr. Jean Houston, Workshop-Vortrag, University of California in Santa Cruz, August 1978.
3   J. C. Cooper, *An Illustrated Encyclopedia of Traditional Symbols*, London, 1978.

4
Blockaden
durchbrechen

Blockaden überwinden

Wir alle haben schon einmal von der Schreibblockade gehört. Dieses mysteriöse, gefürchtete Übel tritt ohne Vorwarnung auf und unterbricht den Schreibprozeß auf unbestimmte Zeit. Die Schreibblockade kommt und geht nach Belieben, und es ist kein Kraut gegen sie gewachsen, zumindest kein allgemein bekanntes. Dieses Phänomen beschränkt sich im übrigen nicht auf Autoren, sondern es kann uns alle treffen. Allgemein gelten Blockaden als ein natürlicher und daher unvermeidlicher Teil des kreativen Schaffensprozesses. Viele Leute stehen vor solchen Blockaden wie das Kaninchen vor der Schlange, als ob das Phänomen sie und ihren Schaffensprozeß überwältigen könnte. Dabei wird etwas Wichtiges übersehen: Der kreative Prozeß muß ungestört fließen können. Wer sich abmüht, behindert ihn! Blockaden sind – entgegen der allgemein verbreiteten Annahme – nicht von vornherein in den kreativen Prozeß eingebaut. Wir können sie stoppen oder überhaupt vermeiden.

Natürlich waren wir in unserem kreativen Schaffensprozeß alle schon einmal wie gelähmt. Es kann frustrierend sein zu wissen, daß in unserem Inneren wundervolle, aufregende Ideen stecken, die nur darauf warten hervorzusprudeln. Wir spüren sie in uns, wir fühlen, wie sie unser Bewußtsein kitzeln und dabei ein Gefühl verursachen, das irgendwo zwischen Irritation und Freude angesiedelt ist. Schade ist nur, daß sie unter der Oberfläche bleiben und sich dem Zugriff unseres Bewußtseins entziehen. Klingt das vertraut?

Als Blockade kann alles bezeichnet werden, was den natürlichen Fluß unserer Kreativität stört oder unterbricht. Blockaden treten aus verschiedenen Gründen und auf verschiedenen Ebenen des kreativen Prozesses auf. Wie immer diese Störungen im einzelnen auch aussehen mögen: Wir müssen versuchen, den natürlichen Fluß unserer kreativen Energie wiederherzustellen.

Je besser wir unsere Kreativität ausdrücken können und je stärker wir unserem Schaffensprozeß vertrauen, desto weniger werden wir von Blockaden geplagt. Portia Nelson, die ihre Kreativität auf mannigfaltige Weise ausdrückt, beschreibt, wie sie mit Blockaden umgeht: »Ich meditiere soviel wie möglich und versuche, alle exzessiven Gefühle auszuschalten. Ich vertraue darauf, daß das, was richtig ist, hervorkommen wird. Und das tut es meist auch.«

Wenn wir unser kreatives Ich kennenlernen, erfahren wir auch, wie wir uns selbst blockieren. Mit diesem Wissen vor Augen können wir einen Weg finden, um die Blockade zu überwinden. Im allgemeinen stoßen wir während der Entwicklung unserer Kreativität auf mehr Blockaden als nach einigen Jahren schöpferischer Arbeit.

In den vielen Seminaren zum Thema von Blockaden, die ich im Lauf der Jahre leitete, fand ich einen eindeutigen Unterschied zwischen Menschen, die ihre Kreativität umfassend leben, und Menschen mit weniger kreativer Erfahrung. Letztere sind sich darin einig, daß sie dann am anfälligsten für Blockaden sind, wenn sie anfallende Arbeit hinauszögern und verschleppen. Sie brauchen nichts anderes als Selbstdisziplin, um den Prozeß ins Rollen zu bringen. Weniger erfahrene Schaffende können allerdings auf eine Vielzahl verschiedener Blockaden stoßen, zu deren Überwindung sie verschiedene Techniken erlernen müssen.

Je klarer unsere Beziehung zu unserer Kreativität ist, desto geringer ist die Wahrscheinlichkeit, daß unser Schaffensprozeß ernsthaft unterbrochen wird. Wenn wir der Energie des Schaffensprozesses – der Leidenschaft – freien Lauf lassen, regen wir unsere natürliche Motivation zum kreativen Arbeiten an. Diese Kraft läßt Blockaden hinwegschmelzen wie Schnee an der Sonne. Das folgende Beispiel zeigt, was passieren kann, wenn wir unserer Kreativität ihre volle Entfaltungsmöglichkeit zugestehen.

Vor einigen Jahren äußerte eine meiner Freundinnen, eine Künstlerin, den Verdacht, sich absichtlich davon abzuhalten, ein Bild in Angriff zu nehmen, weil sie wußte, welche Auswirkungen das auf ihr Leben haben würde. »Sobald ich mit einem Bild beginne, kommt alles andere in meinem Leben zum Stillstand. Ich gehe nicht mehr ans Telefon, ich treffe mich nicht mit anderen Leuten, denn ich male dann zwölf bis vierzehn Stunden am Tag. Natürlich finde ich es schrecklich, meine Freundinnen nicht zu treffen, aber wenn ich male, dann muß ich eben malen! Irgendwann habe ich erkannt, daß ich einige Blockaden eingebaut habe, um mich selbst an der Arbeit zu hindern. Damit versuche ich, derartig radikale Einschnitte in mein Leben zu vermeiden.« Manchmal kann es so aussehen, als würde uns eine Blockade einen Gefallen tun, indem sie uns davon abhält, unser Leben auf den Kopf zu stellen.

In unseren jüngsten Gesprächen sagte diese Künstlerin, ihre letzte Blockierung sei »Lichtjahre« her. Ihr Problem sei jetzt, so viele Ideen gleichzeitig zu haben, daß es ihr schwerfalle, eine davon auszuarbeiten. Sie akzeptiere ihre

Bedürfnisse während des Malens und sei trotzdem mit der introvertierten Art des Lebens zufrieden, das sie in dieser Zeit führe.

Als ich auf dem Gebiet der Kreativität forschte, fand ich viele Hinweise auf eine Parallele zwischen der Kreativität und dem Zyklus von Leben, Tod und Wiedergeburt.[1,2,3] Dabei geht es darum, daß ein Teil des Ich stirbt, während ein Schaffender die tiefsten Schichten seiner Kreativität erforscht. Am Ende dieses Prozesses wird er jedoch als ganzer, reifer Mensch wiedergeboren. Verständlicherweise ist diese eindrucksvolle Betrachtungsweise der Kreativität im allgemeinen mit Angst verbunden. Wenn wir uns jedoch bei unserer schöpferischen Tätigkeit von dieser Angst überwältigen lassen, kann es passieren, daß wir uns selbst von den tiefen Schichten unseres kreativen Prozesses abschneiden.

Aber wenn wir bei der weiblichen Betrachtungsweise bleiben, verstehen wir Leben, Tod und Wiedergeburt als Teil desselben Zyklus, und wir wissen, daß die Ingression – das In-sich-Gehen – ein natürliches Element weiblicher Kreativität ist, ein Element, dem wir vertrauen können. In unserem Schaffensprozeß ist nichts enthalten, das wir fürchten müßten.

Wir müssen uns selbst und unseren persönlichen Schaffensprozeß so gut kennenlernen, daß wir mit Unterbrechungen umzugehen wissen. Je mehr wir unserem Schaffensprozeß vertrauen, je klarer unsere Beziehung zu unserer Kreativität ist und je stärker wir uns von unseren Leidenschaften in unserer Kreativität motivieren lassen, desto weniger werden wir von Blockaden beeinträchtigt werden.

Die nächsten fünf Abschnitte, in denen wir uns mit den verschiedenen Arten der Blockaden und mit den Möglichkeiten zu ihrer Überwindung befassen, werden uns den richtigen Weg zeigen.

Der Beginn

In unserem Inneren verbergen sich Schätze aller Art –
Ideen, Gedichte, Geschichten, Bilder und einzigartige Fähigkeiten, Probleme zu lösen. Nun geht es darum, diese
magischen Dinge an die Oberfläche treten zu lassen und
unser kreatives Ich auszudrücken. Und trotzdem können
das weiße Blatt Papier, der leere Bildschirm, die nackte
Leinwand oder sogar die Erwartung, mit nichts beginnen
und mit einem fertigen Produkt enden zu müssen, unsere
Gedanken und Gefühle in hellen Aufruhr versetzen, mit
dem unsere Kreativität nicht zurechtkommt. Vor allem
kann der Anfang einschüchternd wirken.
Hatten Sie jemals dieses Gefühl? Wie wurden Sie damit
fertig?

Startblockaden

Wenn wir mit einem neuen Projekt beginnen, gibt es verschiedene Arten, uns selbst zu blockieren. Betrachten wir
beispielsweise das ganze Projekt auf einmal, können wir
uns von den vielen Schritten überwältigt fühlen, die zu seiner Vollendung notwendig sind. Wir sind auf die ganzheitliche Betrachtungsweise fixiert und verlieren die Fähigkeit
des linearen Ordnens. Oder wir konzentrieren uns ausschließlich auf die Einzelheiten des Projekts und haben
deshalb kein umfassenderes Bild vor Augen, in dem sich
die Details zu einem harmonischen Ganzen fügen. In die-

sem Fall dominiert das Lineare über das Ganzheitliche, und nichts scheint mit etwas anderem verbunden zu sein. Unsere ganzheitliche Betrachtungsweise und das lineare Vorgehen geraten in Konflikt, wobei die eine Sichtweise die andere überschattet. Wir müssen beide Betrachtungsweisen verbinden, so daß sie einander ergänzen und uns dabei helfen, unsere Kreativität auszudrücken.

Manchmal erwarten wir, daß das, was aus unserem Mund, unserer Feder oder unserem Pinsel kommt, genau unseren Erwartungen entspricht und keinerlei Korrektur mehr benötigt. Wir denken und überdenken, formulieren und verfeinern so lange, bis wir das Produkt unseres kreativen Schaffens für perfekt halten. In der Zwischenzeit aber ist der Fluß unserer Kreativität versiegt.

Wir werden unsere Produkte immer überarbeiten müssen. Wenn wir erwarten, daß sie von Anfang an ideal sind, hemmen wir unsere Kreativität. Wichtig ist zunächst, daß wir unsere Ideen zu Papier bringen oder das Bild skizzieren. Wir können etwas erst dann verbessern, wenn wir es einmal zum Ausdruck gebracht haben. Marjory, eine Schriftstellerin, sagte folgendes über ihre Erfahrung: »Wenn ich einmal zu schreiben begonnen habe, fühle ich mich im allgemeinen gut. Oft tippe ich nur Nonsens – einen Strom von Worten ohne Bedeutung. Das reicht schon, um meinen Motor anzukurbeln.«

Vielleicht können Sie Ihr Dilemma einfach dadurch lösen, daß Sie sich daran erinnern, daß die Feinarbeit später kommt. Kreativität findet nur in den seltensten Fällen schon beim ersten Mal einen perfekten Ausdruck. Lassen Sie sich von diesem Gedanken trösten!

Bringen Sie Ihre kreativen Säfte zum Fließen

Wenn Sie das Gefühl haben, zu Beginn eines künstlerischen Vorhabens kämpfen zu müssen, versuchen Sie es doch einmal mit den folgenden Übungen, die dazu gedacht sind, den »Motor anzukurbeln« und Sie in Gang zu bringen. Bei der ersten Übung sollen Sie Ihre Empfindungen schriftlich niederlegen. Dabei könnten Sie sich vielleicht an das folgende Beispiel halten:

Sie könnten schreiben: »Es fällt mir schwer, diesen Brief zu beginnen. Ich weiß einfach nicht, was ich schreiben soll. Was ich sagen möchte, ist ...« Auf diese Weise können Sie mehrere Sätze oder auch Seiten lang fortfahren.

Drücken Sie Ihre Frustration, Ihre Zweifel oder andere Gefühle aus. Indem Sie sie nach außen tragen, räumen Sie diese Blockaden Ihrer Kreativität aus dem Weg.

Wenn bei Ihnen entweder der ganzheitliche oder der lineare Aspekt auf Kosten des anderen überwiegt, können Sie diese Technik ebenfalls anwenden. Beginnen Sie etwa so: »Dieses Projekt überwältigt mich. Es gibt so viele Dinge zu tun. Ich weiß nicht, wo ich anfangen soll. Ein möglicher Anfang wäre zum Beispiel ...« Wählen Sie eine Formulierung, die Ihren Bedürfnissen entspricht.

Manchmal können außergewöhnliche Techniken notwendig sein, um unsere kreativen Säfte zum Fließen zu bringen: Alles aufschreiben, was uns in den Sinn kommt, zeichnen, schreiben, mit der nicht dominierenden Hand zeichnen oder sogar unser Zeitgefühl verändern. Die folgende Zeichenübung ist besonders nützlich, wenn es um das Verschieben von Sichtweisen und das Überwinden von Blockaden geht, die sich aus einem eingeschränkten Gesichtskreis ergeben.

Legen Sie sich für diese Übung mehrere große Zeitungsblätter und Farbstifte, Ölkreiden, Filzstifte oder auch Fingerfarben zurecht. Bringen Sie das Problem oder das Projekt auf den Punkt, indem Sie Ihre Augen schließen und tief atmen. Machen Sie sich keine Sorgen über das Projekt oder darüber, daß Sie nicht beginnen können. Nun bitten Sie um ein Symbolbild Ihrer Aufgabe. Seien Sie geduldig, und lassen Sie Ihrer Vorstellungskraft die nötige Zeit, um sich zu aktivieren. Sobald Sie das Symbol oder die Symbole vor Augen haben – oder sobald Sie sich danach fühlen –, beginnen Sie zu zeichnen. Und denken Sie daran: Dies ist eine symbolische Zeichnung; sie muß also keine Ähnlichkeit mit einem realen Objekt haben. Versuchen Sie einfach, die Quintessenz des Bildes einzufangen.

Wenn Sie lang genug auf ein Symbol gewartet haben und Ihnen keines in den Sinn kommt, beginnen Sie trotzdem zu zeichnen. Denken Sie dabei nicht. Lassen Sie einfach Ihre Hand die Farben wählen und zeichnen.

Nun fertigen Sie mit Hilfe derselben Techniken eine weitere Zeichnung an: Diesmal stellen Sie dar, wie das gelöste Problem oder das beendete Projekt ausse-

hen würde. Dabei spielt es keine Rolle, wenn Sie nicht genau wissen, wie die Lösung oder das Endprodukt aussehen!

Eine Möglichkeit ist es auch, den Prozeß der Lösungsfindung aufzuzeichnen. Mit dieser Zeichnung können Sie die Lücke zwischen dem Problem und der endgültigen Lösung füllen. Auch hier gilt, daß der Prozeß symbolisch dargestellt werden soll.

Es kann sehr hilfreich sein, bei dieser Übung mit jemandem zusammenzuarbeiten. Jeder von Ihnen kann seine eigenen Zeichnungen anfertigen und dann darüber sprechen. Diskutieren Sie über die Bedeutung, die die Zeichnungen für Sie haben, und über alle projektbezogenen Gefühle, die während des Zeichnens auftauchen. Wenn Sie allein arbeiten, schreiben Sie Ihre Eindrücke von der Zeichnung nieder, und erklären Sie, was sie Ihnen über das Projekt sagt.

An diesem Punkt dürfte der Motor angeworfen sein, und Ihre kreativen Säfte sollten fließen. Nun sind Sie bereit, mit der eigentlichen Arbeit an dem Projekt zu beginnen.

Diese Übung sollte Spaß machen. Befreien Sie sich von der Erwartung, daß Ihre Zeichnungen Museumsqualität haben sollten. Wenn es Ihnen schwerfällt, mit dem Zeichnen zu beginnen, verwenden Sie Ihre nicht dominierende Hand. Die negativen Botschaften über das Zeichnen werden in die dominierende Hand und den dazugehörigen Arm geleitet, denn diese Hand und diesen Arm benutzten Sie, als Sie die Botschaften empfingen. Der andere Arm und die andere Hand sind weder mit diesen negativen Botschaften noch mit hohen Erwartungen belastet.

Und denken Sie während der Übung sowenig wie möglich.

Die Übungen funktionieren am besten, wenn die Zeichnungen von »nirgendwoher« zu kommen scheinen. Versuchen Sie, Ihrem spontanen Ich seinen Willen zu lassen, und vermeiden Sie es, zu analysieren oder zu rationalisieren. Dieselbe Empfehlung gilt für professionelle Künstler, die unter derartigen Schwierigkeiten leiden.

Versuchen Sie es mit der nächsten Übung. Sie hat Ähnlichkeit mit der oben beschriebenen Schreibübung, nur daß Sie diesmal zeichnen.

Beginnen Sie, indem Sie irgend etwas hinkritzeln oder skizzieren. Erwarten Sie dabei nicht, daß diese Übungen zu großartigen Kunstwerken geraten. Gehen Sie aus sich heraus! Zeichnen Sie die Dinge von der Seite oder verkehrt herum oder aus schrägen Perspektiven. Probieren Sie ungewöhnliche Farben aus, zum Beispiel violette Bäume mit orangefarbenen Blättern vor einem grünen Himmel. Es geht darum, Ihren kreativen Schaffensprozeß anzuregen und ihn mit dem jeweiligen Projekt zu verbinden.

Eine weitere Starttechnik setzt den Einsatz Ihres weiblichen, fließenden Zeitgefühls voraus. Das Weibliche empfindet die Zeit so wie die Natur: Die Ereignisse stehen miteinander in Verbindung, das eine fließt in das andere. Diese Zeiterfahrung unterscheidet sich von unserem angelernten Uhrzeitgefühl, das die Ereignisse isoliert voneinander erscheinen läßt. Unser weibliches Zeitgefühl ermöglicht es uns, uns in die Zukunft zu versetzen, bis zu dem Punkt, an dem unser Projekt abgeschlossen ist. Wir können die Gegenwart aus der Zukunft heraus erschaffen.

In der folgenden Übung beginnen wir am Ende. Das Buch ist bereits geschrieben, der Bericht ist vorgelegt, das Bild ist vollendet.

Schließen Sie die Augen, und konzentrieren Sie sich auf Ihre Atmung. Folgen Sie Ihrem Atem, wie er in Ihren Körper hineinfließt und wie er ihn wieder verläßt. Tun Sie das einige Minuten lang, bis Sie sich zentriert und entspannt fühlen. Dann lassen Sie Ihren Atem in den normalen Rhythmus zurückkehren.

Nun stellen Sie sich vor, daß Sie zeitlich zu dem Punkt vorrücken, an dem Sie Ihr gegenwärtiges Projekt bereits beendet haben. (Manche Leute haben dabei tatsächlich das Gefühl, sich zu bewegen.) Wenn Sie den Eindruck haben, an dem Punkt der Fertigstellung angelangt zu sein, beginnen Sie von greifbaren Dingen Notiz zu nehmen. Wie spät ist es? Welches Datum haben wir? Sie sind vielleicht einige Minuten, vielleicht aber auch einige Tage oder Wochen vorgerückt. Wo sind Sie? Sie könnten sich in Ihrem Büro oder Studio oder in einer Sitzung befinden. Oder zu Hause, wo Sie soeben ein Exemplar Ihres veröffentlichten Buches in Händen halten. Lassen Sie sich Zeit, Ihre Umgebung in sich aufzunehmen, so daß Sie wirklich in diesem Augenblick dort sind. Nehmen Sie möglichst viele Einzelheiten Ihrer physischen Umgebung wahr.

Dann konzentrieren Sie sich auf Ihr fertiges Projekt. Sehen Sie es so lebhaft wie möglich vor sich. Halten Sie das Buch in Ihrer Hand. Lesen Sie ein paar Seiten. Berühren Sie das Bild. Vielleicht können Sie so-

gar die frische Farbe riechen. Sehen Sie zu, wie die Arbeit gemacht wird. Wenn andere beteiligt sind, beachten Sie, wer welche Aufgaben durchführt und wie die Dinge ineinanderpassen und schließlich die Lösung ergeben. Lassen Sie sich so viel Zeit, daß das fertige Produkt real für Sie wird.

Sobald Sie ein klares Bild und ein starkes Gefühl für das fertige Produkt haben, öffnen Sie Ihre Augen und beginnen mit der Arbeit.

Auch wenn Ihnen diese Übung eigenartig erscheint, erreichen Sie mit ihr doch drei wichtige Ziele. Erstens hilft sie Ihnen aus einem Stadium der Stagnation, indem sie Ihr normales Zeitgefühl verändert. Zweitens stärkt sie Ihre Überzeugung, daß Sie die betreffende Aufgabe vollenden können und werden. Drittens aktiviert sie Ihre Vorstellungskraft, die Sie sich für Ihre Kreativität zunutze machen können.

Während dieser Übungen sollten Sie sich immer wieder versichern, daß all die Magie, all die Kreativität und all die Energie, die Sie zur erfolgreichen Beendigung des Projekts, zur Lösung des Problems, zum Schreiben des Memos oder des Romans oder zum Malen des Bildes brauchen, in Ihnen steckt.

Verzögerung und Kreativität –
ein Widerspruch?

Zeit vergeuden und kreativ sein

»Ich mache nur noch diese eine Sache, und dann beginne ich zu arbeiten.« Wie oft haben wir diesen Satz schon gesagt oder gedacht? Wir wollen etwas in Angriff nehmen, aber statt dessen telefonieren wir, gießen die Blumen oder schauen bei einer Kollegin vorbei. Dann suchen wir uns etwas anderes zu tun und hindern uns mit kleinen Routinearbeiten daran, mit unserer eigentlichen Arbeit zu beginnen. Ich selbst erreichte den Gipfel des Verschleppens, als ich mich eines Morgens dabei ertappte, wie ich meine Waschmaschine putzte, anstatt zu schreiben!

Arbeiten zu verschleppen, das ist eine verbreitete Blockade, unter der die meisten von uns leiden. Wenn die Aufgabe, mit der wir beginnen wollen, sehr arbeitsintensiv ist, zögern wir sie wegen des hohen Zeit- und Energieaufwands oft hinaus, denn sobald wir begonnen haben, müssen andere Dinge, auch angenehme, warten.

Vielleicht haben wir ganz allgemein eine falsche Vorstellung von Prioritäten und meinen, die kleinen Dinge erledigen zu müssen, bevor wir mit etwas Großem beginnen. Unser Leben ist meist voll von kleinen Ablenkungen. Wenn wir nur noch ein Glas Wasser trinken, diesen wichtigen Anruf erledigen oder ein Memo verfassen, das wir in Wahrheit auch später schreiben könnten, müssen wir uns bewußtmachen, daß wir nichts anderes tun als das Wichtige hinausschieben. Wenn wir uns darüber klar sind, was das Wichtigste ist, dann müssen wir unsere Anstrengung und Energie auch in diese Sache investieren.

Eine kleine Ablenkung kann ein großes Hindernis für den Beginn der kreativen Arbeit werden. Auch wenn wir uns unsere heilige Zeit und unseren heiligen Raum gesichert haben, sind wir dafür verantwortlich, daß wir diese Refugien zu bestimmten Zeiten auch nutzen. Die Arbeit zu Hause kann durch genauso viele Ablenkungen gestört werden wie die Arbeit in einem herkömmlichen Büro. Manchmal verschleppen wir die Dinge eher, wenn niemand da ist, der sieht, was wir tun und was nicht. Ich habe mir als allgemeine Regel zurechtgelegt, daß einzig das Löschen des Feuers Priorität hätte, falls es in meinem Haus brennen sollte. Andernfalls kommt das Schreiben an erster Stelle.

Selbstdisziplin entwickeln

Selbstdisziplin ist der Schlüssel zur Bewältigung des Problems der Verzögerung. Nun ist Spontaneität zwar für die Anregung der Kreativität wichtig, aber kreatives Schaffen ist harte Arbeit, die mehr Selbstdisziplin erfordert als jedes andere Unterfangen. Dies widerspricht der allgemein verbreiteten Auffassung, daß kreative Arbeit nur unter der Bedingung uneingeschränkter Spontaneität möglich sei. Hier gilt Thomas Edisons Satz, daß Genie aus einem Prozent Inspiration und 99 Prozent Schweiß besteht. Ginia, die ein Importunternehmen leitet und außerdem auch malt und schreibt, weiß das: »Ich bin fest davon überzeugt, daß es keinen Sinn hat, auf die Muse zu warten. Sobald ich mit einer kreativen Tätigkeit beginne, kommen die Dinge ins Rollen, und meine anderen Sorgen fallen von mir ab – egal, in welcher Stimmung ich bin.«

Manchmal brauchen wir einen genauen Plan, der unsere Zeit einteilt und uns zur Arbeit motiviert. Ich benutze oft die folgende Technik, wenn ich mit einem Projekt beginne, das von mir eine andere Zeiteinteilung als die gewohnte verlangt, bei der jede Minute des Tages verplant wird.

Beginnen Sie mit dem Zeitpunkt, wenn Sie morgens aufstehen. Notieren Sie, wie lange Sie brauchen, um zu frühstücken, Ihre morgendliche Gymnastik zu machen, zu duschen und zur Arbeit zu fahren. Achten Sie darauf, daß Sie alle Dinge einbeziehen, die Sie morgens tun müssen, bevor Sie zu arbeiten beginnen können. Erstellen Sie einen Plan für den ganzen Tag bis hin zum Schlafengehen, einschließlich der Mahlzeiten, Fahrzeiten und Entspannungspausen. In der Zeit, die Sie sich für Ihre kreative Arbeit reserviert haben, tun Sie nichts anderes als arbeiten. Dabei können Sie so viel spontane Kreativität walten lassen, wie Sie wollen. Ihr Zeitplan wird vielleicht von Tag zu Tag verschieden sein, aber er sollte immer ausreichend Zeit für kreative Arbeit beinhalten. Der Vormittag könnte etwa so aussehen:

6 Uhr	*Aufstehen*
6 Uhr bis 6:30 Uhr	*Kaffee trinken und Zeitung lesen*
6:30 Uhr bis 7 Uhr	*Morgengymnastik*
7 Uhr bis 7:30 Uhr	*Frühstücken*

7:30 Uhr bis 8 Uhr	Duschen
8 Uhr bis 12 Uhr	Schreiben
12 Uhr bis 12:30 Uhr	Mittagessen

Besonders wichtig ist ein solcher Zeitplan für diejenigen von uns, die zu Hause arbeiten, wo es allzu viele verlockende Ablenkungen gibt. Wenn Sie außer Haus arbeiten und versuchen, in Ihrer Freizeit kreativ zu arbeiten, ist ein Plan ebenfalls wichtig. Wenn Sie sich eine Weile an diesen Plan gehalten haben, wird es vielleicht notwendig sein, Veränderungen vorzunehmen. Haben Sie für die einzelnen Aktivitäten zuviel oder zuwenig Zeit vorgesehen? Stehen Arbeit und Freizeit in einem ausgewogenen Verhältnis?

Ich gebe zu, daß es mir wie vielen kreativen Menschen unangenehm ist, meine Zeit so genau einzuteilen. Aber ich weiß auch, daß ich Unterstützung brauche, wenn es um Arbeitsdisziplin und die Strukturierung von Zeit geht, und diese Technik bietet mir den Rahmen, den ich brauche.

Wenn ein solcher Tagesplan einmal formuliert ist, besteht die nächste Herausforderung darin, ihn einzuhalten. Wenn Sie geplant haben, von neun Uhr vormittags bis mittags hinter Ihrem Schreibtisch zu sitzen, müssen Sie, soweit Ihre persönliche Situation Ihnen dies erlaubt, in dieser Zeit das Klingeln des Telefons oder andere Unterbrechungen ignorieren. Möglicherweise werden Sie auch die Einladungen von Freunden zum Kaffeetrinken ablehnen müssen. Immerhin ist es Ihre heilige Zeit!

Viele Menschen bemerken bei der Erstellung ihres Zeitplans, daß sie mehr Zeit zur Verfügung haben, als sie dachten. Es gibt keinen Leerlauf mehr. Ich habe auch bemerkt, daß die meisten Leute am Anfang dauernd auf ihrem Zeitplan nachsehen, um sich zu vergewissern, was als nächstes kommt. Nach einer bestimmten Zeit halten sie den Plan aber automatisch ein. Die Freude des kreativen Schaffens gewinnt die Oberhand, und sie müssen nicht mehr so stark gegen das vorgeschriebene Zeitkorsett ankämpfen – der Zeitplan wird zu einer Gewohnheit.

Prioritäten setzen

Innerhalb dieses Rahmens werden bestimmte Zeitblöcke der kreativen Arbeit gewidmet. Das funktioniert gut, wenn man sich nur auf ein Projekt konzentrieren muß – aber was ist, wenn es mehrere Aufgaben zu bewältigen gilt? Allzuoft beginnen wir mit einer Aufgabe, und dann fallen uns Dinge ein, die wir ebenfalls tun müssen. Also hören wir auf zu arbeiten und stürzen uns in die nächste Aufgabe. Von ihr springen wir dann zur folgenden und so weiter, bis wir unsere Energie vollkommen verzettelt haben und nichts zu Ende bringen. Unser Streßpegel steigt, die Effizienz sinkt, und von Kreativität ist weit und breit nichts mehr zu sehen. Waren Sie je in einer solchen Situation?

Manchmal kann es eine Lösung sein, nein zu sagen, wenn wir mehrere Aufgaben auf einmal übernehmen sollten und damit unsere kreative Energie überfordern müßten. Aber wir müssen uns auch Techniken aneignen, um unsere Zusagen einzuhalten. Die folgende Übung ist eine Kombination aus dem Festlegen von Prioritäten und Selbstdisziplin.

Der erste Schritt besteht darin, eine vollständige Liste der Aufgaben zu erstellen, an denen Sie an diesem

*Tag arbeiten müssen. Als nächstes weisen Sie den
einzelnen Aufgaben auf Ihrer Liste Prioritäten zu.
Die meisten Leute versuchen, die ganze Liste auf einmal im Auge zu haben und alles auf einmal miteinander zu vergleichen. So ist es am schwierigsten,
Prioritäten zu setzen. Die wirkungsvollste Methode,
die ich gefunden habe, wurde von John Crystal und
Richard Bolles in* Where Do I Go from Here with My
Life? *vorgestellt. Dabei wird jeder Eintrag auf der
Liste der Reihe nach mit den anderen Einträgen verglichen.*[1]

*Numerieren Sie nun die Aufgaben auf Ihrer Liste.
Dann vergleichen Sie jeweils zwei Eintragungen miteinander und entscheiden, welche dieser beiden Aufgaben die wichtigere ist. Wenn Sie nun also Nummer
eins mit Nummer zwei vergleichen, kreuzen Sie die
wichtigere Aufgabe an oder machen ein Häkchen daneben. Als nächstes vergleichen Sie Nummer eins
und Nummer drei und treffen auch hier Ihre Wahl.
Arbeiten Sie sich durch die Liste, indem Sie Nummer
eins mit allen anderen Aufgaben vergleichen und jeweils entscheiden, welche die wichtigere ist. Nun gehen Sie zu Aufgabe Nummer zwei, vergleichen Sie sie
mit Nummer drei und kreuzen die wichtigere Aufgabe an. Lesen Sie die Liste wieder durch, diesmal mit
Aufgabe Nummer zwei als Vergleichsgrundlage. Tun
Sie das so lange, bis Sie jede Aufgabe mit allen anderen verglichen haben.
Ihre Liste könnte etwa so aussehen:*

Bericht fertigstellen
Treffen mit Sally
Beginn mit der Arbeit an der Empfehlung
Jack anrufen
E-Mail an die Ausschußteilnehmer
Nun zählen Sie, wie viele Häkchen oder Kreuze neben jedem Eintrag stehen. Die Arbeit mit den meisten Markierungen ist Ihre Priorität für diesen Tag. Und auch die restlichen Aufgaben sind geordnet. Wenn Sie eine Pattsituation haben, hat die Aufgabe Vorrang, die Sie beim Vergleichen der betreffenden Arbeiten angekreuzt haben. Schreiben Sie die Liste noch einmal ab, diesmal nach der Wichtigkeit der Aufgaben sortiert.
E-Mail an die Ausschußteilnehmer
Bericht fertigstellen
Jack anrufen
Treffen mit Sally
Beginn mit der Arbeit an der Empfehlung

Diese Methode zeigt Ihnen deutlich, daß Sie als erstes ein E-Mail an die Teilnehmer des Ausschusses senden müssen. Dann sollten Sie den Bericht beenden. Erst wenn Sie damit fertig sind, sollten Sie Jack anrufen und sich dann mit Sally treffen. An der Empfehlung beginnen Sie erst dann zu arbeiten, wenn Sie alles andere erledigt haben. Vielleicht kommen Sie an diesem Tag überhaupt nicht mehr dazu – das macht nichts.

Obwohl Sie mit dieser Übung schnell eine nach Prioritäten sortierte Liste erhalten, sollten Sie bei der Ausführung strikte Selbstdisziplin walten lassen. *Wenn Sie an der wichtigsten Aufgabe zu arbeiten begonnen haben, müssen Sie so lange dabeibleiben, bis Sie fertig sind!* Das ist der Schlüssel. Selbst wenn Sie den ganzen Tag dafür brauchen, sollten Sie sich bewußtmachen, daß dies die wichtigste Aufgabe ist und daß die anderen warten können. Streichen Sie sie aus Ihrem Kopf. Wenn Sie versucht sind, von einem Projekt zum nächsten zu springen, denken Sie daran, daß Sie nicht effektiv und effizient arbeiten können, wenn Sie sich verzetteln.

Wie wichtig diese Erkenntnis ist, entdeckte ich, als ich an meiner Diplomarbeit arbeitete. Mehr als die Hälfte davon bestand aus eigenständigen Studien, und so mußte ich lernen, mein eigenes Arbeitstempo zu finden. An jedem Abend erstellte ich getreulich meine Liste für den nächsten Tag. Am Abend des nächsten Tages war ich immer überrascht, einige unerledigte Dinge auf der Liste zu finden, die auf der Liste für den nächsten Tag nicht auftauchten. Irgendwie hatten sie sich von selbst erledigt, oder sie waren einfach nicht wichtig genug. Dieser Arbeitsstil hilft uns zu erkennen, was die wirklich wichtigen Dinge in unserem Leben sind, und lehrt uns, unsere Energie entsprechend einzusetzen.

Rückfälle

Auch wenn wir die besten Absichten haben, die Dinge nicht mehr zu verschleppen, werden wir gelegentlich einen

Rückfall erleiden. Manchmal scheinen sich die Ereignisse gegen uns zu verschwören, um uns von unserem Zeitplan abzubringen. Oder wir können uns einfach nicht auf die Aufgabe konzentrieren. Warum auch immer – es passiert.

Wenn Sie merken, daß Sie einen Rückfall erleiden, seien Sie nett zu sich selbst. Natürlich können Sie sich selbst demoralisieren und sich sagen: »Na bitte, ich wußte ja, daß ich es nicht kann.« Die kleine Nörglerin in Ihnen, die es liebt, Ihnen Ihre Fehler vorzuhalten, wird sich freuen. Und Sie selbst können die Situation als Vorwand benutzen, um aufzuhören oder um die Zweifel an der erfolgreichen Durchführung Ihrer kreativen Arbeit wieder aufleben zu lassen. Um dagegen anzukämpfen, können Sie sagen: »Ich bin stark und stehe zu meinen kreativen Ambitionen.« Am nächsten Tag halten Sie Ihren Zeitplan wieder ein.

Denken Sie daran: Sie lernen neue Verhaltensweisen, arbeiten daran, viele Dinge zu entkräften, die Sie in der Vergangenheit blockierten, und stellen die Verbindung zu Ihrem kreativen Ich wieder her. Das alles braucht nicht nur Zeit und Geduld, sondern auch die nötige Disziplin, um die Techniken, die Ihnen bei der Erreichung dieser Ziele helfen, konsequent durchzuführen.

Kreatives Hinauszögern

Wir verzögern die Arbeiten, indem wir uns aus Gewohnheit, aus mangelnder Disziplin oder durch zuwenig Rücksicht auf unsere Prioritäten ablenken lassen. Aber es gibt noch etwas anderes, das uns zum Stillstand bringen kann, etwas, das nicht so sehr aus unserem Bewußtsein kommt, sondern eher aus unserem Unterbewußtsein. Ich nenne dieses Phänomen *kreatives Hinauszögern*. Davon sprechen wir, wenn wir alles richtig gemacht haben und trotzdem nicht beginnen können: Wir sitzen startbereit vor dem Computer oder an unserem Schreibtisch, wir haben es geschafft, uns heilige Zeit und heiligen Raum zu sichern, und wir haben uns jede Menge Zeit für unser Projekt erkämpft. Wir haben sogar mehrere Techniken ausprobiert, um unsere Kreativität zum Fließen zu bringen, aber nichts passiert. Dieser Widerstand tritt meist dann auf, wenn wir zuviel von uns selbst erwarten. Vielleicht versuchen wir einfach, die Tatsache zu ignorieren, daß wir erschöpft sind, aber irgendwo in uns schlummert dieses Bewußtsein und bringt den kreativen Prozeß kurzerhand zum Stillstand. In diesem Fall müssen wir uns von der Arbeit freimachen und etwas ganz anderes tun: ins Kino oder zum Tanzen gehen, Sport betreiben oder uns einen Tapetenwechsel gönnen.

Im Gegensatz zu anderen Stolpersteinen hat das kreative Hinauszögern etwas Gesundes an sich. Ein Teil von uns versucht, uns am Ausbrennen zu hindern. Aber um zu erkennen, ob wir unsere Arbeit auf ungesunde Weise vor uns herschieben oder ob wir gute Gründe dafür haben, müssen wir uns als kreative Menschen kennen. Dann sagt uns die Erfahrung, was wann der Fall ist.

Das kreative Hinauszögern ermöglicht es dem für die Vorstellungskraft zuständigen Teil des Gehirns, an einem Problem weiterzuarbeiten, während wir uns entspannen. So wird eine Synthese der verschiedenen Teile einer Aufgabe möglich. Wenn wir also nach einer Pause zu einem Projekt zurückkehren, wird unsere Energie wieder frei fließen. Vielleicht sind wir sogar überrascht, wieviel Arbeit wir mit relativ wenig Anstrengung bewältigen können. Wenn wir uns aber aus Mangel an Disziplin vollständig vor der Aufgabe drücken, ist das Ergebnis nicht dasselbe. Das, was wir vor der Pause schon als mühsam empfanden, wird in diesem Fall danach eine einzige Plackerei sein.

Wichtig ist auch, uns für ein Projekt ausreichend Zeit zu geben, bevor wir zu dem Schluß gelangen, daß kreatives Hinauszögern das Mittel der Wahl ist. Wenn ich fünfundvierzig Minuten bis eine Stunde vor meinem Computer sitze und nichts passiert und mir dann bewußt wird, daß ich tagelang ohne Entspannungspause gearbeitet habe, weiß ich, daß es Zeit ist, ein paar Stunden lang etwas anderes zu tun. Wenn ich andererseits in Erwägung ziehe, spazierenzugehen oder Erledigungen zu machen, bevor ich überhaupt ernsthaft zu arbeiten versucht habe, weiß ich, daß ich keinen echten Grund habe, die Dinge hinauszuzögern.

Wie wir mit der Verzögerungstaktik umgehen sollen, hängt also davon ab, ob ihr eine gesunde oder ungesunde Ursache zugrunde liegt. Wenn wir gelernt haben, zwischen den beiden Ursachen zu unterscheiden, werden wir unsere Beziehung zu unserem kreativen Ich wieder um ein Stück verbessert haben.

Bringen Sie Ihre innere Kritikerin
zum Schweigen

»Du kannst dieses Kapitel nicht mit einem Zitat beginnen. Das hast du schon im letzten getan«, nörgelt meine innere Kritikerin. Ich erstarre... und dann lösche ich das, was ich geschrieben habe. Diese Stimme, die sich immer meldet, wenn ich etwas »falsch« mache, hat meinen kreativen Prozeß zum Stillstand gebracht. Dieses Phänomen betrifft mich nicht allein.

In fast jeder von uns versteckt sich eine innere Kritikerin, die durch die gutgemeinten Hinweise von Eltern, Lehrern und Kollegen auf unsere Fehler entstehen konnte. Wir internalisieren die negativen Botschaften, die jedesmal an die Oberfläche kommen, wenn wir einen »Fehler« machen. Doch kreativer Ausdruck ohne Fehler ist kaum möglich. Es mag sein, daß Mozart nicht viel an seinen Werken herumzukorrigieren brauchte, aber wir anderen müssen die Früchte unseres Schaffens ständig bearbeiten, verfeinern, revidieren und verbessern – und zwar so lange, bis wir zufrieden sind. Aber das sollten wir nicht tun, solange wir mitten im Prozeß des kreativen Schaffens stecken. Die innere Kritikerin bringt den Prozeß nämlich zum Stillstand, wenn es ihr gelingt, sich Gehör zu verschaffen, solange er noch im Gang ist. Ideen und Gefühle können nicht frei ausgedrückt werden, wenn sie bei ihrem Auftauchen sofort zensiert werden.

Wie groß der Einfluß der inneren Kritikerin sein kann, zeigt sich an einer Bemerkung, die eine meiner Klientinnen machte. Diese Frau hatte vierzehn Jahre lang in einem Unternehmen gearbeitet und war nun ins obere Management aufgestiegen. Sie suchte nach Wegen, ihren mittlerweile zur Routine gewordenen Job zu beleben. Obwohl sie in ihrem Fachbereich bereits mehrere Artikel veröffentlicht hatte, widerstand sie meinen Ermutigungen, sich dem Schreiben zuzuwenden. Sie hatte ein paar schwache Einwände parat, bevor sie schließlich sagte: »Schreiben ist schwer. Ich muß dauernd innehalten und alles sofort korrigieren.« Diese Gewohnheit raubte ihr die Freude an ihrem kreativen Schaffensprozeß. Und ich begann ihr beizubringen, wie sie mit ihrer inneren Kritikerin umgehen konnte.

Auf das Regal mit ihr

Die innere Kritikerin hat eine wichtige Funktion, wenn es um die Feinabstimmung unserer kreativen Arbeit oder die Bewertung der positiven und negativen Seiten der Ideen geht, die eine Brainstorming-Sitzung hervorbrachte. Es ist wichtig, ihr für die wertvolle Rolle, die sie spielen kann, Wertschätzung entgegenzubringen. Wenn sie allerdings nicht am Zug ist, müssen wir dafür sorgen, daß sie schweigt. Anstatt uns von ihren negativen Kritiken entmutigen zu lassen oder Energie zu vergeuden, indem wir gegen sie ankämpfen, können wir mit diesem Teil unseres Ich Freundschaft schließen. Nicht alles, was sie zu sagen hat, ist hilfreich, aber es enthält oft wertvolle Informationen über Faktoren wie grammatikalische Regeln, Farbe oder Ausgewogenheit. Sie kann uns auch sagen, ob etwas bei einem bestimmten Projekt angebracht ist oder nicht. Wenn

wir also erkannt haben, wann und wie unsere innere Kritikerin uns von Nutzen sein kann, haben wir diese ständig
nörgelnde Stimme in uns einigermaßen unter Kontrolle.

Da unsere innere Kritikerin ein Teil von uns ist, müssen wir
sie respektvoll behandeln. Sie hat ja nicht nur schlechte
Seiten, sondern auch gute. Uns das vor Augen zu halten ist
in der Begegnung mit ihr wichtig.

Die nächste Übung soll Ihnen dabei helfen, Ihrer inneren
Kritikerin mitzuteilen, wo Ihre Bedürfnisse liegen.

*Wenn Sie Ihre innere Kritikerin unter Kontrolle brin-
gen wollen, müssen Sie sich zunächst ein Bild von ihr
schaffen. Wie sieht sie aus? Vielleicht müssen Sie die
Augen schließen, um dieses Bild vor sich zu sehen.
Lassen Sie dem Bild Zeit, sich zu entwickeln. Vielleicht sehen Sie die Gestalt eines Menschen oder
auch irgendeine unidentifizierbare Form.*

*Wie klingt ihre Stimme? Vielleicht haben Sie sie
schon oft gehört. Beschwören Sie ein möglichst leb-
haftes Bild Ihrer inneren Kritikerin herauf. Nun beginnen Sie mit ihr zu sprechen. Vielleicht wollen Sie
das schriftlich tun, währenddessen laut sprechen
(dabei sollten Sie vielleicht allein sein) oder einen inneren Dialog mit ihr führen. Erkennen Sie die positiven Dinge an, die zu erreichen Ihnen Ihre innere Kritikerin ermöglicht: Projekte zu bearbeiten, Ideen zu
bewerten und Ihre kreative Arbeit allgemein zu verbessern.*

*Nun erklären Sie ihr, wie sie Ihren kreativen Prozeß
stört, indem sie den Arbeitsfluß zu unpassenden Zeiten unterbricht. Diese Störungen wollen Sie eliminie-*

ren, nicht Ihre innere Kritikerin. Das muß sie verstehen. Wenn sie meint, Sie versuchten, sie völlig zu vernichten, wird sie hart um ihr Leben kämpfen, und es wird Ihnen extrem schwerfallen, sie zum Verstummen zu bringen. Erklären Sie ihr also kurz und bündig, daß Sie ihre guten Seiten beibehalten und die destruktiven zum Schweigen bringen wollen, daß es Zeiten gibt, in denen sie reden, und andere, in denen sie schweigen soll.

Um diese Trennung während der Arbeit zu erreichen, fordern Sie Ihre innere Kritikerin zum Schweigen auf, sobald sie zu nörgeln beginnt. Anfangs genügt eine einfache Aufforderung vielleicht nicht, und Sie müssen drastischer vorgehen. Vielleicht müssen Sie sich sogar mit der Vorstellung nachhelfen, sie auf ein Regal zu stellen, aus Ihrem Büro oder sogar nach draußen zu verbannen. (Ich pflegte die meine in eine braune Jutetasche zu stecken, diese zuzubinden und vor die Tür zu stellen.) Erinnern Sie Ihre innere Kritikerin immer daran, daß Sie sie wieder holen werden, wenn Sie sie brauchen.

Die ersten Male wird Ihre innere Kritikerin dabei möglicherweise Schwierigkeiten machen. Aber mit der Zeit lernt sie, darauf zu vertrauen, daß Sie sie rufen werden, wenn sie Ihnen nützlich sein kann, und daß es besser für sie ist, wenn sie in der Zwischenzeit schweigt. Ohne die Ablenkung durch Ihre innere Kritikerin wird Ihr kreativer Schaffensprozeß leichter fließen, und ihre konstruktiven Anteile werden Ihnen beim Verbessern und Überarbeiten Ihrer kreativen Arbeit von Nutzen sein.

Kritik mit Bekräftigungen begegnen

Sobald Sie gelernt haben, mit Ihrer inneren Kritikerin zurechtzukommen, haben Sie eine weitere wichtige Verbesserung in Ihrer kreativen Arbeit erzielt: Indem Sie sich im Inneren mit ihr abgefunden haben, brauchen Sie sie nicht mehr unbewußt nach außen zu projizieren, wo andere ihre Nörgelei aufgreifen und auf Sie zurückwerfen. Wenn Sie nämlich Ihren kritischen Teil verleugnen und sich sagen, er existiere nicht oder sei nicht wichtig, kann es sein, daß die Leute Ihrer Umgebung damit beginnen, Kritik zu äußern. Vielleicht sind Sie bald von Menschen umgeben, die Ihnen sagen, wie schwer es ist, mit Ihrer Art der kreativen Arbeit erfolgreich zu sein, oder die Sie an frühere Projekte erinnern, die nicht wie geplant funktionierten. Alles, was Ihre innere Kritikerin sagen würde, wird dann von anderen zum Ausdruck gebracht. Wenn Sie eine Externalisierung Ihrer inneren Kritikerin vermeiden wollen, müssen Sie sie anerkennen und eine Beziehung zu ihr herstellen.

Ablehnung kann die innere Kritikerin anregen und ihrer negativen Stimmungsmache Tür und Tor öffnen. Seien Sie auf diese Möglichkeit vorbereitet, indem Sie positive Aussagen gegen das Negative parat haben. Wenn die kritische Stimme darauf anspielt, daß Sie sich abgelehnt fühlen, sollten Sie sich den Wert Ihrer kreativen Bestrebungen vor Augen halten und bekräftigen. Wenn sie etwas Negatives sagt wie zum Beispiel: »Siehst du, diese Idee war dumm; niemand wird sie verwenden wollen«, können Sie entgegnen: »Ich entwickle solide, wertvolle Ideen, die meiner Firma etwas Positives bringen.«

Sie kennen Ihre innere Kritikerin lang genug, um zu wissen, welche Sätze sie unter welchen Umständen sagen wird. So können Sie schon im vorhinein über die Bekräftigungen nachdenken, mit denen Sie ihr entgegnen werden. Mit diesen Aussagen widersprechen Sie jenem Teil Ihres Ich, der der negativen Behauptung glaubt. Um eine ausreichende Wirkung zu erzielen, müssen Sie eine positive, einfache Sprache verwenden. Vermeiden Sie unklare Worte wie »gut«, die zu viele Bedeutungen haben können. Ihre Bekräftigung sollte in der Gegenwart formuliert sein, als seien die Zustände, die Sie bekräftigen, bereits Realität.

Diese Vorschläge schriftlich niederzulegen hilft Ihnen, Kontrolle über die kritischen Aussagen zu erlangen. Versuchen Sie es mit folgender Übung:

Unterteilen Sie ein Blatt Papier längs in zwei Teile. In der rechten Spalte listen Sie alle Aussagen Ihrer inneren Kritikerin auf, die Sie als destruktiv empfinden. Vielleicht sagt sie Sätze wie: »Du bist nicht gut genug.« – »Siehst du, ich wußte gleich, daß du keinen Erfolg haben würdest.« – »Paß auf. Du solltest das besser lassen. Es wird dir weh tun.« Setzen Sie die Liste fort, bis Sie glauben, alle Aussagen beisammen zu haben.

Nun schreiben Sie in die linke Spalte eine positive Bekräftigung, mit der Sie auf das Negative antworten. Sie könnten schreiben: »Ich bin eine kompetente Person.« – »Ich genieße es, auf verschiedenen Gebieten erfolgreich zu sein.« – »Ich blicke mit Optimismus nach vorn.«

Sagen Sie sich die positiven Sätze beim Aufschreiben immer wieder vor, und bringen Sie sie in eine

Verbindung mit ebenso positiven Gefühlen. Damit die Bekräftigung wirksam sein kann, muß sie in eine Verbindung zu einem gewünschten Gefühl gebracht werden.

Wenn Ihre innere Kritikerin Sie das nächste Mal angreift, können Sie mit Ihrer positiven Bekräftigung kontern, wobei Sie diese Worte sagen und die Gefühle in sich abrufen.

Vielleicht greifen Sie sich auch eine bestimmte Bekräftigung heraus und arbeiten mit ihr. Gehen Sie dabei folgendermaßen vor:

Der Zeitpunkt, an dem Sie Ihre Bekräftigung anwenden, ist entscheidend für die Wirksamkeit. Immer wenn Sie irgendwie erschüttert werden, ist dies der geeignete Moment, um Ihre Bekräftigung auf Sie wirken zu lassen. Der Auslöser kann geringfügig sein: Ein Zeitungsausschnitt, eine Verkehrssituation, in der Sie schnell reagieren mußten, ein blauer Fleck an Ihrem Schienbein oder auch nur der Bewußtseinswandel beim Einschlafen oder Erwachen. All das sind Situationen, um Ihre Bekräftigung zu wiederholen, denn zu diesen Zeiten sind Ihre logischen Denkprozesse vorübergehend ausgeschaltet. Ihre innere Kritikerin ist nicht dazu imstande, Ihre positive Aussage über sich selbst zu vernichten. Wiederholen Sie Ihre Bekräftigung einfach immer wieder, und lassen Sie sich von diesem gesunden Gefühl durchfluten. Sie gravieren in Ihrem Gehirn buchstäblich einen neuen Weg ein, der Sie dazu führt, an das Positive in Ihnen zu glauben. Schließlich ist diese Bekräftigung ausreichend in Ihrem Bewußtsein verankert, und Sie

*können beginnen, mit einer anderen Bekräftigung zu
arbeiten.*

Seien Sie aber vorsichtig im Umgang mit Bekräftigungen, denn sie haben eine starke Wirkung. Sie werden das erreichen, was sie bekräftigen, besonders wenn Sie die Bekräftigung so verwenden, wie ich es hier beschrieben habe. Konzentrieren Sie sich dabei aber immer auf eine einzige Bekräftigung! Ihre Psyche ist an diesem Prozeß beteiligt, und auch von ihr verlangen Sie eine Veränderung. Sie überfordern sich, wenn Sie mehr als eine Aussage gleichzeitig verwenden.

Meist dauert es mehrere Wochen, bis sich eine Bekräftigung wirklich in Ihrem Bewußtsein eingegraben hat, und dann weisen Sie mehrere Veränderungen darauf hin, daß sich die Überzeugung manifestiert hat. Erstens kann sich Ihr Verhalten auf Gebieten ändern, die mit der Bekräftigung zu tun haben. Wenn Sie zum Beispiel bekräftigen, daß Ihre Ideen für Ihre Firma wertvoll sind, werden Sie feststellen, daß sie sich besser durchsetzen, wenn andere auf Ihre Vorschläge hören sollen. Oder Sie finden wirkungsvollere Wege, Ihre Ideen auf Sitzungen zu präsentieren.

Außerdem wird Ihre innere Kritikerin nicht mehr denselben Einfluß haben wie früher. Wenn sie mit ihrer Kritik über angebliche Unzulänglichkeiten beginnt, können Sie sie ganz leicht »abdrehen«. Vielleicht stellen Sie nach einiger Zeit sogar fest, daß sie in Situationen, in denen sie früher unweigerlich auftrumpfte, nichts mehr zu sagen hat.

Ich habe sogar körperliche Veränderungen an Leuten wahrgenommen: Ihre Haltung spiegelte die psychologische Veränderung in ihrem Inneren wider. Sie gingen

plötzlich aufrecht und mit festem Schritt, mit hocherhobe-
nem Kopf und geraden Schultern.

Unsere innere Kritikerin kann unseren kreativen Schaffensprozeß in wilde Turbulenzen stürzen, unser Selbstwertgefühl und unsere kreative Arbeit schädigen. Wenn
wir zu einem positiven Selbstgefühl und einem gesunden
Kreativitätsfluß gelangen wollen, ist es wichtig, daß wir
diesen nörgelnden, destruktiven Teil unserer Persönlichkeit beherrschen lernen.

Der Umgang mit gesellschaftlichen Regeln und Vorschriften

Als ob die Stimme der inneren Kritikerin nicht schwer genug in Schach zu halten wäre, tragen wir noch eine weitere Vorschriftstafel in uns, die voll ist mit allem, was wir tun »sollten«. Diese Vorschriften stehen nur allzuoft im Widerspruch zu unseren Wünschen, vor allem, wenn wir versuchen, unseren kreativen Schaffensprozeß zu entwickeln. In den Botschaften, mit denen wir Frauen bombardiert werden, geht es meist darum, eine gute Ehefrau und Mutter und eine tolle Mitarbeiterin zu sein. Wir hören: »Du solltest mehr Zeit für das Kochen aufwenden.« Oder: »Du solltest in der Lage sein, mit dieser Arbeit allein zurechtzukommen.« Wir müssen alle anderen Menschen in unserer Umgebung versorgen und innerhalb unseres Einflußbereichs für alles verantwortlich sein. Wen kümmert es schon, daß unsere Kreativität darunter leidet?

Diese Erwartungen wurzeln in unserer Kinderzeit, als die Vorschriften anderer Menschen unser Verhalten bestimmten. Oft greifen diese Anweisungen unser Selbstwertgefühl an: »Wer bist du eigentlich, daß du glaubst, die althergebrachten Methoden in Frage stellen zu können? Behalte deine Vorstellungen lieber für dich.« Oder unsere Lebensplanung: »Warum glaubst du, du könntest eine erfolgreiche Künstlerin werden? Sei nicht verantwortungslos, und such dir einen sicheren Job!« Gleichgültig, welche Worte gewählt werden, die Wirkung ist dieselbe: blockierte Kreativität und gemindertes Selbstwertgefühl.

Unsere »Du-sollst«-Botschaften halten uns in Distanz zu dem Menschen, der wir eigentlich sind, und zu unseren einzigartigen Fähigkeiten. Wir können unser wahres Ich nicht erforschen, wenn wir ständig damit beschäftigt sind, die Erwartungen anderer zu erfüllen. Und wenn wir es wagen, uns zu widersetzen, versuchen unsere Mitmenschen unweigerlich, Schuldgefühle in uns hervorzurufen, indem sie uns nahelegen, dies zu tun und jenes zu lassen. Dahinter steht meist der Versuch, unsere Energie zu den Bedürfnissen anderer hinzulenken.

Ihre persönlichen »Du-sollst«-Botschaften

Manchmal sind die »Du-sollst«-Botschaften so in unser Verhalten eingeflochten, daß wir sie nicht einmal alle erkennen. Unsere erste Aufgabe besteht also darin, möglichst viele dieser heimtückischen Botschaften ans Tageslicht zu bringen. Dabei können uns Freunde helfen, weil sie oft objektiver sind als wir selbst. Sie können unsichtbare, unser Verhalten prägende »Du-sollst«-Anweisungen ausfindig machen, für die wir selbst blind sind. Wenn wir diese Botschaften identifizieren und externalisieren, beginnen wir, sie zu entmachten.
Die folgende Übung wird Ihnen helfen, diesen Prozeß in Gang zu bringen.

Wenn wir die »Du-sollst«-Botschaften, nach denen wir leben, ausfindig machen wollen, ist es ein nützlicher erster Schritt, sie niederzuschreiben. Bei den verschiedensten Aktivitäten spielen solche Botschaf-

ten eine Rolle. Stellen Sie sich also beim Schreiben der Liste vor, wie Sie in den verschiedensten Situationen agieren. Schreiben Sie auf, welche Botschaften mit Ihrem Zuhause, mit der Arbeit, mit Beziehungen, mit Ihren Eltern, mit Ihnen selbst und mit Ihrer Kreativität verbunden sind.

Da jedes »Du sollst« auf einer von außen kommenden Botschaft basiert, haben Sie vielleicht das Gefühl, als hätte irgend etwas Gewalt über Sie, wenn Sie die Forderungen erfüllen. Wenn Sie sich Ihren Willen und Ihre Persönlichkeit zurückerobern wollen, ist es entscheidend, der übernommenen Botschaft die Macht zu entziehen. Das erreichen Sie am besten, indem Sie die oben verwendeten Formulierungen verändern.
Versuchen Sie die folgende Übung, die Ihnen hilft, die »Du-sollst«-Botschaften, die Ihr Verhalten prägen, aus einem anderen Blickwinkel zu betrachten.

Schreiben Sie anhand Ihrer soeben erstellten Liste jede Botschaft noch mal auf, und ändern Sie den Beginn des Satzes in »Ich will ...« Vielleicht gefallen Ihnen nicht alle daraus resultierenden Sätze. »Ich sollte meine Eltern jede Woche besuchen« wird zu »Ich will meine Eltern jede Woche besuchen«. Das ist möglicherweise einfach nicht wahr. Wandeln Sie alle Sätze um, und achten Sie darauf, wie Sie auf die neuen Formulierungen reagieren. Vielleicht möchten Sie einige Veränderungen vornehmen, wie zum Beispiel im vorhergehenden Satz, der dann lauten würde: »Ich will meine Eltern nicht jede Woche besuchen.« Die

*Botschaft unterscheidet sich hier erheblich von der
ursprünglichen »Du-sollst«-Botschaft. Jetzt haben
Sie die Kontrolle über Ihr Verhalten.*

Diese neue Macht überträgt Ihnen aber auch die Verantwortung für Ihre Entscheidungen. Wenn Sie sich von den
»Du-sollst«-Botschaften kontrollieren lassen, fühlen Sie
sich entweder schuldig, wenn Sie ihnen zuwiderhandeln,
oder Sie werden ärgerlich auf sich selbst, wenn Sie sich gegen Ihren Willen zu etwas drängen lassen. Die Hauptur-
sachen von Depressionen bei Frauen sind Konflikte mit
»Du-sollst«-Botschaften: Schuldgefühle, weil sie sich um
ihre eigenen Interessen kümmern, und internalisierte Wut.
Wenn Sie depressiv sind, leidet Ihr Selbstwertgefühl, und
Sie neigen eher dazu, sich den »Du-sollst«-Botschaften zu
beugen, anstatt gesündere Entscheidungen zu treffen.
Sich diese internen Botschaften bewußtzumachen und ihre
Formulierungen zu ändern sind wichtige Schritte auf dem
Weg, sie unter Kontrolle zu bringen und ihren Einfluß auf
Ihr Verhalten zu neutralisieren. Nachdem Sie die Liste Ihrer
»Du-sollst«-Botschaften angefertigt haben, versuchen Sie,
sich dabei zu ertappen, wie Sie solchen Botschaften Gehör
schenken. Angenommen, Sie entschließen sich zu einer
ungeplanten, spontanen Aktion, um Ihre Kreativität anzuregen, aber Sie hören sich sagen: »Vielleicht sollte ich das
lieber lassen. Es gibt so vieles, das ich tun muß – aufräu-
men, Besorgungen machen, Abendessen zubereiten.« Die
Worte »Du sollst« tauchen in dieser Botschaft zwar nicht
auf, doch sie sind implizit sehr wohl in ihr enthalten. Sie
sollten »verantwortungsvoll« sein und sich um alles und
jedes kümmern, außer um sich selbst. Dabei geht Ihre

Absicht, etwas für Ihre kreative Entwicklung zu tun, in einer Flut von Ablenkungen unter. Die eigentliche Frage lautet also: »Was will ich tun?« Manchmal ist die ehrliche Antwort auf diese Frage nicht die einfachste, die beste ist sie aber mit Sicherheit.

»Du-sollst«-Botschaften in Wünsche verwandeln

Sobald Sie Ihre »Du-sollst«-Botschaften identifiziert haben und wissen, was sie in Ihnen bewirken, können Sie sie unter Kontrolle bringen, indem Sie sich die aufgegebene Macht zurückerobern und klarere Entscheidungen über Ihr Verhalten treffen. Ihr innerer Dialog im vorhergehenden Beispiel könnte etwa so aussehen:

»Moment mal. Will ich wirklich Besorgungen machen und die Wohnung putzen? Will ich das Abendessen zubereiten? Eigentlich nicht. Ich bin gestreßt. Ich brauche ein wenig Entspannung. Es gibt da ein paar Dinge, die ich heute erledigen muß, aber der Rest kann warten. Ich könnte den Großteil des Nachmittags meinen Drachen steigen lassen. Auf dem Nachhauseweg könnte ich Pizza zum Abendessen holen, und putzen kann ich morgen. Auf diese Weise erledige ich die Dinge, die wirklich getan werden müssen, und ansonsten kann ich tun, was ich will. Ich habe mir ein wenig Freizeit wirklich verdient!«

Was Sie zu sich sagen und wie Sie es sagen, ist der Schlüssel zur Schwächung der »Du-sollst«-Botschaften, die Ihrem persönlichen Wachstum und der Erweiterung Ihrer kreativen Möglichkeiten im Weg stehen.

Die nächste Methode zum Umgang mit Ihren »Du-sollst«-
Botschaften ist an eine Übung von Jean Houston und
Robert Masters angelehnt.

*Sie brauchen die Liste Ihrer »Du-sollst«-Botschaften,
etwa eine halbe Stunde Zeit und entweder eine Kassette oder eine Freundin. Nehmen Sie Ihre »Du-
sollst«-Botschaften auf Kassette auf, oder geben Sie
die Liste einer Freundin. Sorgen Sie dafür, daß Sie
während der Übung nicht unterbrochen werden. Nun
können Sie beginnen.*

*Konzentrieren Sie sich zunächst auf Ihre Atmung.
Folgen Sie Ihrem Atem, wie er in Ihren Körper hineinströmt und wie er wieder hinausströmt.*

*Machen Sie das ein paar Minuten lang, bis Sie ganz
auf sich selbst konzentriert sind. Nun stellen Sie sich
vor, daß Sie mit Ihrer kreativen Arbeit beschäftigt
sind. Bringen Sie möglichst viele Szenen ins Spiel,
sehen Sie sich zu, wie Sie die Aktivität ausführen
oder an dem Projekt arbeiten, spüren Sie Ihre Muskeln, die an der Arbeit beteiligt sind, hören Sie die
Geräusche, schmecken Sie den Kaffee oder ein anderes Getränk, das Sie während der Arbeit zu sich nehmen. Versenken Sie sich in den Ausdruck Ihrer Kreativität. Bewegen Sie sich auch körperlich, wenn
Ihnen das hilft, die Erfahrung lebhafter zu machen.
Lassen Sie sich genug Zeit, um das Gefühl entstehen
zu lassen, daß Sie tatsächlich mit Ihrer kreativen Arbeit beschäftigt sind.*

*Wenn Sie das Gefühl haben, in Ihrem kreativen
Schaffensprozeß gesättigt zu sein, stellen Sie die*

Kassette an, oder lassen Sie sich von Ihrer Freundin Ihre »Du-sollst«-Botschaften vorlesen. Bleiben Sie bei Ihrer kreativen Arbeit, und lassen Sie sich währenddessen ständig von diesen negativen Botschaften bombardieren. Können Sie konzentriert bleiben, und wenn ja, wie lang? Lenken Sie bestimmte Aussagen stärker von Ihren Absichten ab als andere? Ist es leichter oder schwerer, bei Ihrer kreativen Arbeit zu bleiben, wenn Sie weitere Botschaften hören?

Nachdem Sie sich Ihre »Du-sollst«-Botschaften zehn bis fünfzehn Minuten lang angehört haben, stellen Sie das Band ab oder bedeuten Ihrer Freundin, aufzuhören. Wenden Sie sich innerlich wieder voll der Arbeit an Ihrem kreativen Projekt zu. Dann öffnen Sie Ihre Augen und kehren in den Raum zurück.

Merken Sie sich, welche »Du-sollst«-Botschaften die stärkste Wirkung auf Sie ausüben. Welche das sind, erkennen Sie daran, daß sie Sie am nachhaltigsten von Ihrem Vorhaben abgelenkt haben. Was sagen Sie zu sich, um eine »Du-sollst«-Botschaft zu entkräften, wenn diese sich zu Wort meldet? Wiederholen Sie diese Übung so oft, wie Sie es für nötig halten. Sie werden feststellen, daß die »Du-sollst«-Botschaften nach einer Weile an Macht verlieren, während es Ihnen leichterfällt, bei Ihrer kreativen Arbeit zu bleiben.

Viele unserer »Du-sollst«-Botschaften haben wir kritiklos akzeptiert, als wir sie von einer Autoritätsperson unseres Leben hörten, aber sie blockieren unsere Kreativität, indem sie die Energie aus uns heraussaugen und uns keinen Raum für die Pflege unserer eigenen Bedürfnisse lassen. Dies ist aber eine unverzichtbare Notwendigkeit für die Entwicklung unseres Schaffensprozesses. Die »Du-sollst«-Botschaften halten uns dazu an, im Rahmen der gesellschaftlichen Normen zu bleiben, in der unsere ganz persönlichen Fähigkeiten keinen Raum haben. Aber mit etwas Wachsamkeit können wir die Macht, positive Entscheidungen zu treffen, zurückerobern und ein kreatives Leben führen.

Tanzen mit Goliath

Wir alle kennen die folgende Szene: Ein riesiges, steifbeiniges Monster stampft auf das zitternde Opfer zu, kaltblütig einen Schritt vor den anderen setzend. Seine harten Ellbogen bewegen sich eckig und ungeschickt, als es die Waffe hebt. Um nach rechts oder nach links zu blicken, muß es seinen ganzen Rumpf drehen. Dieses ungeschlachte Wesen besitzt weder Intelligenz noch Koordinationsfähigkeit, trotzdem ergeben sich seine Opfer, vor Angst gelähmt, ohne Gegenwehr. Doch durch den Einsatz Ihrer Agilität könnten Sie dieses plumpe Monster ganz leicht ausmanövrieren.

Auch unsere Kreativitätsblockaden bewegen sich mit der langsamen Plumpheit eines Monsters und lösen dieselbe Angst aus. Wenn wir blockiert sind, haben wir das Gefühl, als tanzten wir mit Goliath. Diesen Tanz müssen wir verändern.

Ein neuer Tanz

Kreativitätsblockaden sind oft Stolpersteine der Vorstellungskraft.[1] Unsere Fähigkeit zur Anregung unserer Vorstellungskraft – sei sie nun visueller, auditiver, kinästhetischer oder anderer Art – wird blockiert. Wir sehen die möglichen Lösungen eines Problems nicht vor uns, oder wir hören nicht, wie die Charaktere unseres Romans miteinander sprechen. Das Problem wird noch größer, wenn wir uns auf unsere Blockade konzentrieren und die Störung durch unsere Sorge über unsere Unfähigkeit, kreativ zu sein, verstärken. Die Blockade, die als Mücke begann, wird, einem zwingenden Muster folgend, zum Elefanten. Zum Glück hat unsere Vorstellungskraft ihren eigenen Rhythmus und kann mit Tönen und Bewegung angeregt werden, und mit dem richtigen Tanz können wir die Blockaden unserer Vorstellungskraft durchbrechen.

Die verschiedenen Bewegungen, die wir als Erwachsene im Lauf eines Tages machen, unterscheiden sich stark von den natürlichen Bewegungen eines Kindes. Wenn wir eine Dreijährige beobachten, werden wir den Unterschied sofort feststellen. Die Kleinen sind überall zugleich, kreuzen ständig Arme und Beine und scheinen sich in einem ständigen, chaotischen Bewegungsfluß zu befinden. Jean Houston erzählte mir von einem Forschungsprojekt, bei dem festgestellt werden sollte, wie lange ein professioneller Football-Spieler mit Topkondition die Bewegungen eines Dreijährigen nachahmen könnte.[2] In weniger als fünfzehn Minuten war der Athlet vollkommen erschöpft, während das Kind munter weiterhüpfte.

Während Kinder von Natur aus seitenübergreifende Bewegungen lieben, sind die meisten Bewegungen Erwachsener bilateraler Natur. Bei einer *seitenübergreifenden Bewegung* wird eine imaginäre Linie, die den Körper in zwei vertikale Hälften teilt, überschritten: Dies ist zum Beispiel ein Pendeln des rechten Arms vor dem Körper auf die linke Seite. Diese seitenübergreifenden Bewegungen regen die Lernzentren im Gehirn an. *Bilaterale* Bewegungen hingegen beschränken sich auf eine Seite des Körpers: Zum Beispiel wird der rechte Arm auf der rechten Seite nach vorn bewegt. Intensive bilaterale Bewegungen, wie Fahrrad fahren oder Laufen, erhöhen zwar die Sauerstoffzufuhr zum Gehirn, indem sie mehr Blut hineinpumpen, sie tragen jedoch nichts zur Lernfähigkeit und zur Kreativität bei.

Probieren Sie gleich jetzt ein paar Minuten lang eine von Robert Masters und Jean Houston entwickelte, seitenübergreifende Bewegungsübung aus. Achten Sie darauf, daß Sie für diese Übung viel Platz haben – ich möchte nicht, daß Sie sich Ihren Fuß an der Schreibtischkante stoßen! Wenn Sie Schuhe mit hohen Absätzen tragen, schlage ich vor, diese auszuziehen, damit Sie nicht umknicken!

Schwingen Sie zunächst Ihr linkes Bein über Ihr rechtes und dann das rechte über das linke. Tun Sie das so lange, bis Sie einen Rhythmus gefunden haben. Nun nehmen Sie die Arme dazu und schwingen sie in der entgegengesetzten Richtung Ihrer Beine. Als nächstes folgen Sie Ihren Füßen mit dem Kopf, so daß sich Füße und Kopf in die eine Richtung bewegen, während die Arme in die entgegengesetzte Richtung schwingen. Wenn Sie aus den Rhythmus kommen, hören Sie auf. Dann fangen Sie wieder mit den Füßen an und nehmen nacheinander Hände und Kopf dazu.

Um die Übung noch interessanter zu machen, können Sie sich vorstellen, währenddessen eine Ihrer Lieblingsspeisen zu essen, einem farbenprächtigen Sonnenuntergang zuzusehen und Ihre Katze zu streicheln – und das alles zur gleichen Zeit (natürlich

können Sie auch andere Bilder verwenden). Führen
Sie diese Bewegungen und die Vorstellung minde-
stens fünf Minuten lang durch.

Ich habe diese Übung Klienten aller Altersgruppen beige-
bracht, von Teenagern, die sagen, daß sie sie beruhigt und
ihnen hilft, ihre Energie zu sammeln, bis hin zu Senioren,
die sagen, daß sie sie täglich machen, um ihren Energiepegel zu erhöhen. Die Technik, die ich hier beschreibe, ist
die Grundform. Sie können sie nach Belieben variieren, indem Sie sie im Stehen oder im Liegen machen. Wichtig
dabei ist, daß Sie die seitenübergreifenden Bewegungen
beibehalten.
Sie können diese Übung so gut wie überall durchführen.
Am Arbeitsplatz empfiehlt es sich vielleicht, die Bürotür zu
schließen. Wenn Sie kein eigenes Büro haben und Ihre Kollegen nicht mitmachen, können Sie auf dem WC üben. Danach werden Sie hellwach und voller guter Ideen sein. Oder
Sie motivieren alle Teilnehmer einer Sitzung dazu, die
Übung gemeinsam mit Ihnen fünf Minuten lang zu machen. Danach werden sich alle frischer fühlen und einen
besseren Zugang zu ihrer Kreativität haben.
Viele Leute begleiten diese Übung mit Musik, um sie noch
unterhaltsamer und interessanter zu gestalten. Die Musik-
begleitung läßt Ihnen viel Raum, um neue Tanzbewegun-
gen zu erfinden. Discomusik eignet sich ausgezeichnet
für seitenübergreifende Tänze. Besonders wirkungsvoll ist
Musik mit ausgefallenen Rhythmen, denn diese neue Art
von Musik läßt Sie nicht so leicht in alte Bewegungsmuster
zurückfallen. Ich arbeite gern mit südamerikanischer Folk-
musik, zum Beispiel von der Gruppe Sukay.

Je intensiver Ihre seitenübergreifenden Bewegungen sind, desto stärker wird Ihre Kreativität angeregt. Aber denken Sie an den Football-Spieler. Sie sind an diese Art von Aktivität wahrscheinlich nicht gewöhnt, und so werden Sie sich bald erschöpft fühlen. Ihr Puls kann sich stark beschleunigen, und so sollten Sie Ihren gesunden Menschenverstand entscheiden lassen, wie lange und wie intensiv Sie diesen Tanz betreiben können. Ich empfehle Ihnen, in moderatem Tempo zu beginnen und nach und nach immer schneller zu werden. Tanzen Sie mindestens fünf Minuten lang.

Die meisten Menschen fühlen sich am Ende der Übung körperlich erschöpft, aber geistig ausgesprochen wach. Das mag widersprüchlich klingen – denn wenn wir uns körperlich betätigt haben, sind wir normalerweise auch geistig erschöpft. Die Art und Weise, wie seitenübergreifende Bewegungen das Gehirn beeinflussen, ermüdet uns körperlich, regt uns jedoch geistig an. Unsere Vorstellungszentren werden aktiviert, und Blockaden verschwinden. Goliath kann einfach nicht Schritt halten.

Wenn Sie vor speziellen Herausforderungen stehen, können Sie Variationen dieser Übung erfinden.

Ein Beispiel:

Wenn Sie mit einem bestimmten Problem kämpfen und Ihnen nichts Kreatives dazu einfällt, konzentrieren Sie sich auf dieses Problem, bevor Sie mit der Übung beginnen. Achten Sie darauf, daß Ihr Gewicht gleichmäßig verteilt ist und Sie sich körperlich ausgewogen fühlen. Dann schließen Sie Ihre Augen und denken an das Problem. Lassen Sie es Form anneh-

men, so daß Sie es sehen können, oder fühlen Sie es
in Ihren Muskeln. Wenn Sie das Gefühl haben, daß
das Problem präsent ist, beginnen Sie, mit ihm zu
tanzen – einen Tanz mit seitenübergreifenden Bewe-
gungen. Führen Sie diese Übung mindestens fünf Mi-
nuten lang intensiv durch.
Nun hören Sie auf und denken nach, was mit dem
Problem passiert ist. Wie hat es sich während der
Übung verändert? Wie empfinden Sie es jetzt? Aus
welcher Perspektive sehen Sie es? Haben Sie nun
eine Lösung oder mögliche Lösungen gefunden?
Schreiben Sie sie nieder, und notieren Sie sich, was
während des Tanzes passiert ist.

Wenn Sie körperlich nicht zu seitenübergreifenden Tänzen
in der Lage sind, tanzen Sie sie in der Phantasie. Stellen Sie
sich lebhaft vor, wie Sie tanzen, und vielleicht spüren Sie in
Ihren Muskeln sogar die Bewegungen. Dabei aktivieren Sie
Ihr Gehirn. Wenn Sie sich dabei auch noch Musik anhören,
ist das fast genauso hilfreich, wie wenn Sie tatsächlich
tanzten.
Blockierungen müssen nicht die Oberhand über unsere Kreativität gewinnen. Wir können die Blockierungen
durchbrechen, den Fluß unserer kreativen Energie befreien
und uns bei der Lösung von Problemen eine einzigartige
Sichtweise zunutze machen. Seitenübergreifende Übungen
regen unsere kreative Vorstellungskraft an und machen
uns gleichzeitig gesünder!
Eine Kollegin beschrieb das Gefühl, das sie beim Durchbrechen ihrer Blockaden hatte: »Ich kommuniziere und denke
oft in bestimmten Farbfrequenzen. Ich sehe, wie die Infor-

mationen in lebhafter Farbe und in vielen Mustern in mein Bewußtsein strömen – fast wie in einer eigenen Sprache. Dadurch entsteht für gewöhnlich ein Gefühl der Leidenschaft, der Schönheit und der Liebe für das, was ich in Angriff nehmen möchte.«

Abschließende Gedanken

Die weibliche Heldin, nach der ich als Kind suchte, ist die selbstbestimmte, kreative Frau, die in jeder von uns lebendig ist. Wenn wir unser wahres Ich zum Ausdruck bringen, begegnen wir der Welt mit Sensibilität und nicht mit einem Panzer. Unser Bewußtsein reicht über unsere unmittelbare Umgebung hinaus, und wir befinden uns in Harmonie mit dem Universum. Wenn wir ein kreatives Leben führen, geben wir unserem weiblichen Wesen eine Stimme; wir vertrauen unserem inneren Ich und erkennen den Wert unseres einzigartigen, kreativen Schaffensprozesses für die ganze Gesellschaft an. Es wird uns zur Gewohnheit, uns auf vielen Denkebenen gleichzeitig aufzuhalten. Die linearen Ansätze bleiben besonderen Gelegenheiten vorbehalten, zum Beispiel der Abrechnung unseres Kontos.

Die Entwicklung unserer Kreativität ist eine Reise des Wachsens und des Reifens. Wenn wir uns in Richtung Selbstbestimmung bewegen, stellen wir sowohl in uns selbst als auch in der Gesellschaft ein Gleichgewicht zwischen dem Maskulinen und dem Femininen her. Die Autorität des kulturellen Diktats, das unsere Individualität lähmt, wird gebrochen. Dabei erobern wir uns unsere weibliche Macht zurück, jene Macht, die unsere ureigene ist. Wir lernen, daß es genauso schädlich ist, die uns innewohnende Macht zu verleugnen, wie sie dazu zu verwenden, andere zu mißbrauchen. Wenn wir an unsere Beziehungen kreativer herangehen, verhelfen wir anderen durch unsere Interaktion mit ihnen zu mehr Eigenständigkeit. Der Weg zu einem kreativen Leben führt zu Ganzheitlichkeit und einer erweiterten Sichtweise unserer Möglichkeiten.

Wir lernen, Erfolg neu zu definieren, wenn es uns gelingt, die Angst vor Risiken in Spannung zu verwandeln und aus dem zu lernen, was wir Fehler zu nennen pflegten. Wir öffnen uns für neue Vorstellungen, die zu einem Vehikel für den kreativen Ideenfluß, für kreative Lösungen, Erfindungen und Lebenseinstellungen werden. Wir können gesunde Beziehungen, innovative Ansätze für alte Probleme, einzigartige Managementstile, neue Literatur und neue Kunstwerke hervorbringen. Aber an diesen Punkt zu gelangen ist mühsam.

Wir wissen, daß uns unser Bildungssystem schon früh in seinen verheerenden Klammergriff nimmt und nie wieder losläßt. Sich von ihm freizumachen erfordert eine heroische Anstrengung. Unsere ganzheitlich denkenden Kinder brauchen Helden und Heldinnen der Kreativität, die ihnen als Vorbilder dienen können. Sie müssen wissen, daß alles an ihnen in Ordnung ist. Eine unserer Aufgaben als Erwachsene ist es, unseren Kindern beizubringen, sich als kreative Individuen Ausdruck zu verschaffen. Wir müssen ihr Selbstwertgefühl stärken, das sie aus ihren einzigartigen Fähigkeiten und aus den Beiträgen, die sie dadurch zur Gesellschaft leisten können, beziehen. Die Kinder bei uns zu Hause, in unseren Klassenzimmern, in unserer Verwandtschaft und unserer Umgebung brauchen diese Art von Aufmerksamkeit wie ein Stück Brot.

Wir müssen auch auf das kleine Mädchen in uns selbst achten, das diese Art von Unterstützung vielleicht nicht erhielt, als es aufwuchs. Dieses Mädchen ist immer noch da und hofft darauf, für seine einzigartigen Fähigkeiten geachtet zu werden, und es sehnt sich danach, umsorgt und bedingungslos geliebt zu werden. Wenn wir auf seine Bedürfnisse achten, ihm heilend zur Seite stehen und ihm eine Stimme geben, wird es jedesmal, wenn wir uns auf eine Reise nach innen zu unserer Kreativität begeben, unsere Verbündete sein.

Ein kreatives Leben zu führen bedeutet, ein Leben der ständigen Erneuerung zu leben. Kreativität passiert nicht nur zu bestimmten Gelegenheiten an bestimmten Orten, zum Beispiel während einer Sitzung oder innerhalb der vier Wände eines Künstlerstudios. Der kreative Schaffensprozeß ist organischer Natur und in alle unsere Aktivitäten und Gedanken eingewoben. Er muß ständig ermutigt und kultiviert werden, damit er wachsen und gedeihen kann. Aber wir müssen Geduld mit uns haben, bis es uns gelingt, uns von unseren alten Mustern zu lösen, unser kreatives Potential freizusetzen und unser neues Ich an die Oberfläche kommen zu lassen. Sinn für Humor und Abenteuergeist sind unsere besten Gefährten, wenn es darum geht, unsere kreativen Möglichkeiten zu befreien. Sobald wir eine Beziehung zu unserer Kreativität hergestellt haben, haben wir eine beständige Freundschaft entwickelt.

Wir lernen ein Leben lang, ein kreatives Leben zu führen. Wir sind nie »fertig«. Wenn wir uns einem kreativen Lebensstil verschreiben, verpflichten wir uns zu einem Leben des Wachstums, geleitet von unserem kreativen Ich. Dafür erhalten wir die größte aller möglichen Belohnungen: Wir werden diejenige, die wir wirklich sind, frei von angesammelten Erwartungen. Wir werden zu Heldinnen.

Und wir rufen unserem selbstbestimmten, kreativen Ich zu: »Willkommen!«

Anmerkungen

Blockaden überwinden

1,2,3 Arthur Koestler, *Der göttliche Funke,* Bern, München 1968.
  –, *Janus,* Bern, München 1980.
  Rollo May, *The Courage to Create* (New York: Bantam, 1975).

Verzögerung und Kreativität – ein Widerspruch?

1   John Crystal und Richard Bolles, *Where Do I Go from Here with My Life?,* New York, 1974.

Tanzen mit Goliath

1   Dr. Jean Houston, Workshop-Vortrag, University of California in Santa Cruz, August 1978.
2   Ibd.

Bibliographie

Zurück zu den Wurzeln:
Was ist Kreativität?

Agor, Weston, *Intuitive Management: Integrating Left and Right Brain Management Skills,* New York 1984.

Barron, Frank, *Creativity and Personal Freedom,* New York 1968.

Brandt, Steven, *Entrepreneuring in Established Companies: Managing toward the Year 2000.* Homewood, Ill., 1986.

Die ganzheitliche Denkweise:
Ihre Vorteile und Fallen

de Bono, Edward, *Lateral Thinking,* New York 1973.

Ealy, C. Diane, *Creativity: A Feminine Perspective,* unveröffentlichte Dissertation, The University for Humanistic Studies, San Diego 1980.

Begonnenes zu Ende bringen

Ealy, *Creativity: A Feminine Perspective,* a. a. O.

Unser weibliches Wesen verstehen lernen

Arguelles, Jose, und Arguelles, Miriam, *The Feminine: Spacious as the Sky.* Boulder, Col., 1977.

Campbell, Joseph, *Der Heros in tausend Gestalten,* Frankfurt a. M. 1953.

de Castillejo, Irene C., *Knowing Woman.* New York 1973.

Ealy, *Creativity: A Feminine Perspective,* a. a. O.

Harding, Esther. *Woman's Mysteries Ancient and Modern: A Psychological Interpretation of the Feminine Principle as Portrayed in Myth, Story and Dreams,* New York 1971.

Dr. Jean Houston, Aussage in Seminarvortrag, Los Angeles, März 1980.

Dr. Jean Shinoda-Bolen, Aussage in Seminarvortrag, Marin, Kalif., Mai 1981.

Swados, Elizabeth, *The Girl with the Incredible Feeling*, USA 1976.

Halten Sie's geheim –
jedenfalls eine Zeitlang

de Castillejo, *Knowing Woman*, a. a. O.

Ealy, *Creativity: A Feminine Perspective*, a. a. O.

Harding, M. Esther, *The Way of All Women*. New York 1970.

Luke, Helen. *The Life of the Spirit in Women*. Three Rivers, Mich., 1979.

Eine Reaktion ist Ihnen sicher

Ealy, *Creativity: A Feminine Perspective*, a. a. O.

Spretnak, Charlene, *Lost Goddesses of Early Greece*, Berkeley, 1978.

Die Rolle der Nährmutter akzeptieren

Bernard, Jessie, *Women, Wives, Mothers: Values and Options*, Chicago 1975.

de Castillejo, *Knowing Woman*, a. a. O.

Harding, *The Way of All Women*, a. a. O.

Orsborn, Carol, *Enough is Enough: Exploding the Myth of Having It All*, New York 1986.

Zeitgefühl entwickeln

Cottle, Thomas, *Perceiving Time: A Psychological Investigation with Men and Women*, New York 1976.

Ein eigener Raum

Ealy, *Creativity: A Feminine Perspective,* a. a. O.
Woolf, Virginia, *Ein Zimmer für sich allein,* 2. Auflage, Berlin 1978.

Perfektionismus –
der Feind der Kreativität

Fezler, William, und S. Field, Eleanor, *The Good Girl Syndrome,* New York 1985.
Leman, Kevin, *Measuring Up.* Old Tappan 1988.
Simon, Sidney. *Getting Unstuck: Breaking Through Your Barriers to Change,* New York 1988.

Der Kreislauf von Kreativität und
Depression

Gowan, John, *Development of the Creative Individual,* San Diego, 1972.
May, Rollo, *The Courage to Create.* New York, 1975.
Miles, Agnes. *Women and Mental Illness: The Social Context of Female Neurosis.* Brighton, Sussex, England, 1988.
Schwartz, Lita Linzer, »Can We Stimulate Creativity in Women?« *The Journal of Creative Behavior* 11 (Fourth Quarter 1977), S. 264–267.
Swados, *The Girl with the Incredible Feeling.*

Wut: Die Feindin der Kreativität

Harding, *Woman's Mysteries Ancient and Modern: A Psychological Interpretation of the Feminine Principle as Portrayed in Myth, Story and Dreams.*
Luke, *The Life of the Spirit in Women.*

Verändern wir unser Zeitgefühl

Dr. Jean Houston, Aussagen in Seminarvortrag, Los Angeles, Kalif., März 1980.

Vergrößern wir das Gefühl für uns selbst

Ealy, *Creativity: A Feminine Perspective,* a. a. O.

Ghiselin, Brewster, Hrsg., *The Creative Process.* New York: New American Library, 1952.

Tart, Charles, *State of Consciousness.* New York: E. P. Dutton, 1975.

Auch nicht Meßbares
hat seinen Wert

Brandt, *Entrepreneuring in Established Companies: Managing toward the Year 2000.*

Harding, *The Way of All Women.*

Luke, *The Life of the Spirit in Women,* a. a. O.

Maslow, Abraham, »The Creative Attitude.« *Explorations in Creativity,* Hrsg. Ed. Ross Mooney und Taher A. Razik. New York 1967, S. 45–53.

–, *The Psychology of Science,* Chicago 1966.

Macht –
eine Neudefinition

Ferguson, Marilyn. *The Aquarian Conspiracy.* Los Angeles 1980.

Orsborn, *Enough Is Enough: Exploring the Myth of Having It All,* a. a. O.

Setzen Sie Ihre Vorstellungskraft ein

Assagioli, Roberto, *Handbuch der Psychosynthesis,* Freiburg 1978.

de Mille, Richard, *Put Your Mother on the Ceiling,* New York 1975.

Ghiselin, *The Creative Process,* a. a. O.

Hendricks, Gay, und Fadiman, James, Hrsg., *Transpersonal Education: A Curriculum for Feeling and Being,* Englewood Cliffs, 1976.

Samuels, Mike, und Samuels, Nancy, *Seeing with the Mind's Eye.* New York 1975.

Vom Haha zum Aha!

Durden-Smith, Jo, »Male and Female – Why?« *Quest* (Oktober 1980), S. 15–98.

Ferguson, *The Aquarian Conspiracy,* a. a. O.

Koestler, Arthur, *Der Göttliche Funke,* Bern, München 1968.

–, *Janus,* New York 1978.

Moir, Anne, und Jessel, David, *Brain Sex: The Real Difference Between Men and Women,* New York 1989.

Spontaner werden

Maslow, *Die Psychologie der Wissenschaft,* München 1977.

Parnes, Sidney J., Noller, Ruth B., und M. Biondi, Angelo, *Guide of Creative Action: Revised Edition of Creative Behavior Guidebook,* New York 1977.

Richards, Mary Caroline, *Centering in Pottery, Poetry and the Person,* 10. Aufl., Middletown 1978.

Das Gewöhnliche wird zum Außergewöhnlichen

Swados, *The Girl with the Incredible Feeling,* a. a. O.

Lieben Sie Ihr kreatives Ich

de Castillejo, *Knowing Woman,* a. a. O.

Ealy, *Creativity: A Feminine Perspective,* a. a. O.

Lassen Sie Ihre Träume kreativ sein

Philip Morton, Aussagen in Seminarvortrag »Dream Workshop: From the Standpoint of Jungian Psychology«, Tucson, Ariz., April 1984.

Samuels, *Seeing with the Mind's Eye,* a. a. O.

Treibsand oder Felsen?

Ealy, *Creativity: A Feminine Perspective,* a. a. O.

Giele, Janet Zollinger, *Women and the Future,* New York 1978.

Groch, Judith, *The Right to Create,* Boston 1969.

Blockaden überwinden

Erickson, Joan M., *Wisdom and the Senses: The Way of Creativity,* New York 1988.

Weiterführende Literatur

Wenn Sie zusätzliche Informationen über verbundene Themen wünschen, empfehle ich die folgenden Titel zur Lektüre.

Wut

Campbell, Anne, *Zornige Frauen, wütende Männer: Geschlecht und Aggression,* Frankfurt a. M. 1995.

McKay, Matthew, Rogers, Peter D., und McKay, Judith, *When Anger Hurts,* Oakland, Kalif., 1989.

Potter – Efron, Ron, *Angry All the Time,* Oakland 1994.

Tavris, Carol, *Wut – das mißverstandene Gefühl,* Hamburg 1992.

Weisinger, Henrie, *Dr. Wesinger's Anger Work-Out Book,* New York 1985.

Williams, Redford, und Williams, Virginia, *Anger Kills,* New York 1994.

Gehirnarbeit

Gawain, Shakti, *Leben im Licht: Quelle und Weg zu einem neuen Bewußtsein,* München 1993.

Houston, Jean, *The Possible Human,* Los Angeles 1982.

Ostrander, Sheila, und Schroeder, Lynn, mit Ostrander, Nancy, *Fitneß für den Kopf,* Bern, München 1996.

Träume

Jung, C. G., *Traum und Traumdeutung,* München 1990.

Das Feminine

Anderson, Sherry Ruth, und Hopkins, Patricia. *The Feminine Face of God,* New York 1991.

Cameron, Anne. *Daughters of Copper Woman,* Vancouver, Kanada, 1981.

Conway, D. J. *Maiden, Mother, Crone.* St. Paul, Minn., 1994.

Estés, Clarissa Pinkola, *Die Wolfsfrau: die Kraft der weiblichen Urinstinkte,* München 1993.

Gadon, Elinor W., *The Once and Future Goddess.* San Francisco 1989.

Mahdi, Louise Carus, Foster, Steven und Little, Meredith, Hrsg. *Betwixt and Between: Patterns of Masculine and Feminine Initiation,* Chicago 1987.

Pearson, Carol S., *Die Geburt des Helden in uns,* München 1993.

Rutter, Virginia Beane, *Woman Changing Woman,* San Francisco 1993.

Walker, Barbara G., *Das geheime Wissen der Frauen,* Frankfurt a. M. 1993.

Haha

Kipfer, Barbara, *14.000 Things to Be Happy About,* New York 1990.

Schaef, Anne Wilson, *Laugh – I Thought I´d Die (If I Didn´t),* New York 1990.

Wagner, Jane, *The Search for Signs of Intelligent Life in the Universe,* New York 1986.

Warren, Roz, Hrsg., *Glibquips: Funny Words by Funny Women; The Best Contemporary Women´s Humor; Women´s Glibber; Women's Glib,* Freedom 1994, 1993, 1992, 1991.

Meditation/Entspannung

LeShan, Lawrence, *How to Meditate,* New York 1974.

Levine, Stephen, *Guided Meditations, Explorations, and Healings,* New York, 1991.

Schaef, Anne Wilson, *Nimm dir Zeit für dich selbst: tägliche Meditationen für Frauen,* München 1992.

Persönliches Wachstum

Becker, Suzy, *Was man im Leben wirklich braucht, habe ich von meiner Katze gelernt,* München 1991.

Boreggin, Peter, *Toxic Psychiatry.* New York 1990.

Borysenko, Joan, *Guilt Is The Teacher, Love Is the Lesson,* New York, 1990.

Briggs, Dorothy Corkille, *Celebrate Your Self: Enhancing Your Own Self-Esteem,* New York 1977.

Gawain, Shakti, *Wege der Wandlung: Selbstheilung durch Transformation,* München 1996.

Gray, John, *What Your Mother Couldn't Tell You and Your Father Didn't Know,* New York 1994.

Houston, Jean, *The Search for the Beloved.* New York 1987.

Keirsey, David, und Baes, Marilyn, *Please Understand Me,* Del Mar, Kalif., 1984.

Lerner, Harriet Goldhor, *Das mißdeutete Geschlecht: falsche Bilder der Weiblichkeit in Psychoanalyse und Therapie,* Frankfurt a. M. 1993.

Peiffer, Vera, *Positively Fearless.* Rockport, Mass., 1993.

Tannen, Deborah, *Du kannst mich einfach nicht verstehen,* München 1993.

Träume wahr machen/Karrieren

Chapman, Joyce, *The Live Your Dream Workbook,* North Hollywood, Kalif., 1994.

Jeffers, Susan, *Feel the Fear and Do It Anyway,* New York 1987.

Sher, Barbara, und Smith, Barbara: *I Could Do Anything if I Only Knew What It Was,* New York 1994.

Wieder, Marcia, *Making Your Dreams Come True.* New York 1993.

Symbolik

Jung, Carl G., *Der Mensch und seine Symbole,* 14. Auflage, Düsseldorf 1995.